Pilze für Feinschmecker

ANTONIO CARLUCCIO

Pilze für Feinschmecker

WILHELM HEYNE VERLAG
MÜNCHEN

Für meine Mutter und meine Frau Priscilla

Titel der englischen Originalausgabe
A PASSION FOR MUSHROOMS
Ins Deutsche übertragen von Susanne Vogel

Die Originalausgabe erschien im Verlag Pavilion Books Limited, London

Genehmigte Ausgabe

Umschlaggestaltung: Art & Design Norbert Härtl, München
Layout: Bernard Higton
Satz: Schaber Satz- und Datentechnik, Wels
ISBN 3-453-03614-X

Printed in Spain
D.L.TO:86-1996

INHALT

VORWORT

Alles, was mit Wildpilzen zu tun hat, übt auf mich eine Faszination aus.

Da ist diese besondere Stimmung, die einen umfängt, wenn man in den frühen Morgenstunden voller Erwartung die Wälder und Hügel durchstreift. Und selbst an unergiebigen Tagen scheinen die wunderbaren herbstlich-modrigen Gerüche des Waldes die Überwindung, in aller Frühe aufzustehen, *beinahe* aufzuwiegen.

Da sind jene geheimnisvollen, verborgenen Plätze, an denen doch eigentlich ein Steinpilz oder Pfifferling zu finden sein *muß* — doch Pilze sind unberechenbar, eine Herausforderung, und immer für eine Überraschung gut. Ein unergründliches Phänomen der Natur in unserem sonst so eingefahrenen und durchorganisierten Dasein. Von ein, zwei Ausnahmen abgesehen, entziehen sich Pilze allen wissenschaftlichen Bemühungen, sie zu züchten: Sie wahren den Anschein des Rätselhaften, der Wildheit. Man muß sich aufmachen und sie suchen — und die wildwachsenden schmecken stets unvergleichlich besser.

Da ist das Jagdfieber. Wohl die meisten von uns besitzen einen ursprünglichen Jagdinstinkt, wobei die Pilzjagd etwas durchaus Harmloses ist, denn (in Maßen betrieben) richtet das Sammeln dieser »Fruchtkörper« keinen Schaden an, es trägt im Gegenteil dazu bei, ihre Sporen zu verbreiten.

Und da ist das wirklich einfache Handwerkszeug: Sie brauchen nichts weiter als einen herkömmlichen Weidenkorb, um die Pilze unversehrt nach Hause zu bringen (keinesfalls in Plastiktüten) und ein Messer — irgendeines von den vielen, die sich im Lauf der Zeit bei Ihnen angesammelt haben.

Ich erinnere mich noch sehr lebhaft daran, wie stolz und zufrieden ich war, wenn ich als Kind in Italien mit einem Korb voller Pilze nach Hause kam. Meine Ausbeute wurde auf dem Küchentisch ausgebreitet, sortiert und begutachtet und dann

von meiner Mutter zu den verschiedensten Köstlichkeiten verarbeitet. Ich war stolz, zur Ernährung der Familie beizutragen. Damals war das Pilzesammeln im Herbst eine ernsthafte, wenn auch vergnügliche Angelegenheit: Teil der täglichen Pflicht, die Ernährung der Familie zu sichern und für den kommenden Winter vorzusorgen. Manche bestritten damit ihren Lebensunterhalt.

Ich nahm diese Gewohnheit mit, als ich zunächst nach Österreich und dann nach Deutschland ging, wo ich mit meinem treuen Hund Jan — und einer beträchtlichen Zahl von Rivalen — die Wälder um Hamburg durchkämmte. Stellen Sie sich meine Verwunderung vor, als ich mit meinem (auf Pilze) geschulten Jagdinstinkt nach England kam und nicht nur feststellte, daß es hier gleich haufenweise Pilze gab, sondern daß ich tatsächlich allein auf der Jagd nach ihnen war. Wo spielte sich das herbstliche Gerangel ab, das ich vom Festland her kannte? Zwar traf ich hin und wieder einen Gleichgesinnten, doch oft hatte ich das Revier für mich allein. Und ich mußte nicht einmal bei Tagesanbruch aufstehen, um die Pilze zu ergattern.

Eine Zeitlang befand ich mich in einem Dilemma: Mein »Training« weckte in mir den Wunsch, die Pilze und die Plätze, wo ich sie gefunden hatte, für mich zu behalten. Andererseits hatte ich das spontane Bedürfnis, zu teilen. Irgendwie gewann die großzügige Seite in mir die Oberhand: Die Freude, zu erleben, wie andere sich für Pilze ebenso begeisterten wie ich, war stärker als der Besitzdrang. Ich habe es mir beinahe zur Mission gemacht, die Zweifler zu überzeugen und die Ungläubigen zu bekehren. Im Herbst entwickelt sich mein Restaurant zu einer Art Pilz-Mekka. Selbst in diesem städtisch-zivilisierten Umfeld kann man unerwartete Freuden und Überraschungen im Zusammenhang mit Pilzen erleben. Fremde berichten mir am Telefon von neuen, ergiebigen Fundorten. Manche hinterlassen ganze Körbe voll Pilze an meiner Tür, oder ich erhalte auf dem Postweg geheimnisvolle Pakete. Zwischen Restaurantbesitzern wie Pilzesammlern besteht ein gesitteter Konkurrenzkampf. Es entwickeln sich neue Freundschaften mit Pilzbegeisterten, und stets lerne ich etwas dazu, entdecke ich neue Pilze und Zubereitungsarten.

Auch dieses Buch ist eine Art Pilz: die sichtbare Frucht meiner langjährigen Begeisterung. Der erste Teil enthält Anregungen zur Vorbereitung, Zubereitung und zum Konservieren der von mir bevorzugten Speisepilze sowie einen Rezeptteil, in sieben Kapitel gegliedert, in denen die Vielseitigkeit der Pilze deutlich zum Ausdruck kommt. Der zweite Teil des Buches dient als Ratgeber und hilft Ihnen bei der Bestimmung der hier verwendeten wie auch der gefährlichsten Arten.

Ich wünsche Ihnen viel Glück beim Sammeln und gutes Gelingen bei der Zubereitung. Gleichzeitig aber gebe ich Ihnen eine Warnung mit auf den Weg: Wenn immer Sie einen Pilz nicht mit absoluter Sicherheit bestimmen können, *verzichten* Sie auf ihn!

SEITEN 8/9: STEINPILZE IN HÜLLE UND FÜLLE

TEIL 1

Rezepte

PILZE — EINE FRAGE DES GESCHMACKS

Der bekannteste Pilz ist wohl der schon seit der Zeit Ludwigs XIV. (1638—1715) in Frankreich gezüchtete Champignon (*Agaricus bisporus*). Auf der ganzen Welt bemühen sich Pilzforscher um den Anbau weiterer Arten, doch zeigen sich leider nur wenige Wildpilze für die gewerbliche Züchtung geeignet. In den letzten Jahren konnte der Austernpilz (*Pleurotus ostreatus*) mit einigem Erfolg kultiviert werden und, wie es scheint, lüftet auch der Hallimasch (*Armillariella mellea*) allmählich sein Geheimnis. Seit Jahren gelingt im Fernen Osten der Anbau von Shiitake- (*Lentinula edodes*) und Reisstrohpilzen (*Volvariella volvacea*). In Frankreich und Italien unternommene Versuche, Trüffeln zu züchten, hatten nur zum Teil Erfolg, noch immer ist die Natur weitgehend für den Wachstumsprozeß zuständig. Bei allen anderen Arten muß man sich nach wie vor auf die Natur und auf das eigene Entdeckerglück verlassen, oder die beinahe ebenso unberechenbaren Marktfaktoren »Angebot und Preis« akzeptieren.

»Nur« etwa 1200 der ungefähr 5000 in Europa wildwachsenden Pilzarten gelten als genießbar. Dabei stehen nach gängiger Meinung knapp zwei Dutzend hinsichtlich Qualität, Unbedenklichkeit und Verbreitung an der Spitze. Etwa dreißig Pilzarten sind höchst giftig, rund weitere dreißig bedenklich. Dies ist nur eine grobe Übersicht, doch macht sie deutlich, wie gering der Anteil der giftigen Arten gegenüber den genießbaren Pilzen ist.

Nun wird der Begriff der Genießbarkeit natürlich unterschiedlich interpretiert. Eine Handvoll Pilze gilt wegen ihres Geschmacks und ihrer Vielseitigkeit allgemein als vorzüglich; weit mehr werden, je nach subjektiver Meinung, hochgelobt oder abgelehnt, was einerseits eine Frage des Geschmacks im wörtlichen Sinne und andererseits — vielleicht — kulturbedingt ist: In Italien werden die köstlichsten Pilze womöglich auf

der beharrlichen Suche nach Steinpilzen (*porcini*) übergangen und selbst die Champignon-Arten mit Argwohn beäugt, während gerade diese Arten — Wiesenchampignon und Schafegerling — bei den Briten nahezu als einzige durchgehen.

Märkte und Läden in ganz Europa bieten Wildpilze der jeweiligen Jahreszeit an, die von Profis gesammelt und von Experten geprüft wurden, ehe sie in die Stände und Regale kommen. Amtliche Stellen, die die Pilze vor dem Verkauf fachmännisch begutachten, sind in vielen europäischen Ländern die Regel. Auf den Märkten von Trient findet der Verbraucher bis zu 35 verschiedene Arten von Speisepilzen, und er kann sich

darauf verlassen, daß diese zuverlässig überprüft wurden. Ein kleiner Branchenzweig hat sich darauf verlegt, die begehrten Arten, zum Beispiel Steinpilze, zu sammeln und sie dann als getrocknete oder anderweitig konservierte Wildpilze auf den Markt zu bringen.

Pilze stehen in äußerst widersprüchlichem Ansehen: Einerseits gelten Wildpilze häufig als Essen der armen Landbevölkerung, auf das die feinen Leute nur in Notzeiten zurückgreifen. Andererseits aber zahlt man in der Stadt im Restaurant viel Geld, um eben dieses »Arme-Leute-Essen« zu genießen, das eigentlich für jeden zugänglich wächst und unter beträchtlichem Aufwand herbeitransportiert wird. Mancherorts wird im Herbst die ganze Familie für die Pilzjagd eingespannt, um einen ausreichenden Vorrat für den Winter zu sammeln, und man scheut keine Mühen, bestimmte Pilze eßbar zu machen, die von anderen als giftig angesehen werden. Im Gegensatz dazu ergötzen sich die verwöhnten Gaumen an der heißbegehrten Trüffel und hoffen womöglich darauf, daß dieser »schwarze Diamant« seine angeblich aphrodisischen Eigenschaften entfalten möge. (Wissenschaftlich konnten keinerlei besondere Wirkkräfte nachgewiesen werden. Vielleicht sind es aber die sündhaften Preise gewisser Annehmlichkeiten wie Trüffel und Kaviar, die eine gleichsam sinnliche Erregung hervorrufen!)

AUS ERNÄHRUNGSWISSENSCHAFTLICHER SICHT

Andere Eigenschaften der Pilze sind einfacher zu bewerten. Die meisten dieser Fruchtkörper bestehen zu etwa 90% aus Wasser und enthalten verschiedene wichtige Mineralstoffe: Kalium, Phosphor und Niacin, dazu unterschiedlich hohe Anteile an Vitamin B_1, B_2, C und D. Ihre wesentlichen Vorzüge sind der geringe Kaloriengehalt (nur 35 kcal oder 147 Joule pro 100 g), der niedrige Fettanteil (1—2%) sowie ihr Proteingehalt (3—9%). Doch sind es Beschaffenheit und Geschmack (und ihr zuweilen unvergleichliches Aroma), denen die Pilze letztendlich ihre Bedeutung in der Kochkunst verdanken.

Beim Verzehr von Wildpilzen ist Vorsicht und Vernunft geboten. Sie müssen nicht nur genauestens bestimmt werden, man muß auch wissen, daß selbst anerkannte Speisepilze bei manchen Menschen Magen- und Darmbeschwerden verursachen können. Aufgrund ihrer speziellen Feinstruktur sind sie schlechter verdaulich als viele andere Pflanzen, d.h. ihre chemische Aufspaltung unter Einwirkung der Magensäfte nimmt mehr Zeit in Anspruch. Übertreiben Sie den Genuß von Pilzen nicht, sondern beschränken Sie die Portionen auf 100—150 g. Selbst einwandfreie Speisepilze können durch falsche Vor- oder Zubereitung unbekömmlich werden. Grundsätzlich soll man sie möglichst frisch verzehren und nur die schönsten Exemplare verwerten. Auch absolut makellose Pilze verderben durch unsachgemäße Aufbewahrung (und dazu zählt der Heimtransport in einer Plastiktüte), die zur Bildung schädlicher Gifte führt.

Einige Pilze sind ungenießbar, wenn sie vor der Zubereitung nicht gekocht oder blanchiert werden: Entsprechende Hinweise finden sich in Teil 2 bei den betreffenden Pilzarten.

VOM UMGANG MIT DER PILZERNTE

Ein Tisch, auf dem sich Pilze türmen, um den Tisch eine Gruppe von Menschen, die sie sortieren, säubern und sich darüber unterhalten, was am besten mit ihnen zu tun sei — in Italien im Herbst ein fast alltägliches Bild. Pilze werden nicht besser, wenn sie einmal geerntet sind, und selbst wenn Sie nur einige Händevoll zusammengetragen haben, sollten auch Sie sich zu Hause unverzüglich an dieses Ritual machen. Denn so ersparen Sie sich am nächsten Tag die enttäuschende Feststellung, daß Ihre Ausbeute über Nacht matschig geworden ist oder sich an Ihrer Stelle die Maden daran gütlich getan haben. Wenn Ihre Ernte besonders reichlich ausgefallen ist, lassen Sie alle mit anpacken.

Dabei sind verschiedene Aufgaben zu erledigen: Zunächst die lebenswichtige Vorsichtsmaßnahme, die Identität und Genießbarkeit durch einen Sachkundigen feststellen zu lassen; dann die »Qualitätskontrolle«, das heißt das Verlesen, Putzen und Sortieren nach Art und Größe; und nicht zuletzt ist die Phantasie gefragt, um das Beste aus den Pilzen zu machen. Manchmal verlangt ein besonderer Fund nach einer bestimmten Ergänzung, und Sie sausen los, um den Fisch oder das Stück Fleisch zu besorgen, das für diese spezielle Zubereitung noch fehlt. Manchmal ist von einer ganz bestimmten Delikatesse zu wenig dabei und man muß sie ergänzen. Und manchmal — vielleicht am häufigsten — haben Sie eine Mischung quer durch die Pilzflora, die zwar nicht unbedingt den Gourmet lockt, aber immerhin vielseitig ist. Zuweilen wird alles sofort verzehrt, dann wieder ist genügend vorhanden, um einen Teil zu konservieren — aber auf welche Weise?

Stellen Sie sich vor, Sie kämen mit einem kleinen Korb voll gemischter Pilze nach Hause. Wenn sie besonders frisch und zart sind, könnten Sie damit ein Fritto misto oder eine Füllung für Tortellini zubereiten. Sehen sie dagegen nicht mehr ganz so knackig aus, sind sie in Suppen, Eintöpfen, Schmorgerichten oder Beignets am besten aufgehoben. Bei älteren Exemplaren empfiehlt sich das Trocknen. Vielleicht haben Sie eine schöne, große Krause Glucke (*Sparassis crispa*) oder ein Büschel Hallimasche (*Armillariella mellea*) gefunden: Nachdem Sie genügend für eine exquisite Pasta-Sauce oder vielleicht auch für einen Eintopf beiseite gelegt haben, kochen Sie den Rest in Essig und genießen die Pilze entweder selbst als Vorspeise oder füllen sie in Gläschen, um sie zu verschenken.

Angenommen, ihr Korb enthielte größtenteils Exemplare einer einzigen Art — Steinpilze, wenn Sie ein Glückspilz sind —, sortieren Sie sie nach Größe in vier Kategorien: die kleinen, festen (nebenbei gesagt, auf dem Markt auch die teuersten), die mittelgroßen, die großen und jungen sowie die großen, aber schon älteren. Nachdem Sie die von Maden befallenen aussortiert und die übrigen geputzt haben, sehen Sie, wie umfangreich Ihre Ausbeute tatsächlich ist. Und dann können Sie sich für die Verwertung entscheiden:

kleine und makellose Pilze: blättrig schneiden, roh als Zutat für Salate

kleine bis mittelgroße: braten und sofort verzehren oder einfrieren; ganz oder in Scheiben geschnitten einfrieren; oder in Scheiben schneiden und in Öl einlegen

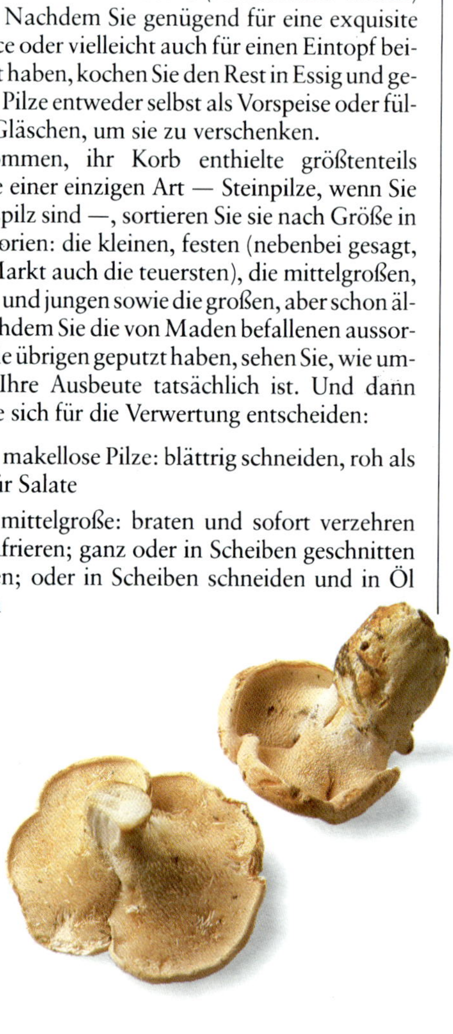

große und junge (Röhren noch creme-weiß): unzerteilt grillen oder in Scheiben schneiden und weiterverarbeiten, wie zuvor beschrieben

große, aber schon ältere Pilze: in Scheiben schneiden und dann trocknen oder sofort verarbeiten

kleine Stückchen: trocknen und zerreiben oder zu einem Extrakt verkochen.

Selbst mit einem einzigen Pilz (einem etwas größeren allerdings) läßt sich eine Mahlzeit zubereiten. Einen einzelnen Steinpilz zum Beispiel schneiden Sie in dünne Scheiben, braten diese in einem Pfännchen in Butter und geben verquirltes Ei hinzu. Zuletzt noch etwas Salz und Pfeffer — und schon ist die Delikatesse fertig.

ZUBEREITUNGSARTEN

Während das *Wie* der Zubereitung in den einzelnen Rezepten genau beschrieben wird, befassen sich die nachstehenden Erläuterungen mit dem *Warum*. Zugleich verschaffen Sie Ihnen eine Übersicht über die verschiedenen Methoden, so daß Sie auch eigene Rezepte entwickeln können.

Braten in Öl, Butter oder einer Mischung aus beidem in einer Pfanne: Wenn Sie Pilze scharf anbraten, würzen Sie sie erst zum Schluß; dies gilt insbesondere für Knoblauch — der auf keinen Fall bräunen darf — und Salz, das den Saftaustritt fördert und den Geschmack verändert. Nach meiner Erfahrung verhindert eine Mischung das Bräunen der Butter. Alternativ verwende ich zuerst Öl und füge später die Butter hinzu, um so Saucen geschmacklich abzurunden und ihnen ein glänzendes, cremiges Aussehen zu verleihen. Durch das Braten erhält die Oberfläche eine appetitliche Kruste, gleichzeitig wird das Entweichen der Geschmacksstoffe verhindert. Da es der erste Arbeitsschritt bei vielen Rezepten ist, sollte das Braten möglichst gleich erfolgen: So behandelte Pilze halten sich einige Stunden oder können eingefroren werden.

Schwenken — in wenig Fett auf kleiner Flamme — (Sautieren) empfiehlt sich für eine Kombination aus frischen und getrockneten Pilzen. Mit dem Saft geben die Pilze zugleich ihr Aroma ab, es bildet sich eine köstliche Sauce.

Grillen eignet sich für größere Arten wie Steinpilz, Kaiserling, Parasol, die Champignon-Arten, Riesenbovist sowie für blanchierte Stücke der Krausen Glucke.

Blanchieren erweist sich manchmal als nützlich, um junge Schopftintlinge in geschlossenem Zustand zu erhalten. In anderen Fällen dagegen ist es absolut unerläßlich, um giftige Substanzen in rohen Pilzen abzubauen.

Fritieren ist eine meiner bevorzugten Methoden: Die Pilze in verquirltes Ei tauchen, dann in Semmelbröseln wenden und fritieren. So bleibt der Geschmack erhalten und der Pilz erhält eine appetitliche Kruste.

Mikrowelle ist zum Garen von Pilzen nicht geeignet, dafür aber praktisch zum einmaligen Aufwärmen von Gerichten.

DIE REZEPTE

Die Einteilung der Rezepte in einzelne Kapitel entspricht im großen und ganzen der Reihenfolge der italienischen Eßgewohnheiten. *Antipasti*, die Vorspeisen, sind speziell dafür gedacht, den Appetit anzuregen und auf die nachfolgenden Gänge einzustimmen. *Il primo*, der erste Gang, diente früher bei armen Familien als »Sattmacher«. Noch heute handelt es sich dabei meist um ein Pasta- oder Reisgericht, doch wird es in kleineren Mengen aufgetragen. So bleibt noch Platz für *Il secondo*, das Hauptgericht, das ich in zwei separaten Kapiteln über Fisch einerseits und Fleisch bzw. Wild andererseits behandelt habe. Dazu habe ich, abweichend von der Regel, ein Kapitel über *Piatti di mezzo*, Zwischengerichte, eingefügt; es enthält Snacks und Kleinigkeiten, die man jederzeit zwischendurch genießen kann. Ein gutes italienisches Essen endet mit einem Dessert, *in bellezza*, wie man zu sagen pflegt. Den Abschluß bildet ein Kapitel über das Konservieren, gewissermaßen ein Blick in die Zukunft.

Ich hoffe, das Nachkochen meiner Rezepte bereitet Ihnen Freude. Vielleicht stellen Sie fest, daß Sie hier mehr Salz, dort mehr Pfeffer benötigen. Vielleicht entscheiden Sie sich aber auch für größere Änderungen oder Verbesserungen; oder Sie verwenden meine Vorschläge als Ausgangspunkt für neue kulinarische Experimente. Das alles überlasse ich Ihrer Kreativität, möchte Sie dabei aber erneut warnen, *nicht* mit Pilzen zu experimentieren, die Sie nicht genau kennen.

Buon appetito!

VORSPEISEN

Antipasti

Das Wort *antipasto* setzt sich zusammen aus ante (= vor) und pasto (= Mahlzeit). Da ein Antipasto lediglich den Appetit anregen soll und ihm zwei bis drei weitere Gänge folgen, wird es niemals in größeren Mengen serviert.

Italienische Vorspeisen fallen von Region zu Region verschieden aus: Die Palette reicht von einigen Scheiben Hausmacher-Salami oder ein paar Sardellen in grüner Sauce über eingelegte Artischocken, Gurken und Auberginen bis hin zu eingelegten Steinpilzen, jener Spezialität Norditaliens, ohne die eine Vorspeise dort einfach kein richtiges Antipasto ist. Spezielle Industriebetriebe legen kleine Steinpilze in Olivenöl ein und bringen sie, kunstvoll in große Gläser geschichtet, auf den Markt. Man findet sie in guten italienischen Delikatessengeschäften auf der ganzen Welt. Selbst in Italien sind sie nicht gerade billig und werden daher, nur als Kostprobe und Appetithappen, in kleinen Mengen serviert.

Pilzliebhaber legen — nach der jeweiligen Jahreszeit — ihre Delikatessen selbst ein und hüten diese ehrfürchtig in der Speisekammer, bis sich eines Tages die besondere Gelegenheit bietet, Freunde oder Verwandte am Genuß teilhaben zu lassen und dabei mit ihnen in Erinnerungen an die Pilzexkursionen längst vergangener Sommertage zu schwelgen. (Mit den Rezepten im letzten Kapitel des Buches können auch Sie sich dieser fröhlichen Gesellschaft anschließen.)

Die große Vielfalt an frisch gesammelten Wildpilzen ermöglicht verschiedene Arten der Zubereitung, so daß sie ebenso als Antipasto wie als Snack zu den verschiedensten Gelegenheiten dienen. Mit zu den schönsten Augenblicken zählen jene, wenn man hungrig nach Hause kommt und im Kühlschrank noch ein paar Antipasti-Reste entdeckt: Was für ein Festessen!

Phantasie in Schwarz-Weiss

Fantasia in bianco e nero

Zu diesem Rezept wurde ich inspiriert, als Anton Mosimann, damals Küchenchef des Dorchester Hotel, ein wichtiges Dinner anläßlich der Präsentation eines neuen Buches vorbereitete. Die Speisekarten waren schon gedruckt, doch am Nachmittag vor dem Dinner fehlten ihm noch immer die notwendigen frischen Weißen Trüffeln. In ganz London war ich damals der einzige Restaurantbesitzer, der ein Kilo davon vorrätig hatte. Ich gab ihm also eine reichliche Portion ab, so daß dem geplanten Menü nichts mehr im Wege stand. Leider konnte ich nicht selbst dabeisein, aber wie ich später hörte, war das Ereignis ein voller Erfolg.

Hier nun meine Version der Phantasie in Schwarz-Weiß. Vorausgesetzt, es gelingt Ihnen, genügend Trüffeln aufzutreiben, verspreche ich Ihnen einen Traum — eine Phantasie eben.

Für 4 Personen

2 × Schwarze Trüffel à ca. 20 g
2 × Weiße Trüffel à ca. 10 g
2 EL Armagnac
50 g Butter
Salz und Pfeffer nach Geschmack
4 Scheiben Weißbrot
Petersilie zum Garnieren

Die Trüffeln in etwa 2,5 mm dicke Scheiben schneiden. In eine Schüssel geben, mit dem Armagnac beträufeln und 1 Stunde marinieren. Die Butter bei mäßiger Hitze in einer Pfanne schmelzen, aber nicht braun werden lassen. Die Trüffeln mit dem Armagnac zufügen, salzen und pfeffern und das Ganze zugedeckt 4—5 Minuten leise köcheln lassen. Inzwischen die Brotscheiben rösten. Die Toasts kreisförmig abwechselnd mit weißen und schwarzen Trüffelscheiben belegen. Mit Petersiliensträußchen garnieren und heiß servieren.

Rindfleisch mit Trüffeln nach Alba-Art

Carne all'albese

Meine Frau und ich waren einmal Ende September in Monferrato, um die Gegend zu erkunden, in der ich während des Krieges und auch noch danach meine Kindheit verbracht hatte. Wir kamen in ein Städtchen namens Monbaruzzo, das bekannt ist für seine wunderbaren *amaretti*. Da wir hungrig waren, fragten wir einige Bewohner nach dem Weg zum *caffé della stazione*. Mit gemischten Gefühlen — wir wußten ja nicht, was uns erwartete — zugleich aber auch voll Begeisterung näherten wir uns dieser Mischung aus Café und Restaurant.

Der Speisesaal lag neben der Bar, in der wie üblich ewig der Fernseher lief. Einige Arbeiter saßen bei einem aufwendigen Mittagessen — denn in diesem Teil der Welt begnügt man sich nicht mit ein paar Butterbroten. Was wir auf ihren Tellern erspähten, war außerordentlich verlockend und ließ hoffen. Ich hatte sofort den Eindruck, daß hinter den Kulissen eine typisch italienische *mamma* am Kochtopf stand und dieses wunderbare Essen zubereitete — und ich hatte recht!

Nie hätte ich mir träumen lassen, daß es Carne all'albese zur Vorspeise geben würde. Dieses eher feine Gericht wird zuweilen mit Carpaccio verwechselt, beide haben aber nur das Fleisch als Hauptbestandteil gemeinsam. Um den Zusatz »all'albese« zu rechtfertigen, muß Weiße Trüffel dabeisein. Aber schließlich waren wir ja im Land der Weißen Albatrüffel. Was nach einem ausgezeichneten Essen blieb, war nicht nur die Erinnerung an den wundervollen Geschmack, sondern auch die zufriedene Feststellung, daß sich bei so annehmbaren Preisen jeder diesen Luxus leisten konnte — mit einer Unbefangenheit und Selbstverständlichkeit, die uns geradezu verblüffte.

Für 4 Personen

400 g sehr zartes Rindfleisch, beispielsweise Filet, in sehr dünnen Scheiben
Saft von 1 Zitrone
2 EL Olivenöl
Salz und Pfeffer nach Geschmack
1 × 50 g Weiße Albatrüffel, geputzt

Das Fleisch flachklopfen — vorher zwischen Plastikfolien legen, damit es nicht zerreißt. Die Scheiben auf vier Tellern anrichten, mit dem Zitronensaft und Olivenöl beträufeln, salzen und pfeffern. Erst am Tisch die Trüffel hauchfein über das Fleisch hobeln (dafür gibt es einen speziellen Hobel). Reichen Sie dazu Grissini.

PHANTASIE IN SCHWARZ-WEISS

Salat von Kaiserlingen und Steinpilzen

Insalata di ovoli e porcini

Für die Zubereitung eines Salates aus rohen Pilzen eignen sich am besten Kaiserlinge (*Amanita caesarea*) und Steinpilze (*Boletus edulis*). Vor allem im Norden Italiens ist man geradezu versessen darauf, weshalb die beiden Arten auch auf der Speisekarte jedes gehobenen Restaurants zu finden sind. Sie sind wirklich eine Delikatesse, und ich kann Ihnen nur wärmstens empfehlen, sie bei nächster Gelegenheit zu probieren. Verwenden Sie kleine Exemplare, Sie sind nicht nur fester und lassen sich deshalb besser schneiden, sondern auch weniger von »Insassen« befallen, wie ich Maden gerne umschreibe.

Sollten Sie gerade auch eine kleine Weiße Trüffel zu Hause haben, hobeln sie diese hauchfein über den Salat: Sie werden sich im Nirwana des Gourmets wiederfinden. Aber selbst wenn Sie sich mit Petersilie begnügen müssen, schmeckt der Salat köstlich.

Für 4 Personen

200 g kleine, frische Kaiserlinge oder Steinpilze oder je 150 g gemischt
4 EL gutes Olivenöl (kein »extra vergine«, wegen des starken Eigengeschmacks)
Saft von 1 Zitrone
Salz und Pfeffer nach Geschmack
1 × 20 g Weiße Trüffel oder 1 TL gehackte Petersilie

Die Pilze mit Hilfe eines kleinen Messers von festsitzenden Erdpartikeln befreien und anschließend mit einem feuchten Tuch abreiben. Über einer Schüssel in feine Scheiben schneiden, mit dem Öl und Zitronensaft beträufeln und nach Geschmack salzen und pfeffern. Alles behutsam durchmischen. Unmittelbar vor dem Servieren mit Petersilie bestreuen oder die Trüffel hauchfein über den Salat hobeln. Dazu Grissini.

Pio Cesare's Frühstück

Uova al tegame Pio Cesare

Dieses Rezept vermittelt einen Eindruck davon, wie Signore Pio Cesare, ein glücklich zu schätzender Mann und bekannter Hersteller Piemonteser Weine, zu frühstücken pflegt. Eines Tages kam er zum Mittagessen in mein Restaurant und erzählte mir bei dieser Gelegenheit, daß seine Arbeiter zuweilen in den Wäldern für ihn auf Trüffelsuche gingen und mit den prachtvollsten Exemplaren zurückkehrten, die er dann zum Frühstück verspeise. Mir lief das Wasser im Munde zusammen.

Ein so wunderbares Rezept mußte ich einfach als Antipasto in meine Speisekarte aufnehmen — und es machte Furore. Sie können es ebenso als Teil eines Hauptgerichts reichen.

Pio verriet mir auch, daß Eier, die einige Tage zusammen mit Trüffeln in einem fest verschlossenen Behälter aufbewahrt werden, trotz der Schalen den Trüffelduft sehr intensiv aufnehmen und dann das Aroma des Gerichts noch verstärken.

Für 4 Personen

FÜR DIE BAGNA CAUDA
6 große Knoblauchzehen
1 Glas Milch (bzw. soviel, daß der Knoblauch bedeckt ist)
10 Sardellenfilets
2 EL Crème double
DAZU
8 große, frische Eier aus Bodenhaltung
4 EL reines Olivenöl (kein »vergine«)
1 × 50—60 g Weiße Trüffel, gesäubert
gutes, frisches Weißbrot als Beilage

Zunächst für die *bagna cauda* den Knoblauch in einen kleinen Topf geben, mit der Milch übergießen und bei milder Hitze ziehen lassen, bis er weich ist (etwa 20 Minuten). Die Sardellenfilets zufügen und so lange rühren, bis sie völlig zerfallen. Den Topf vom Herd nehmen und die Sauce durch ein feines Sieb streichen, damit eventuelle Gräten zurückbleiben. Zuletzt die Crème double unterziehen.

Zubereitung der einzelnen Portionen: Von jeweils 2 Eiern vorsichtig das Eiweiß und das Eigelb trennen. In einer kleinen kunststoffbeschichteten Pfanne 1 EL Öl erhitzen, die beiden Eiweiße hineingeben und die Hitze reduzieren. Sobald das Eiweiß fest ist, ein Viertel der *bagna cauda* und anschließend behutsam die beiden Eigelbe zufügen; sie sollen nur erwärmt werden, aber flüssig bleiben.

Das Ganze auf einen vorgewärmten Teller geben und vor dem Servieren ein Viertel der Trüffel darüberhobeln. Die übrigen Portionen ebenso zubereiten.

Das unbeschreibliche Aroma dieser Vorspeise wirkt richtiggehend belebend. Tunken Sie das Weißbrot in die Eigelbe und Sauce, damit Ihnen nichts von der Köstlichkeit entgeht.

Gegrillte Steinpilze

Funghi alla griglia

Wohl jeder, der schon einmal zur Pilzsaison in Italien war, kennt die herrlichen gegrillten Steinpilze — *cappelle di porcini alla griglia.* Sie erhalten ihren unvergleichlichen Geschmack durch das Öl, das auf die heiße Holzkohle tropft und Rauch erzeugt, der die Pilze durchdringt. Doch nicht nur die großen Hüte der Steinpilze werden gerne gegrillt, sondern ebenso die von Kaiserlingen (*Amanita caesarea*); seltener zubereitet, aber nicht weniger köstlich im Geschmack: die großen Hüte von Schafegerlingen (*Agaricus arvensis*) und Parasolpilzen (*Lepiota procera*) oder dicke Scheiben des Riesenbovist (*Calvatia gigantea*). Mit Ausnahme der Heiderotkappe (*Leccinum versipelle*) vielleicht, die dunkel wird und den Aufwand nicht lohnt, gelingen die meisten Pilze auf diese Weise ausgezeichnet — selbst große, geöffnete Köpfe von Zuchtpilzen. Wenn Sie die Lamellen- bzw. Röhrenseite zuerst garen, bleibt das Fleisch saftiger.

Für 4 Personen

pro Person 1 großer Steinpilzhut (10—15 cm Durchmesser), gesäubert
Knoblauchöl zum Bestreichen der Pilze (im Handel erhältlich oder selbst herzustellen: 1 geschälte Knoblauchzehe mindestens 1 Stunde in einige EL Olivenöl einlegen)
1 EL sehr fein gehackte Petersilie
Salz
frisch gemahlener schwarzer Pfeffer

Den Grill vorheizen. Die Petersilie in das Knoblauchöl rühren, die Oberseite der Pilze damit bestreichen und etwas Salz darüberstreuen. Die Pilze mit der Unterseite auf den Grill setzen und, je nach Größe, 4—5 Minuten garen. Die Hüte wenden und in jede Höhlung etwas Öl gießen. Wieder salzen und grillen, bis die Pilze gar sind. Pfeffer darübermahlen und die Pilze mit gutem, frischem Brot genießen.

PIO CESARE'S FRÜHSTÜCK

Gebratene Pilze

Funghi saltati in padella

Dieses allgemein verbreitete Rezept eignet sich nicht nur als kleine Vorspeise, es kann ebenso als Beilage zu jedem beliebigen anderen Gericht serviert werden.

Ich habe das Rezept mit allen in diesem Buch vorgestellten Pilzarten ausprobiert. Größere Exemplare habe ich natürlich zerteilt bzw. solche Pilze, die es erforderten, zunächst blanchiert. Auch Zuchtpilze wie Champignon, Shiitake- und Austernpilz eignen sich vorzüglich für diese Vorspeise. Die Bemerkung, daß Trüffeln hier ausgenommen sind und Röhrlinge sich am besten eignen, erübrigt sich wohl beinahe. Nach Belieben können Sie sämtliche Wildpilze mischen, wobei stets nur kleine, feste Exemplare verarbeitet werden sollen.

Für 4 Personen

675 g Wildpilze beliebiger Sorte, gesäubert
60 g/4 EL Butter
4 EL gutes Olivenöl
1 Knoblauchzehe, fein gehackt
1 EL feingehackte frische Petersilie
Salz und Pfeffer nach Geschmack

Butter und Öl in einer Pfanne erhitzen. Die Pilze hineingeben und bei guter Hitze 10 Minuten unter Rühren braten. Manche Pilze geben unter Umständen viel Wasser ab, insbesondere, wenn sie kurz nach einem Regenguß gesammelt werden. In diesem Fall setzen Sie den Vorgang fort, bis die gesamte Flüssigkeit verdampft ist. Den Knoblauch zufügen und das Ganze noch einige Minuten weiterbraten. Zuletzt die Petersilie darüberstreuen, salzen und pfeffern und das Gericht heiß servieren.

Pilze mit Speck auf Spinat

Insalata di funghi, spinaci e pancetta

Ich habe dieses Rezept mit gezüchteten Shiitake-Pilzen ausprobiert, und es gelang ausgezeichnet. Bei der Zubereitung mit Wildpilzen ergibt sich jedoch ein intensiverer Geschmack, so zum Beispiel mit Hallimasch (*Armillariella mellea*), Pfifferling (*Cantharellus cibarius*), Semmelstoppelpilz (*Hydnum repandum*), Echtem Reizker (*Lactarius deliciosus*), Schwefelporling (*Laetiporus sulphureus*), Heiderotkappe (*Leccinum versipelle*), Parasol (*Lepiota procera*), Violettem Rötelritterling (*Lepista nuda*) oder den Röhrling(*Suillus*)-Arten. Wenn Sie Maronenröhrlinge (*Boletus badius*) und/oder Steinpilze (*Boletus edulis*) verwenden, werden Sie feststellen, daß Sie auf den Speck verzichten können, da diese Pilze aufgrund ihres ausgeprägten Eigengeschmacks keiner weiteren Würze bedürfen.

Das Geheimnis dieses Rezeptes liegt in der Kombination aus knackig-frischem, rohem Spinat und heißen, knusprigen Speck- und Pilzstückchen.

Für 4 Personen

280 g zarter Blattspinat (verlesen und geputzt gewogen)

150 g Bauchspeck, in feine Streifen geschnitten

2 EL Olivenöl

300 g Wildpilze, gesäubert und in feine Streifen geschnitten

FÜR DIE VINAIGRETTE

4 EL Olivenöl

1 EL süßer Senf

1 EL Essig

1 Prise Zucker

Salz und Pfeffer nach Geschmack

Den Spinat gründlich in kaltem Wasser waschen, abtropfen lassen und behutsam trockentupfen, ohne ihn zu zerdrücken. Die zartesten Blätter auswählen und auf vier Teller verteilen.

Alle Zutaten für die Vinaigrette gründlich miteinander vermischen.

Die Speckstreifen 3—4 Minuten im Olivenöl braten, durchrühren, dann die Pilzstreifen zufügen und bei hoher Temperatur etwa 3—4 Minuten braten — je nach Zartheit der Pilze. Die Vinaigrette über die vier Spinatportionen gießen, den Pfanneninhalt gleichmäßig darauf verteilen und den Salat sofort servieren.

Rühreier mit Trüffel

Uova strapazzate al tartufo

Normalerweise frühstücke ich nie, es sei denn, ich komme am frühen Morgen von der Pilzsuche zurück, und die Ermüdung und der Anblick der frisch gesammelten Pilze regen auf unwiderstehliche Weise meinen Appetit an. In den USA und auch in anderen Ländern, wo das üppige Frühstück oder der Brunch an der Tagesordnung ist, wäre dieses Gericht ideal — und würde dann vielleicht mit einem Glas Champagner anstelle einer Tasse Kaffee serviert.

Das Raffinement der Kombination aus schlichten Rühreiern und darüber gehobelten Weißen oder Schwarzen Trüffeln ist unbeschreiblich. Dabei ist die Grundsubstanz Ei so »anpassungsfähig«, daß sie sich mit beinahe jeder Pilzart verträgt. Anstelle der Trüffel könnten Sie frisch gesammelte Pfifferlinge oder Steinpilze ebenso verwenden, wie Maronenröhrlinge, kleine Schopftintlinge, Totentrompeten — oder sogar Wiesenchampignons. Allerdings müßten die gehackten Pilze dann, bevor man sie zu den Eiern gibt, in etwas Butter leicht angebraten werden.

Für 4 Personen

60 g/4 EL ungesalzene Butter
8 große, frische Eier aus Bodenhaltung
Salz und Pfeffer
2 EL Crème double
4 Scheiben Weißbrot, geröstet und gebuttert
1 × 50 g Weiße Trüffel oder Schwarze Trüffel, gesäubert

Die Butter in einer kunststoffbeschichteten Pfanne zerlassen, aber nicht bräunen. Die Eier in einer Schüssel verquirlen, salzen und pfeffern. In die Pfanne gießen und gelegentlich umrühren, um eventuell ansetzende Stückchen vom Boden zu lösen. Gleich wenn die Eimasse zu stocken beginnt, die Pfanne vom Herd nehmen und die Crème double unter die (noch leicht flüssigen) Eier ziehen. Gut durchmischen, auf die Toasts verteilen und servieren. Erst bei Tisch die Trüffel über die Toasts hobeln — und *Buon appetito*!

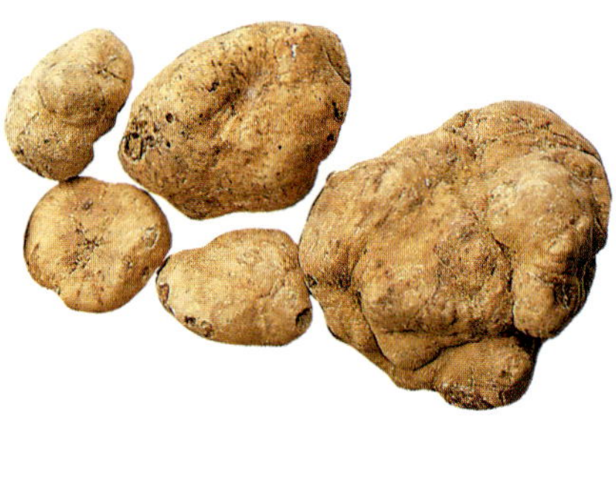

Leberpastete auf meine Art

Il mio pâté di fegato

Ich bezeichne es als »mein« Rezept, obwohl ich zugeben muß, daß es ohne Santiago Gonzales, seit 16 Jahren Küchenchef meines Restaurants und Meister in der Zubereitung von Gänseleber, nicht zustande gekommen wäre. Es hat nichts oder nur wenig mit jenem extrem teuren, industriell hergestellten Zeug zu tun, bei dem die sogenannte Trüffel in der Mitte der Pastete sitzt und nach nichts schmeckt. Versuchen Sie diese Pastete, sobald Sie ein paar Trüffeln bekommen können, sie ist wirklich exquisit.

Für 4 Personen

80 g fetter Speck, gehackt
1 kleine Zwiebel, gehackt
4 Knoblauchzehen, gehackt
½ kg gesäuberte Entenlebern, grob gehackt
2 Lorbeerblätter
1 Rosmarinzweig
Salz und Pfeffer nach Geschmack
1 Gläschen trockener Sherry
1 Gläschen Weinbrand
60 g/4 EL Butter
1 × 25 g Sommertrüffel oder Schwarze Trüffel, gesäubert
etwas Gelee zum Garnieren (nach Belieben)

Den Speck in einer Pfanne 3—4 Minuten unter Rühren auslassen, die Zwiebel zufügen und unter Rühren glasig dünsten. Nun den Knoblauch, die Lebern, die Lorbeerblätter und den Rosmarin zugeben und alles unter Rühren bei mäßiger Hitze weitere 5 Minuten braten lassen. Salzen und pfeffern, Sherry und Weinbrand beigeben. Den Alkohol 1 Minute verdampfen lassen, anschließend die Butter unterziehen und die Pfanne beiseite stellen, bis alles leicht abgekühlt ist. Lorbeerblätter und Rosmarin entfernen und nach Belieben die übrige Mischung einige Sekunden im Mixer pürieren, keinesfalls länger, da die Mischung eine gewisse Festigkeit behalten soll. Nun die Mischung in eine Terrine füllen und die Trüffel hineindrücken, so daß sie gerade bedeckt ist. Die Terrine ins Wasserbad stellen (eine Fleischpfanne, 2 cm hoch mit Wasse gefüllt, eignet sich durchaus) und im vorgeheizten Ofen bei mäßiger Temperatur (180°C/Gas Stufe 4) 1 Stunde garen. Herausnehmen und auskühlen lassen. In Scheiben schneiden und diese, wenn sie für ein kaltes Buffet bestimmt sind, nach Belieben mit kleinen Geleewürfeln garnieren.

Crostini mit Schwarzer Trüffel

Crostini al tartufo nero

Crostini, die berühmte Vorspeise der Toskana, bestehen aus ungesalzenem Toskana-Brot, das geröstet und dann mit verschiedenem Belag wie Leberpastete oder Olivenpaste bestrichen wird. Sie werden kalt oder warm, zum Aperitif oder zum Auftakt eines Essens gereicht. Die hier vorgestellte Variante mit Schwarzer Trüffel ist nicht gerade billig. Preisgünstiger fällt sie aus, wenn Sie die Trüffel sehr fein schneiden und nur zur geschmacklichen Abrundung verwenden. Sollten Sie das genannte Brot nicht bekommen, fragen Sie nach anderem italienischen Brot.

Für 4 Personen

1 Knoblauchzehe, fein gehackt

2 TL grüne Pfefferkörner

200 g Hühnerlebern

60 g Sommertrüffel
oder Schwarze Trüffel

3 EL Olivenöl »vergine«

1 TL Weinbrand

Saft von 1/2 Zitrone

Salz und Pfeffer nach Geschmack

4 große Scheiben Toskana-Brot zum Rösten

Knoblauch und Pfeffer im Mörser zu einer Paste zerreiben. Die von allen Häutchen befreiten Lebern und die Trüffel fein würfeln. Das Olivenöl in einer Pfanne erhitzen und Lebern und Trüffel 5 Minuten darin braten, dabei vorsichtig umrühren. Nun die Paste zugeben und den Garvorgang weitere 2 Minuten fortsetzen. Weinbrand und Zitronensaft zufügen, salzen und pfeffern und alles gründlich vermischen. Das Brot rösten. Die Mischung gleichmäßig auf die Scheiben verteilen, diese in kleine Häppchen schneiden und sofort servieren.

Pilzsalat auf meine Art

La mia insalata di funghi

Wann immer ich von einer erfolgreichen Pilzsuche zurückkehre, bereite ich dieses schmackhafte Gericht. Da für einen Salat ausschließlich frische, makellose Pilze erforderlich sind, wähle ich nur die kleinsten und festesten Steinpilze und Maronenröhrlinge aus. Ich bevorzuge diese beiden Pilzarten wegen ihrer unterschiedlichen Beschaffenheit: Das eher weiche Fleisch des Maronenröhrlings bildet einen reizvollen Kontrast zu der etwas knackigeren Konsistenz des Steinpilzes.

Für 4 Personen

150 g kleine, frische Steinpilze, gesäubert

150 g kleine, frische Maronenröhrlinge, gesäubert

4 EL Knoblauchöl (dafür 3—4 geschälte und leicht zerdrückte Knoblauchzehen 2—3 Stunden in Olivenöl ziehen lassen)

1 EL Zitronensaft

1 EL trockener Weißwein

Salz und Pfeffer nach Geschmack

1 EL feingehackte Petersilie

Die Pilze der Länge nach in sehr feine Scheiben schneiden und in eine tiefe Porzellanschüssel geben. In einer zweiten Schüssel Öl, Zitronensaft, Wein, Salz und Pfeffer zu einer Emulsion verrühren. Diese gleichmäßig über die Pilze verteilen und alles 1 Stunde in den Kühlschrank stellen. Vor dem Servieren mit Petersilie bestreuen. Dazu reicht man Grissini.

Antipasto mit eingelegten Pilzen

Antipasto misto con funghi

Solange Sie Ihre Pilze noch nicht selbst einlegen können, kaufen Sie sie am besten in einem Feinkostgeschäft. Steinpilze in Öl erhalten Sie nahezu überall; sie haben zwar ihren Preis, doch für einen gemischten Vorspeisenteller benötigen Sie, je nach Größe der Pilze, nur 3—4 Stück. Alle nachstehend aufgeführten Zutaten finden Sie in jedem besseren italienischen Lebensmittelladen. Sie können aber auch selbst mit dem Konservieren von Zuchtpilzen, zum Beispiel Champignon, Shiitake-oder Austernpilz, beginnen. Detaillierte Erläuterungen zum Einlegen von Pilzen in Öl oder Salzlake finden Sie auf den Seiten 122/123.

Für 4 Personen

8 Scheiben Bresaola (luftgetrocknetes Rindfleisch)

8 Scheiben gute italienische Salami

4 Scheiben Parmaschinken

8 kleine Artischockenherzen in Öl

16 Essiggürkchen

ein wenig von jeder eingelegten Pilzsorte,
die Sie vorrätig haben

Richten Sie die Zutaten hübsch auf einzelnen Tellern an oder arrangieren Sie eine appetitliche Vorspeisenplatte. Dazu reichen Sie Grissini.

SEITEN 30/31: ANTIPASTO MIT EINGELEGTEN PILZEN

Pilz-Crostini

Crostini con funghi

Für dieses Rezept benötigen Sie grobes Weißbrot und — möglichst gemischte — Wildpilze. Ersatzweise können Sie auch gekaufte Champignons und dazu getrocknete (und natürlich eingeweichte) Steinpilze und Morcheln verwenden. Getrocknete Pilze haben den Vorteil, daß sie jederzeit erhältlich und dazu relativ preisgünstig sind. Ich habe beide Varianten ausprobiert und fand sie gleichermaßen ansprechend.

Für 4 Personen

400 g gemischte Wildpilze, gesäubert und grob gehackt oder 300 g Champignons und dazu je 20 g getrocknete Steinpilze und Morcheln
3 EL Olivenöl
1 große Zwiebel, fein gehackt
50 g magerer Bauchspeck, in feine Streifen geschnitten
1 Knoblauchzehe, fein gehackt
Salz und Pfeffer nach Geschmack
4 große Scheiben Weißbrot
1 EL gehackte Petersilie

Das Öl in eine Pfanne geben und die Zwiebel mit dem Speck 5—6 Minuten braten. Knoblauch und Pilze zufügen und alles weitere 10 Minuten, bzw. bis die Pilze gar sind, braten lassen. (Getrocknete Pilze zuvor etwa 20 Minuten in warmem Wasser einweichen, mit Küchenkrepp trockentupfen und grob gehackt zu den übrigen Pilzen geben. Sollte die Mischung zu trocken sein, etwas Einweichwasser zugeben.) Den Kochvorgang beenden, wenn alle Flüssigkeit aufgenommen ist. Das Ganze mit Salz und Pfeffer abschmecken und leicht abkühlen lassen. Gleichmäßig auf den gerösteten Brotscheiben verteilen, mit Petersilie bestreuen und sofort servieren.

Austernpilz-Soufflé

Soufflé di pleurotus

Meine Frau Priscilla ist eine sehr gute Köchin. Leider (oder — wie viele Freunde meinen — glücklicherweise) ist sie mit einem Mann verheiratet, der ständig zu Hause kocht, neue Rezepte erfindet und alte verbessert.

»Nach unserer Hochzeit habe ich alle meine Küchenpflichten abgetreten, bis auf das Abwaschen!« sagte sie. »Ich habe sehr gerne gekocht. Aber mein Mann ist viel talentierter und erfahrener als ich, und mit Recht beneiden mich meine Freunde darum. Manchmal aber sehne ich mich nach einem traditionellen englischen Sonntagsessen, und das koche ich dann eben. Auch für Weihnachten bin ich zuständig. Dann gibt es, um den unterschiedlichen Vorlieben in unserer internationalen Familie gerecht zu werden, Gans und Truthahn.«

Da Priscilla traumhafte Soufflés macht, bat ich sie, eines für dieses Buch zu kreieren. Wir haben dazu ein Steak vom Grill gegessen, aber ebenso könnte es als Vorspeise serviert werden. Es ist einfach köstlich!

Während meiner Zeit in Frankreich, der Heimat der Soufflés, habe ich jede Scheu vor ihnen verloren. Sie sind so leicht und zart und deshalb ideal für feinste Geschmacksnuancen. Und da Pilze in unserer Küche eine große Rolle spielen, verarbeiten wir sie im Herbst auch häufig in Soufflés.

Ein Soufflé sollte außen knusprig und innen noch leicht flüssig sein. Dazu reichen Sie eine Pilzsauce oder gebratene Pilze, die Sie, je nach Vorrat, beliebig variieren können. Hier mein Grundrezept für das September-Soufflé:

Für 4 Personen

80 g/6 EL Butter
1 Zwiebel, fein gehackt
1 Knoblauchzehe, fein gehackt
80 g Mehl, mit der entsprechenden Menge Backpulver gemischt
50 g getrocknete Steinpilze, in ½ Tasse lauwarmem Wasser eingeweicht und fein gehackt (das Wasser nicht weggießen)
etwa ¼ l Milch
Salz und Pfeffer nach Geschmack
150 g Austernpilze, grob gehackt
3 Eigelb
4 Eiweiß

Den Ofen auf 180°C/Gas Stufe 4 vorheizen. Eine Auflaufform vorwärmen und gut ausbuttern. Zwei Drittel der Butter in einem Topf zerlassen und die Zwiebel mit dem Knoblauch darin weich dünsten. Das Mehl einrühren, dann die Pilze mit dem Einweichwasser zugeben und gründlich durchrühren; die Milch angießen, salzen und pfeffern. Die Austernpilze separat in der übrigen Butter weich dünsten und dann ebenfalls in den Topf geben. Das Ganze abkühlen lassen. Die verquirlten Eigelbe unterziehen. Die Eiweiße mit dem Schneebesen steif schlagen und unter die Masse heben. Diese in die gebutterte Auflaufform füllen und 28 Minuten im vorgeheizten Ofen backen. Das Soufflé soll in der Mitte schön weich bleiben. Ganz besonders ist wichtig: Die Gäste müssen schon am Tisch sitzen und bereit sein!

ERSTER GANG

Il Primo

Die gängige Vorstellung, Italiener äßen eben nur Pasta und Pizza, ist falsch. Sicher, wir nehmen eine Menge Pasta zu uns, doch ist die Vielfalt der Saucen und auch der Teigwaren selbst so unendlich groß, daß jedes Gericht als eigenständige Spezialität gelten kann. Nudeln sind der ideale Partner für frische wie getrocknete Wildpilze: In ihrer Konsistenz ergänzen sich beide perfekt, und der schmackhafte Saft der Pilze verleiht der Pasta gerade die richtige Geschmeidigkeit. Die verschiedenen Regionen Italiens bringen immer wieder andere Arten hausgemachter Pasta und Gnocchi hervor, und auch die Polenta- und Reisgerichte Norditaliens harmonieren ausgezeichnet mit Pilzen. Diese Gerichte sind wie geschaffen, um die geringe Ausbeute einer nicht unbedingt erfolgreichen Pilzsuche oder einen kleinen Vorrat kostbarer getrockneter Pilze zu strecken. Auf der anderen Seite schafft selbstgemachte, schlicht zubereitete Pasta die perfekte Grundlage für den Luxus einer frisch gehobelten Trüffel.

Jeder Italiener ißt im Laufe der Saison mindestens ein paarmal Gerichte mit Wildpilzen oder Trüffeln: Das ist schlichtweg ein Muß. Nun bin ich zwar ein entschiedener Verfechter der Verwendung frischer Produkte der jeweiligen Jahreszeit, muß aber doch zugeben, daß der Anblick eines dampfenden *Risotto con porcini* an einem naßkalten Februartag geradezu unwiderstehliche Sommererinnerungen wachruft. Glücklicherweise entspricht es ja auch der Tradition, Pilze durch Trocknen zu konservieren; und nicht zuletzt haben sich durch die modernen Tiefkühlverfahren die Möglichkeiten entschieden verbessert. Ich möchte behaupten, daß in meinem Restaurant Gerichte mit konservierten Pilzen zubereitet werden, die sich im Grunde von denen mit frischen nicht unterscheiden.

Ursprünglich hatte das *primo* in der italienischen Speisenfolge die Aufgabe, den Magen zu füllen, bevor das Hauptgericht aufgetragen wurde. Aber in vielen Fällen kann es ohne weiteres als leichte Hauptmahlzeit gereicht werden. Begleitet von einem frischen Salat und mit etwas Wein heruntergespült, sind die etwas kräftigeren Pasta- und anderen Gerichte geradezu exzellent. Und auch die Suppen sind, mit gutem Brot serviert, durchaus gehaltvoll.

Hexentopf

Zuppa di funghi misti

Wenn Sie von einer jener Exkursionen nach Hause kommen, die Ihnen nur eine kleine, dafür aber um so bunter zusammengewürfelte Ausbeute gebracht hat, dann ist der rechte Augenblick für die Zubereitung dieser Suppe. Dabei spielt es keine Rolle, welche Pilze Sie genau sammeln konnten, sofern sie nur bunt gemischt und selbstverständlich eßbar, frisch und sorgfältig gesäubert sind. Die Vielfalt — mehr aber vielleicht noch die Zubereitung selbst — erinnert an eine Hexenküche, wo aus einem großen Kessel über dem flackernden Feuer geheimnisvolle Dämpfe aufsteigen. Eine delikate Suppe — auch ohne Hexerei!

Für 4 Personen

250 g gemischte Wildpilze (gesäubert gewogen)
25 g/2 EL Butter
1 kleine Zwiebel, in feine Scheiben geschnitten
25 g Frühstücksspeck (Bacon), in Streifen geschnitten
1 kleine mehlige Kartoffel, fein geraspelt
³/₄ l Rindfleisch- oder Hühnerbrühe
1 kleiner Becher Crème double
2 Eigelb, verquirlt
1 kleines Bund Schnittlauch, fein gehackt
Salz und Pfeffer nach Geschmack
4 Scheiben dunkles Brot, geröstet und gebuttert

Größere Pilze in Stücke schneiden. Die Butter in einen mit zwei Griffen versehenen Steinguttopf geben und die Zwiebel bei mäßiger Hitze einige Minuten darin dünsten. Nun den Speck kurz mitbraten, als nächstes die Kartoffel und kurz darauf die Brühe zufügen. Dann die Pilze hineingeben und die Suppe leise köcheln lassen, bis die Kartoffel sehr weich ist und die Pilze gar sind. Den Topf vom Herd nehmen, unmittelbar vor dem Servieren die Crème double, die Eigelbe und Schnittlauchröllchen einrühren. Mit Salz und Pfeffer abschmecken. Die heißen Brotscheiben in die vorgewärmten Suppenteller legen und mit der Suppe übergießen. Sofort servieren.

Steinpilzcreme

Crema di porcini

Diese Suppe ist eine meiner köstlichsten Kreationen und bei meinen Gästen äußerst beliebt.

Zur Steinpilzzeit verarbeite ich nur frische Exemplare, und zwar die größeren, die sich wegen ihres vollen Geschmacks besonders für Suppen eignen.

Gleichzeitig friere ich größere Mengen dieser Delikatesse ein, damit ich auch außerhalb der Saison immer genügend vorrätig habe. Steinpilze sind für diese Art der Konservierung bestens geeignet und werden entweder nach dem Auftauen kurz angebraten oder, was Zeit spart, unaufgetaut in die kochendheiße Brühe gegeben.

Wer selbst nicht fündig geworden ist und die Kosten frischer Steinpilze scheut, kann als Grundlage Zuchtpilze verwenden und nur zur geschmacklichen Abrundung einige getrocknete Steinpilze beigeben.

Für 4 Personen

½ kg frische Steinpilze oder ½ kg Zuchtchampignons und dazu 25 g getrocknete Steinpilze
1 mittelgroße Zwiebel, fein gehackt
4 EL Olivenöl
1 l Rindfleischbrühe
4 EL Crème double
Salz und frisch gemahlener Pfeffer
FÜR DIE CROÛTONS
1 EL Butter
2 Scheiben Weißbrot

Frische Steinpilze säubern und in Stücke schneiden. Die Zwiebel 3—4 Minuten im Öl anschwitzen, dann die Pilze zufügen und 6—7 Minuten sautieren. Die Brühe angießen, aufkochen und 20 Minuten leise köcheln lassen. (Getrocknete Steinpilze 10 Minuten in lauwarmem Wasser einweichen. Inzwischen die Champignons zusammen mit der Zwiebel anbraten; dann die Steinpilze mit dem Einweichwasser und der Brühe zufügen. Etwa ½ Stunde leise köcheln lassen.)

Anschließend — dies gilt für beide Varianten — den Topfinhalt pürieren. Dann die Suppe wieder in den Topf füllen, mit der Crème double verfeinern, salzen und pfeffern und langsam erwärmen. Für die Croûtons das Brot in kleine Würfel schneiden und in der Butter knusprig braun braten.

Pilzsuppe auf Brotscheiben

Acqua cotta

Eine ganz einfache Spezialität aus der Toskana, die — mit geringfügigen Abwandlungen — weit verbreitet ist. Man bereitet sie vor allem im Herbst zu, wenn die erforderlichen Pilze in großer Zahl aus dem Boden schießen. Wörtlich übersetzt bedeutet »acqua cotta« gekochtes Wasser — die denkbar einfachste Brühe.

Für 4 Personen

600 g frische, junge Steinpilze oder 600 g flache Schafegerlinge und dazu 10 g getrocknete Steinpilze
3 EL Olivenöl
2 Knoblauchzehen, gehackt
1 Dose geschälte Tomaten (400 g)
600 ml Fleischbrühe
5 frische Basilikumblätter
Salz und frisch gemahlener Pfeffer
4 Scheiben Toastbrot
60 g frisch geriebener Parmesan

Falls Sie getrocknete Steinpilze verwenden, weichen Sie diese ¼ Stunde in warmem Wasser ein. Die frischen Pilze mit einem Tuch säubern und in Scheiben schneiden. In einem großen Schmortopf den Knoblauch kurz im Öl anbraten, dann die frischen Pilze dazugeben und etwa 10 Minuten dünsten. Nun die Steinpilze mit dem Einweichwasser zugeben. Die Tomaten passieren und mit ihrem Saft zu den Pilzen geben. Das Ganze auf mittlerer Flamme 10 Minuten unter Rühren kochen lassen. Die Fleischbrühe separat erhitzen, dann zu den Pilzen gießen. Salzen, pfeffern und mit dem Basilikum würzen. Jede Suppentasse mit einem Toast auslegen und mit Suppe auffüllen. Mit Parmesan bestreuen und servieren.

Steinpilz-Bohnen-Suppe

Zuppa di fagioli e porcini

Für dieses Rezept verwende ich Steinpilze, da sie den eher milden Geschmack der Borlotti-Bohnen um eine charakteristische Note bereichern. Am besten schmeckt diese köstliche Suppe mit frischen Pilzen und frischen Bohnen — beides ist im Frühherbst erhältlich —, doch habe ich festgestellt, daß sie auch mit getrockneten Bohnen (die vorher 12 Stunden eingeweicht und anschließend 2 Stunden gekocht werden müssen) und getrockneten Steinpilzen durchaus gelingt. In meinem Restaurant serviere ich das Gericht als Gemüse, in dieser Variante enthält es so gut wie keine Flüsigkeit mehr.

Für 4 Personen

700 g frische Borlotti-Bohnen oder 250 g getrocknete Borlotti-Bohnen
150 g frische Steinpilze oder 25 g getrocknete Steinpilze
3 EL Olivenöl
1 große Zwiebel, in dünne Scheiben geschnitten
1 l Rindfleischbrühe
Salz und Pfeffer

Die frischen Bohnen enthülsen und putzen, die frischen Pilze in Scheiben schneiden. Das Olivenöl in einen großen Topf geben und die Zwiebel bei mäßiger Hitze 4—5 Minuten anschwitzen. Die Pilze und Bohnen zufügen und 1—2 Minuten mitdünsten. Die Brühe angießen und so lange kochen, bis die Bohnen gar sind (ab und zu eine probieren!). Bei Verwendung von getrocknetem Gemüse die Bohnen über Nacht einweichen und 2 Stunden kochen, anschließend abgießen. Die Steinpilze ½ Stunde einweichen und mit dem Einweichwasser zu den übrigen Zutaten geben. Die Suppe mit Salz und Pfeffer abschmecken und mit kräftigem, geröstetem Weißbrot als Beilage servieren.

SCHAFEGERLINGE (*AGARICUS ARVENSIS*)

Grundrezept für Eierteigwaren

Pasta all'uovo

Hier das Grundrezept für den Nudelteig, aus dem Sie Tagliolini, Tagliatelle, Pappardelle, Cappellacci und Lasagne herstellen. Der Unterschied zwischen diesen Pasta-Arten besteht lediglich darin, wie Sie den Teig nach dem Ausrollen schneiden (zum Beispiel Tagliatelle in ca. 1 cm breite Streifen, Tagliolini 2—3 mm breit).

Einfache Nudeln, die nur mit etwas Butter und geriebenem Parmesan angerichtet werden sollen, erhalten eine delikate Note, wenn Sie dem Grundteig 30 g getrocknete und zerriebene Steinpilze beimengen.

Ergibt 450 g Teig

300 g Weizenmehl
3 große, frische Eier
1 große Prise Salz

Die Zutaten in eine große Schüssel geben und mit einem Holzlöffel so gut wie möglich vermengen. Anschließend den Teig auf der bemehlten Arbeitsfläche mit den Händen kneten — falls nötig, noch etwas Mehl einarbeiten —, bis sich ein glatter, elastischer Teig ergibt. Dieser Vorgang dauert etwa 10 Minuten — so einfach ist die Pasta-Herstellung! Den Teig zugedeckt ¼ Stunde ruhen lassen.

Anschließend den Teig auf der Arbeitsfläche etwa 2 mm dick ausrollen, dabei mit Mehl bestäuben, damit er nicht anklebt. Falls Sie gefüllte Teigtaschen, zum Beispiel Cappellacci, herstellen möchten, darf der Teig nicht austrocknen, er muß daher unverzüglich verarbeitet werden. Für Lasagne und andere Nudeln dagegen muß er etwa ½ Stunde trocknen.

Anschließend den Teig locker zusammenrollen und in Streifen der gewünschten Breite schneiden. Diese behutsam auseinanderfalten und vor dem Kochen weitere 10 Minuten trocknen lassen.

Pro 100 g Pasta etwa 1 l Wasser unter Zugabe von 1 TL Salz aufkochen. Die Nudeln ins sprudelnde Wasser gleiten lassen und kurz umrühren, damit sie nicht zusammenkleben. Sobald die Pasta *al dente*, das heißt gar ist, aber noch Biß hat (hausgemachte Pasta benötigt etwa 3—5 Minuten, probieren Sie aber sicherheitshalber), den Topf vom Herd nehmen und ein Glas kaltes Wasser hineingießen, um den Kochvorgang zu beenden. Nach 1—2 Sekunden abgießen.

In Butter schwenken (oder etwas Sauce unterziehen) und sofort mit frisch geriebenem Parmesan servieren.

Tagliolini für Paola und Inge

Tagliolini per Paola e Inge

Vor einigen Jahren erhielt ich Anfang April Besuch von zwei lieben Freundinnen: Paola aus Mailand und Inge aus Wien. Schon eine von ihnen zu Gast zu haben, ist wundervoll, daß aber nun beide gleichzeitig kamen, war kaum zu fassen.

Um die Überraschung perfekt zu machen, hatten mir beide etwas mitgebracht: Von Inge bekam ich den von mir so geschätzten Tiroler Speck und von Paola ein paar herrliche frische Steinpilze, mit denen ich zu dieser Jahreszeit überhaupt nicht gerechnet hatte. Paola erzählte mir, daß Sie die frischen Steinpilze in Mailand bei einem Gemüsehändler gesehen hatte, und der Versuchung einfach nicht widerstehen konnte, mir ein paar davon mitzubringen. Da die Steinpilzzeit in Italien aber erst im Juni oder Juli beginnt, vermute ich, daß sie aus Marokko oder Tunesien stammten. — Es ist mir ein Vergnügen, dieses Rezept meinen liebenswerten Freundinnen Paola und Inge zu widmen.

Für 4 Personen

45 g/3 EL Butter
4 EL Olivenöl
50 g Tiroler Speck (ersatzweise Bauchspeck), in Streifen geschnitten
1 Knoblauchzehe, fein gehackt
300 g kleine, frische Steinpilze (gesäubert gewogen), in dünne Scheiben geschnitten
1 Dose ungeschälte und gehackte Tomaten
Salz und Pfeffer
600 g frische Tagliolini oder 400 g getrocknete Pasta (z. B. Linguine)
Milch nach Bedarf
50 g frisch geriebener Parmesan

Bereiten Sie zunächst die Sauce in einem Topf, der so groß ist, daß nachher auch die Nudeln Platz darin haben. Butter und Olivenöl erhitzen, bis die Butter geschmolzen ist, dann die Speckstreifen bei schwacher Hitze 2 Minuten darin braten. Den Knoblauch zugeben und 1 Minute anschwitzen, dann vorsichtig die Pilze untermischen und bei milder Hitze unter gelegentlichem Rühren 5 Minuten dünsten. Nun die Tomaten dazugeben, alles mit Salz und Pfeffer abschmecken, gründlich umrühren und den Kochvorgang nach weiteren 7—8 Minuten beenden. Den Topf beiseite stellen.

Inzwischen 5 l Wasser unter Zugabe von 5 TL Salz aufkochen. Die Nudeln ins sprudelnde Wasser geben und sofort umrühren, damit sie nicht verkleben. Frische Teigwaren sind nach 3 Minuten, getrocknete nach 7—8 Minuten gar. Die Pasta abgießen und zur Sauce geben. Den Topf wieder auf den Herd stellen und die Nudeln mit der Sauce und dem Parmesan gründlich vermengen. Falls die Mischung zu trocken ist, etwas Milch zugeben.

Pilz-Lasagne

Lasagne con funghi

Dieses eher reichhaltige und in der Zubereitung relativ komplizierte Gericht bietet sich als erster Gang eines üppigen Sonntagsessens an. Wenn Sie es mit einem Salat servieren, eignet es sich aber ebenso als Hauptmahlzeit.

Ich empfehle für diese Lasagne ausschließlich Röhrenpilze, wobei ich Steinpilzen und Maronenröhrlingen eindeutig den Vorzug gebe; aber auch die Birkenrotkappe, obwohl weniger schmackhaft, ist zu empfehlen.

Für 4—6 Personen

FÜR DIE PASTA

450 g Teig (siehe Rezept Seite 36) oder 300 g fertig gekaufte Lasagne

reichlich Salzwasser

etwas Öl

FÜR DIE SAUCE

5 EL Olivenöl

1 Mohrrübe, fein gehackt

2 Selleriestangen, fein gehackt

2 Schalotten, fein gehackt

250 g Hackfleisch vom Kalb

½ kg sehr frische Röhrenpilze, gesäubert und in Scheiben geschnitten

1 Dose geschälte Tomaten (400 g)

100 g Parmaschinken in dicken Scheiben, in feine Streifen geschnitten

Salz und Pfeffer

DAZU

200 g Fontina (italienischer Käse) in dünnen Scheiben

100 g frisch geriebener Parmesan

Den Pastateig, falls Sie ihn selbst herstellen, 1—2 mm dick ausrollen und in 10 × 20 cm große Rechtecke schneiden.

Reichlich Salzwasser aufkochen und etwas Öl hineingeben, um das Verkleben der Teigblätter zu verhindern. Diese einzeln ins kochende Wasser geben und *al dente* kochen (bei selbstgemachten 5, bei gekauften 10 Minuten). Die Lasagne durch Angießen von kaltem Wasser abkühlen, aus dem Wasser nehmen und auf einem sauberen Tuch ausbreiten.

Für die Sauce das Öl in einer Pfanne erhitzen und die Mohrrübe, den Sellerie und die Schalotten 5—6 Minuten darin dünsten. Das Hackfleisch dazugeben und unter Rühren 10 Minuten braten. Pilze und Tomaten hinzufügen und das Ganze weitere 20 Minuten garen. Die Pfanne vom Herd nehmen, den Parmaschinken untermischen, salzen und pfeffern.

Den Ofen auf 220° C/Gas Stufe 7 vorheizen. Zuerst etwas Sauce auf dem Boden einer feuerfesten Form verteilen. Einige Teigblätter darauflegen und diese leicht mit Sauce bedecken, mit etwas Fontina bedekken und anschließend mit ein wenig Parmesan bestreuen. In dieser Reihenfolge die Form füllen, bis alle Zutaten aufgebraucht sind. Die Lasagne im vorgeheizten Ofen 20 Minuten backen. Mit einem Messer zerteilen und gleich servieren.

Tagliatelle mit Trüffel

Tagliatelle con tartufi

Eines der beliebtesten und zugleich begehrtesten Gerichte aus der Gegend von Alba besteht aus der schlichten Kombination von frischen Tagliatelle mit dem raffinierten Geschmack der Weißen Trüffel, die dort zwischen Oktober und Ende Januar zu finden ist. Es wäre zu hoffen, daß ein guter Freund Ihnen eine dieser Trüffeln zum Geschenk macht.

Verwenden Sie, dem Qualitätsanspruch der übrigen Zutaten entsprechend, nur den besten Parmesan.

Für 4 Personen

450 g frische Tagliatelle (siehe Rezept Seite 36)

100 g ungesalzene Butter

60 g frisch geriebener Parmesan (Echter Parmigiano Reggiano)

1 kleine Weiße Trüffel

Salz und frisch gemahlener schwarzer Pfeffer

Die Tagliatelle *al dente* kochen (3—4 Minuten), abgießen und in der Butter schwenken. Den Parmesan unterziehen, salzen und pfeffern. Auf einzelne Teller anrichten und erst bei Tisch die kostbare Trüffel darüberraspeln.

Cappellacci mit Steinpilzsauce

Cappellacci al sugo di porcini

Gefüllte Teigtaschen, wie zum Beispiel Cappellacci, sind eine Spezialität der Emilia Romagna. Sie selbst herzustellen erfordert etwas Geduld, doch ohne Zweifel lohnt sich die Mühe. Sie können die Cappellacci bereits am Vortag herstellen und, damit sie nicht aneinander kleben, in ein sauberes Tuch eingeschlagen, im Kühlschrank aufbewahren. Bei diesem Rezept werden die Cappellacci mit einer Fleischmischung gefüllt und die Pilze zur Verfeinerung der Sauce verwendet; Sie könnten aber ebensogut eine Pilz-Duxelles als vegetarische Füllung bereiten und die Cappellacci mit einer Tomatensauce servieren.

Für die hier vorgestellte Sauce bevorzuge ich Steinpilze. Da die Füllung selbst eine sehr charakteristische Note hat, eignen sich für die Sauce weniger geschmacksintensive Pilze wie Hallimasch oder Pfifferling oder auch eine Mischung aus Zuchtpilzen und einigen getrockneten Steinpilzen genausogut.

Für 6—8 Personen (ergibt 30—40 Cappellacci)

450 g Pastateig (siehe Rezept Seite 36)

1 verquirltes Ei zum Bestreichen der Teigränder (nach Belieben)

FÜR DIE FÜLLUNG

150 g frische italienische Wurst (Salsiccia) oder fein durchgedrehtes Schweinehack

50 g geröstete Haselnüsse, fein gehackt

4 EL frisch geriebener Parmesan

2 EL gehackte Petersilie

2 EL Schnittlauchröllchen

1 Msp. frisch geriebene Muskatnuß

1 EL Olivenöl

3—4 EL Crème double

FÜR DIE SAUCE

250 g frische Steinpilze

60 g/4 EL Butter

1 Knoblauchzehe, fein gehackt

½ Glas trockener Weißwein

Salz und frisch gemahlener schwarzer Pfeffer

1 EL gehackte Petersilie

60 g frisch geriebener Parmesan

Den Pastateig nach Anleitung zubereiten und beiseite stellen. Für die Füllung Salsiccia oder Hackfleisch einige Minuten im Olivenöl leicht anbraten und abkühlen lassen. Die übrigen Zutaten für die Füllung in einer Schüssel vermengen und das erkaltete Fleisch einarbeiten.

Den Pastateig möglichst dünn ausrollen und in Quadrate von 8—9 cm Kantenlänge schneiden. Auf jedes Quadrat 1 gestrichenen Teelöffel Füllung setzen. Die einzelnen Quadrate diagonal zusammenfalten und die Ränder zwischen Daumen und Zeigefinger zusammendrücken (falls der Teig trocken ist, zusätzlich mit verquirltem Ei bestreichen). Die entstandenen Dreiecke wie eine Wurst zusammenrollen und zu einem Ring schließen. Die Enden mit Hilfe des Daumens auf der Arbeitsfläche fest zusammendrücken.

Für die Sauce die Pilze in Scheiben schneiden und in der Butter anbraten. Den Knoblauch beigeben und einige Minuten mitbraten. Den Wein angießen, salzen und pfeffern und die Flüssigkeit auf hoher Flamme 1—2 Minuten verdampfen lassen. Zuletzt die Petersilie zufügen. Inzwischen die Cappellacci etwa 8 Minuten kochen, gut abtropfen lassen und mit der Sauce vermischen. Mit dem Parmesan bestreuen und sofort servieren.

Spaghetti Norcia-Art

Spaghetti alla norcina

Norcia ist eine weitere berühmte Stadt in dem Gebiet, wo die Schwarze Norciatrüffel (*Tuber melanosporum*) wächst. Für dieses vorzügliche und zugleich schlichte Gericht können Sie auch die Périgordtrüffel verwenden; davon brauchen Sie allerdings etwas mehr als von der geschmacksintensiveren Norciatrüffel.

Für 4 Personen

400 g (möglichst dünne) Spaghettini
8 EL Olivenöl
2 Knoblauchzehen, in Scheibchen geschnitten
4 Sardellenfilets (möglichst in Salz eingelegt)
Salz und Pfeffer
1 × 50 g Schwarze Trüffel, in hauchdünne Scheiben geschnitten

Die Spaghettini in reichlich Salzwasser *al dente* kochen. Inzwischen für die Sauce das Olivenöl in eine Pfanne geben und den Knoblauch leicht anbräunen. Die Pfanne vom Herd nehmen, den Knoblauch herausnehmen und das Öl erkalten lassen. Nun die (sorgfältig entgräteten) Sardellenfilets zugeben und auf kleiner Flamme erhitzen, bis sie ganz zerfallen. Die Pfanne vom Herd nehmen und etwas abkühlen lassen. Zuletzt die Trüffelscheibchen ergänzen, die Sauce erwärmen und gleichmäßig über die auf einzelnen Tellern angerichteten Spaghettini verteilen. Salzen und pfeffern (beachten Sie dabei, daß die Sardellen an sich schon salzig sind). Unwiderstehlich!

Spaghetti mit Hallimasch

Spaghetti con chiodini

Daß dieses Gericht »nach mehr« schmeckt, entdeckte ich erst letztes Jahr, als ich dank meines Freundes Gennaro plötzlich über einen beachtlichen Vorrat von Hallimasch (*Armillariella mellea*) verfügte. Seither habe ich die verschiedensten Varianten ausprobiert, doch scheint mir die hier vorgestellte die gelungenste zu sein. Auch dieses Rezept besticht nicht zuletzt durch seine Schlichtheit.

Für 4 Personen

600 g kleinere Hallimasche
4 EL gutes Olivenöl
1 Knoblauchzehe, gehackt
1 kleine Chilischote, fein gehackt
1 EL feingehackte Petersilie
Salz und Pfeffer
400 g Spaghetti
50 g frisch geriebener Parmesan

Die Pilze 1 Minute in kochendem Wasser brühen, abgießen und erkalten lassen. Die Hüte von den Stielen trennen und nur die zarten Stiele mitverwenden.

Das Olivenöl in einen großen Topf geben, Knoblauch und Chilischote $\frac{1}{2}$ Minute andünsten. Die blanchierten Pilze mit der Petersilie zufügen, salzen und pfeffern. Inzwischen die Spaghetti kochen und abgießen. Zur Sauce geben, gut durchmischen und, mit Parmesan bestreut, servieren.

Davon könnte man mehr und mehr und mehr essen.

Pappardelle in Hasensauce

Pappardelle alla lepre

Zugegeben, ich habe keine Ahnung, woher die Pappardelle ihren Namen haben. Ich weiß nur, daß es sich um eine köstliche Art von Pasta handelt, die der für Lasagne verwendeten ähnelt. Allerdings wird sie dünner ausgerollt und dann in 2 bis 3 cm breite Streifen geschnitten.

Am besten bereiten Sie Pappardelle dann zu, wenn Hasenbraten auf Ihrem Speiseplan steht. Wie in Italien üblich, reichen Sie als Ersten Gang Pasta, mit etwas Bratensaft vermischt, und servieren das Fleisch als Hauptgericht. Dieses Rezept hier beschreibt eine andere Variante, die darin besteht, eine Sauce aus gemischten Pilzen — Steinpilze, Pfifferlinge, Totentrompeten usw. — durch Hasenschmorfond geschmacklich abzurunden. Pappardelle mit dem Fond allein sind schon eine Delikatesse; wenn er aber durch das charakteristische Aroma von Wildpilzen noch verfeinert wurde, sind sie unbeschreiblich gut.

Mit der Zubereitung beginnen Sie bereits am Vortag, da der Hase mariniert werden muß.

Für 4 Personen

300—400 g Hasenfleisch, vom Sattel oder von der Keule
400 g Pappardelle, möglichst selbstgemacht (siehe Rezept Seite 36)
frisch geriebener Parmesan
FÜR DIE MARINADE
Saft und Schale von 1 unbehandelten Zitrone
1 Lorbeerblatt
1 Rosmarinzweig
ein Hauch frisch geriebene Muskatnuß
Salz und Pfeffer
Rotwein
FÜR DIE SAUCE
1 Knoblauchzehe, in Scheiben geschnitten
4 EL Olivenöl
300 g gemischte frische Wildpilze, gesäubert und in Scheiben geschnitten
1 Dose geschälte Tomaten (400 g)

Zum Marinieren das Fleisch mit den Zutaten für die Marinade in eine Schüssel aus Porzellan, Steingut oder Edelstahl geben; so viel Rotwein angießen, bis alles bedeckt ist.

Am folgenden Tag den Knoblauch im Öl goldgelb anschwitzen. Die Pilze mit den Tomaten zufügen und unter Rühren 1—2 Minuten dünsten. Das Fleisch mit der Marinade hinzugeben und 1 Stunde langsam garen lassen. Anschließend den Schmorfond durchseihen. Die Pappardelle in reichlich Salzwasser kochen, abgießen und mit dem Fond vermischen. Mit etwas Parmesan bestreuen und sofort servieren.

Piroggen

Pierogi Russi

Die Russen lieben jede Art von Pilzen, insbesondere *byelii greeb* — oder Steinpilze. Oft wandere ich in meinen Träumen durch das herbstliche Sibirien und stelle mir endlose, unberührte, mit Pilzen übersäte Wälder vor. Vielleicht werde ich sie eines Tages wirklich sehen ...

Das nachfolgende original russische Rezept stammt von meiner Freundin Irina Holt. Die Kombination von Pilzen und Teig enthält deutliche Anklänge an die italienische Küche — Piroggen erinnern an große Ravioli —, was mich bewog, auch eine italienisch inspirierte Variante zu entwickeln: eine perfekte Verbindung.

Für 4 Personen

FÜR DEN TEIG
230 g Mehl
1 verquirltes Ei
1 Prise Salz
Wasser nach Bedarf
1 verquirltes Ei zum Bestreichen (nach Belieben)
FÜR DIE FÜLLUNG
25 g trockenes Weißbrot
etwas Milch zum Einweichen
1 Zwiebel, fein gehackt
45 g/3 EL Butter
400 g gemischte Wildpilze, gesäubert und gehackt
1 Knoblauchzehe, fein gehackt
20 g Semmelbrösel
1 kleines Bund Dill, fein gehackt
Salz und Pfeffer
DAZU
45 g/3 EL Butter
20 g Semmelbrösel bzw. 10—15 frische Salbeiblätter und dazu 4 EL frisch geriebener Parmesan

Für den Teig in einer Schüssel das Mehl mit 1 verquirlten Ei und 1 Prise Salz mit einem Holzlöffel vermengen. Nach und nach so viel Wasser zugeben, daß sich ein fester, aber geschmeidiger Teig ergibt, den Sie zum Schluß mit den Händen gut durchkneten. Anschließend den Teig mit einem feuchten Tuch bedecken und ½ Stunde ruhen lassen.

Inzwischen die Füllung zubereiten: Das Brot in der Milch einweichen. Die Zwiebel in der Butter goldgelb anschwitzen, dann die Pilze zufügen und unter Rühren dünsten, bis ihr Saft weitgehend verdampft ist. Den Knoblauch dazugeben und die Pfanne nach 1—2 Minuten vom Herd ziehen. Das Brot ausdrücken und zusammen mit den Semmelbröseln und dem Dill zum Pfanneninhalt geben. Mit Salz und Pfeffer abschmecken, gut durchmischen und mit einer breiten Messerklinge auflockern.

Eine kühle Arbeitsfläche (ideal ist Marmor) leicht bemehlen. Den Teig in 2—3 Stücke teilen; jeweils eine kleinere Teigmenge 2—3 mm dick ausrollen und mit dem Teigrad 8 cm große Quadrate oder Kreise ausschneiden. In die Mitte der Teigstücke je 1 EL Füllung setzen, ein zweites quadratisches bzw.

rundes Teigstück darüberbreiten und die Ränder verschließen (entweder mit den Zinken einer Gabel zusammendrücken oder mit verquirltem Ei bestreichen und gut andrücken). Wenn alle Zutaten verarbeitet sind, die Piroggen auf einem Tuch ausbreiten und abdecken.

In einem großen Topf reichlich Salzwasser aufkochen, die Piroggen einzeln hineingeben und 5—6 Minuten kochen lassen. Für die russische Variante inzwischen die Butter zerlassen und die Semmelbrösel goldbraun rösten. Die fertigen Piroggen abtropfen lassen, auf einer vorgewärmten Platte anrichten und die gerösteten Semmelbrösel darübergeben.

Für die italienische Version anstelle der Semmelbrösel die Salbeiblätter in die Butter geben und die Piroggen in dieser Mischung schwenken. Auf einer vorgewärmten Platte anrichten und mit frisch geriebenem Parmesan bestreuen.

CÄSAR'S TAGLIOLINI

Tagliolini con ovoli

In dieser Kombination aus »Heiß und Kalt« kommt der delikate Geschmack des rohen, durch die Pasta sanft erwärmten Kaiserling voll zur Entfaltung. Zum Garnieren dieses Gerichts verwende ich einen kleinen Pilz namens Blauer Lackpilz (*Laccaria amethystea*): Seine wunderbare amethystviolette Färbung schafft einen exotischen Kontrast zu den orangefarbenen Köpfen der Kaiserlinge. Allerdings rate ich Ihnen, sofern Sie nicht ein ausgezeichneter Kenner von Pilzen sind, das Gericht mit Petersilie zu garnieren.

Für 4 Personen

450 g frische Tagliolini (siehe Rezept Seite 36) oder 400 g getrocknete Pasta
80 g Butter
1 kleine Prise frisch geriebene Muskatnuß
Salz und frisch gemahlener Pfeffer
1 Rosmarinzweig
50 g frisch geriebener Parmesan
3 große Kaiserling-Hüte (ca. 200 g), in hauchdünne Scheiben geschnitten

Die Pasta in leicht gesalzenem Wasser *al dente* kochen; abgießen und etwas Kochwasser zurückbehalten. Die heiße Pasta mit der Butter, 1—2 EL Kochwasser, etwas Muskat, Salz, Pfeffer und den Rosmarinblättern vermischen. Zuletzt den Parmesan gründlich unterziehen. Das Gericht auf vorgewärmte Teller verteilen, mit den Pilzscheiben bestreuen und sofort servieren.

CÄSAR'S TAGLIOLINI *UND* RISOTTO MIT STEINPILZEN

Klösschen mit Morcheln

Gnocchi con spugnole

Die Saison für Morcheln ist kurz. Da sie sich jedoch ausgesprochen gut trocknen lassen, stehen sie das ganze Jahr über zur Verfügung. Auch dieses Gericht habe ich mit getrockneten Morcheln zubereitet, und das Ergebnis war erstaunlich: Die Kombination von italienischen Gnocchi, jenen berühmten Klößchen aus Kartoffeln und Mehl, dem Hauch einer sahnigen Sauce und delikaten Morcheln läßt einem das Wasser im Munde zusammenlaufen.

Für 4 Personen

FÜR DIE GNOCCHI
900 g mehlige Kartoffeln, gekocht und warm zerstampft
200 g Mehl
1 Prise Salz
FÜR DIE SAUCE
40 g getrocknete Morcheln
2 Schalotten, gehackt
45 g/3 EL Butter
1 Dose geschälte Tomaten (400 g), fein gehackt
1 kleiner Becher Crème double
Salz und Pfeffer
50 g frisch geriebener Parmesan

Die Morcheln 20 Minuten, bzw. bis sie weich und schwammig sind, in lauwarmem Wasser einweichen. Inzwischen die Gnocchi zubereiten: Auf der Arbeitsfläche nach und nach das Mehl unter die Kartoffeln kneten, bis sich ein weicher, geschmeidiger Teig ergibt. Mit den Händen 2 cm dicke Rollen formen (mit Mehl bestäuben, damit sie nicht kleben) und diese in 3 cm lange Stücke schneiden. Eine große, möglichst hölzerne Gabel mit den Zinken nach unten in die linke Hand nehmen. Mit dem Daumen die Teigstücke gegen die Zinken drücken und anschließend auf ein sauberes Tuch legen. Die Gnocchi sollen aussehen wie geriffelte Muschelschalen.

Für die Sauce die Morcheln gut abtropfen lassen. Die Schalotten in der Butter goldbraun dünsten, Morcheln und Tomaten dazugeben und 5 Minuten garen. Die Sauce mit Crème double verfeinern, salzen und pfeffern.

Die Gnocchi in reichlich Salzwasser kochen: Sie sind gar, sobald sie an die Oberfläche steigen. Mit dem Schaumlöffel herausnehmen, gut abtropfen lassen und mit der Sauce vermischen. Mit Parmesan bestreuen und servieren.

Risotto mit Steinpilzen

Risotto con porcini

Dieses Wildpilz-Gericht, das ich am häufigsten koche, trägt in meinen Augen aufs beste dazu bei, den Appetit zu befriedigen. Für mich persönlich ist es ein Hauptgericht, da es sehr gehaltvoll ist — und ich außerdem immer eine Menge davon zubereite!

Meist wird Risotto mit den Gegenden von Mailand und Venedig in Verbindung gebracht, doch dieser Risotto ist eher im Piemont zu Hause. Nur in einigen wenigen Restaurants bekommt man einen richtigen *Risotto con funghi*, denn die Zubereitung dauert nahezu eine halbe Stunde; und wenn man es richtig machen will, dann muß man dabeistehen, Geduld haben und warten. Von den zahlreichen Versionen bevorzuge ich die ganz einfache, bei der der Pilzgeschmack wirklich herauskommt. Am besten gelingt dieser Risotto natürlich mit Steinpilzen oder Maronenröhrlingen, doch können Sie alternativ auch auf Champignons und getrocknete Steinpilze ausweichen.

Es gibt einige Super-Gourmets, die sich mit Pilz-Risotto allein nicht begnügen, sondern zusätzlich etwas Weiße Trüffel darüberhobeln. Das Ergebnis überlasse ich Ihrer Vorstellungskraft!

Für 4 Personen

300—350 g kleine, feste Steinpilze oder frische Champignons und dazu 25 g getrocknete Steinpilze
1 kleine Zwiebel, fein gehackt
2 EL Olivenöl
30 g/2 EL Butter
350 g Arborio-Reis
1,5 l heiße Hühnerbrühe oder Wasser und dazu 2 Brühwürfel
Salz und frisch gemahlener schwarzer Pfeffer
ZUM ABSCHLUSS
1 EL Butter
60 g frisch geriebener Parmesan

Falls Sie getrocknete Steinpilze verwenden, diese ¼ Stunde in einer kleinen Schale Wasser einweichen. Inzwischen die frischen Pilze in Scheiben schneiden. Die Zwiebel in Öl und Butter dünsten. Sobald sie zu bräunen beginnt, die Pilze zugeben und bei mäßiger Hitze einige Minuten mitdünsten. Die getrockneten Steinpilze fein zerkleinern und zu den frischen Pilzen geben. Das Einweichwasser zurückbehalten und später zusammen mit der Brühe angießen.

Den Reis in den Topf schütten und 1—2 Minuten rühren, bis er gleichmäßig mit Fett überzogen ist.

Nun die Brühe (die in einem zweiten Topf leise köchelt) schöpfkellenweise an den Reis gießen, dabei ständig mit einem Holzlöffel rühren. Sobald der Reis die Flüssigkeit aufgenommen hat, wieder etwas nachgießen. Diesen Vorgang so lange fortsetzen, bis der Reis *al dente* ist (nach etwa 20—25 Minuten).

Den Risotto vom Herd nehmen, salzen und pfeffern und mit der Butter und dem Parmesan abschließen. Nach Belieben jede Portion mit einer Pilzscheibe garnieren und den Risotto heiß servieren.

Polenta mit Pilzen

Polenta con funghi

Wenn Risotto mit Steinpilzen mein Lieblingsgericht ist, kommt Polenta mit Pilzen sicher an zweiter Stelle. Dies ist ein weiterer Klassiker der Küche Norditaliens, wo die Polenta, wie es scheint, besonders an den immer kürzer werdenden Herbsttagen von innen wärmt und das Gemüt besänftigt.

Obgleich ursprünglich ein Bauernessen, findet sich die Polenta ebenso an der feineren Tafel, aber doch fast immer im Gebirge. Bei den Pilzen kann es sich um die klassischen Steinpilze ebenso handeln wie um die saisonunabhängige Notreserve in Form von Zuchtpilzen — ergänzt durch getrocknete Steinpilze —, oder auch um jede andere Mischung, die Sie gerade vorrätig haben.

Ich erinnere mich noch gut, wie ich als etwa Zehnjähriger in den Hügeln bei Ivrea auf Pilzsuche ging, begleitet von einem kundigen Freund meines Vaters. Nach einem langen Fußmarsch gelangten wir gegen Mittag zu einer jener anheimelnden Hütten, gerade noch unterhalb der Baumgrenze (in etwa 1500 m Höhe) gelegen, in denen die Polenta ständig über dem Holzfeuer brodelt. Wir wählten eine Handvoll unserer frisch gesammelten Pilze aus, und eine halbe Stunde später stand die herrlichste *Polenta con funghi* vor uns auf dem Tisch!

Für 4 Personen

FÜR DIE SAUCE
350 g frische Steinpilze oder Zuchtchampignons und dazu 25 g getrocknete Steinpilze
1 kleine Zwiebel, gehackt
3 EL Olivenöl
30 g/2 EL Butter
1 kleine Dose Tomaten
Salz und frisch gemahlener schwarzer Pfeffer

FÜR DIE POLENTA
1,5 l Salzwasser
300 g Maismehl
30 g/2 EL Butter
60 g frisch geriebener Parmesan

Die frischen Pilze säubern und in Scheiben schneiden, die getrockneten 10 Minuten in lauwarmem Wasser einweichen. Für die Sauce die Zwiebel im Öl und in der Butter andünsten, die geschnittenen Pilze dazugeben und das Ganze bei hoher Temperatur 10 Minuten braten. Nun die zerkleinerten Tomaten zufügen und den Kochvorgang etwa 20 Minuten fortsetzen, bis der Tomatensaft verdampft ist. Zum Schluß salzen und pfeffern.

Für die Polenta das Salzwasser aufkochen, langsam das Maismehl hineingeben, dabei ständig rühren, damit sich keine Klumpen bilden. Weiter rühren, bis sich die Polenta allmählich vom Topfrand löst (nach etwa ½ Stunde). Nun die Butter und die Hälfte des Parmesan unterziehen. Die Polenta in flachen Schalen anrichten, in die Mitte jeweils etwas Sauce geben und den restlichen Parmesan darüber verteilen.

SEITEN 46/47: POLENTA MIT PILZEN *UND* KLÖSSCHEN MIT MORCHELN

PILZ-PIZZA

Pizza con porcini

Diese Pizza bereite ich im Herbst mit frisch gesammelten Steinpilzen oder auch mit gemischten Pilzen. Zuchtchampignons bieten eine gute Alternative, wenn Sie diese Pizza außerhalb der Saison backen möchten. Auch tiefgefrorene Steinpilze sind nicht zu verachten (vorausgesetzt, Sie konnten rechtzeitig ein paar davon in Sicherheit bringen).

Ergibt 4 Pizzas

FÜR DEN TEIG
600 g Mehl
45 g Frischhefe bzw. die entsprechende Menge Trockenhefe
1 Prise Salz
300 ml warmes Wasser
2 EL Olivenöl
FÜR DEN BELAG
400 g Pilze, nach Möglichkeit Steinpilze, geputzt und in Scheiben geschnitten
4 EL Olivenöl
1 Knoblauchzehe, gehackt
8 frische Basilikumblätter
1 EL frischer Thymian
Salz und Pfeffer
4 EL frisch geriebener Parmesan
etwas Öl zum Beträufeln

Für den Teig 1 Prise Salz und 2 EL Olivenöl zu dem warmen Wasser geben und die Hefe darin auflösen. Das Mehl auf die Arbeitsfläche häufen und die Hefemischung nach und nach in die Mitte tropfen lassen; dabei vom Rand aus das Mehl einarbeiten, bis die Flüssigkeit völlig aufgenommen ist und sich ein großer Klumpen bildet. Diesen so lange kneten, bis sich ein glatter Teig ergibt. Zu einer Kugel rollen und in eine bemehlte Schüssel legen. Die Oberfläche mit Öl einstreichen, damit sich keine harte Kruste bildet. Den Teig mit einem trockenen Tuch abdekken und 1 Stunde an einem warmen Ort (mindestens 20° C) gehen lassen. Den Ofen auf 230° C/Gas Stufe 8 vorheizen.

Inzwischen die Pilze unter Rühren im Öl scharf anbraten. Nach 1 Minute den Knoblauch zufügen und die Pfanne nach 1 weiteren Minute vom Herd ziehen. Die zerpflückten Basilikumblätter dazugeben.

Den Teig in vier Portionen teilen und mit dem Handballen (der in diesem Fall dem Nudelholz vorzuziehen ist) Böden von 27 cm Durchmesser formen. Diese in eingeölte Pizzaformen legen und die Pilze mit dem Öl darauf verteilen. Mit Thymian würzen, salzen und pfeffern, mit Parmesan bestreuen und zuletzt mit etwas Öl beträufeln. Die Pizzas im sehr heißen Ofen 10 Minuten backen und heiß servieren.

ZWISCHENGERICHTE

Piatti di Mezzo

Zuweilen gehen scheinbar jedem Koch die Ideen aus. Wie oft konnte meine Mutter sich einfach nicht entscheiden, was sie für uns kochen sollte! Glücklicherweise aber war ihr Repertoire so groß, daß sie uns doch immer wieder die leckersten Dinge auftischte.

Meines Erachtens regt nichts die kulinarische Phantasie so sehr an wie Pilze. Wenn Sie mit Ihrer kostbaren Ernte von der Pilzsuche nach Hause kommen oder man Ihnen ein paar Pilze als Überraschung mitbringt, stellt sich sofort die unvermeidliche Frage: »Was mache ich daraus?« Ob es sich um die nobelsten Spezies in makellosem Zustand handelt oder um eine stattliche Menge eines der schlichteren Speisepilze oder auch nur um ein buntes Sammelsurium: stets ist es eine Herausforderung, die Art der Zubereitung zu finden, die ihnen am besten gerecht wird. Am liebsten möchte man ein ganz besonderes Rezept für seine Schätze ersinnen oder zumindest eines genau auf sie abstimmen. Dieser Wunsch hat mich animiert, einige wundervolle Gerichte zu kreieren, und selbst die Versuche, die nicht gerade sensationell endeten, waren Wegbereiter für neue Ideen und Entwicklungen. Manche davon machen sich die Ähnlichkeit zwischen Pilzen und Eiern zunutze, andere wieder eröffnen Möglichkeiten, Pilze mehr oder weniger »solo« zu präsentieren. In diesem Kapitel stelle ich Ihnen die Ergebnisse meiner Experimente vor, zu denen ich nicht selten inspiriert wurde, während ich gerade auf Pilzsuche war.

Piatti di mezzo sind Zwischengerichte und keinem speziellen Gang der Speisenfolge zuzuordnen; daher zeichnen sie sich durch eine gewisse Vielseitigkeit aus: Sie eignen sich als Snacks, als leichte Mahlzeit oder für Parties, bieten sich aber ebenso als Vorspeise oder Erster Gang an. Oft helfen sie aus der Klemme, wenn man nicht weiß, was man kochen soll. Mit dem breiten Spektrum von Wildpilzen, die frisch oder häufig auch konserviert angeboten werden, und zusätzlich den stets verfügbaren Zuchtpilzen läßt sich das ganze Jahr über eine Vielzahl schmackhafter Gerichte zubereiten und eine Vielfalt neuer, eigener Kreationen zaubern.

Gebratene Parasols

Mazze da tamburo fritte

Die Hüte einiger großer Pilze ergeben allein schon eine ganze Mahlzeit, von der manchmal sogar zwei bis drei Personen satt werden. Einer dieser Pilze ist der Parasol (*Lepiota procera*). Sein runder, flacher Hut mit den dichten, zarten Lamellen an der Unterseite scheint geradezu dafür geschaffen, in verquirltes Ei getaucht, in Semmelbröseln gewendet und anschließend knusprig braun gebraten zu werden. Dazu gutes frisches Brot und einen knackigen grünen Salat — und schon ist ein köstliches spätsommerliches Essen bereitet.

Für 4 Personen
4 Parasolhüte von 15 cm Durchmesser
3 Eier
2 EL sehr fein gehackte Petersilie
Salz und Pfeffer
2 EL frisch geriebener Parmesan
Semmelbrösel zum Panieren
Öl zum Ausbacken

Die Hüte auf der Oberseite mit einem feuchten Tuch abreiben, aber nicht waschen. Die Lamellen auf eventuelle »Insassen« hin inspizieren. Die Eier verquirlen, salzen und pfeffern; Petersilie und Parmesan einrühren. Die Hüte zuerst in der Eimischung und anschließend in den Semmelbröseln wenden, darauf achten, daß sie ganz bedeckt sind. Reichlich Öl erhitzen und die Hüte behutsam hineinlegen. Einzeln bei mäßiger Hitze beidseitig goldbraun backen.

Falsche Kutteln mit Pilzen

Falsa trippa con funghi

Dieses Rezept verdankt seine Entstehung meinen kulinarischen Experimenten mit Pilzen. Ausgangspunkt war in diesem Fall eines der Gerichte, die meine Mutter während der mageren Kriegsjahre aus einem Minimum von Zutaten improvisierte.

Selbst Kutteln, obwohl eigentlich sehr preiswert, waren damals nicht zu bekommen. Um uns einen annähernden Ersatz zu bieten, erfand sie »falsche Kutteln« aus Eiern. Ich habe ihr Gericht mit Pilzen kombiniert, die ihm eine interessante, schmackhafte Note verleihen. Geeignet sind alle kleinen Arten, insbesondere Wiesenchampignon, Hallimasch, Pfifferling, Totentrompete, Schopftintling, Speisemorchel und Hohe Morchel. Die einfache Sauce aus Tomaten und Pilzen paßt zu allen möglichen Speisen.

Für 4 Personen
FÜR DIE »KUTTELN«
8 Eier
60 g frisch geriebener Parmesan
Salz und Pfeffer
Olivenöl zum Backen der Omeletten
FÜR DIE SAUCE
1 kleine Zwiebel, in feine Scheiben geschnitten
60 g/4 EL Butter
400 g gemischte Wildpilze (gesäubert gewogen), in gleich große Stücke geschnitten
1 Dose geschälte Tomaten (400 g)
Salz und Pfeffer
DAZU
1 EL gehackte Petersilie

Die Eier gründlich verquirlen, den Parmesan einrühren, salzen und pfeffern. In einer kleinen Pfanne aus dem Teig so viele Eierkuchen wie möglich backen und diese in 2 cm breite Streifen schneiden. Warm stellen, während Sie die Sauce zubereiten.

Dafür die Zwiebel in der Butter anbraten. Sobald sie zu bräunen beginnt, die Pilze dazugeben und 10 Minuten unter Rühren braten. Die Tomaten hinzufügen, salzen und pfeffern. Gut durchmischen und einmal aufkochen lassen. Die »falschen Kutteln« auf einer Platte anrichten und die Sauce darübergeben. Mit Petersilie bestreuen und sofort servieren.

Morchel-Schiffchen

Barchette con spugnole

Ein entscheidender Vorteil dieses Rezeptes besteht darin, daß man es auch mit getrockneten Morcheln zubereiten kann, die zu jeder Jahreszeit im Feinkostgeschäft erhältlich sind. Frische sind natürlich vorzuziehen. Doch die Morchel-Saison ist so kurz, daß die meisten Sammler, wenn sie überhaupt fündig werden, die Pilze für spätere Gelegenheiten trocknen. Ein exquisites Gericht, das auch der anspruchsvollste Gourmet sehr zu schätzen weiß.

Für 4 Personen (ergibt 8 Schiffchen)

300 g frische, gesäuberte Morcheln oder 40 g getrocknete Morcheln

2—3 Schalotten, gehackt

60 g/4 EL Butter

50 g Parmaschinken in hauchdünnen Scheiben, feinstreifig geschnitten

1 EL Mehl

3—4 EL warme Milch

3 Tropfen Tabasco

Salz und Pfeffer

1 EL gehackte Petersilie

400 g tiefgefrorener Blätterteig, aufgetaut

Größere Morcheln zerteilen. (Getrocknete Morcheln 20 Minuten in lauwarmem Wasser einweichen, abgießen; das Wasser auffangen.) Die Schalotten in der Butter halbgar dünsten, dann die Schinkenstreifchen mit den Morcheln hinzufügen und braten, bis die Schalotten goldbraun sind. Das Mehl einstreuen und den Garvorgang 2 Minuten fortsetzen. Nun tropfenweise unter ständigem Rühren so viel Flüssigkeit — Milch und eventuell das Einweichwasser der Pilze — zufügen, daß sich eine ziemlich dickflüssige Mischung ergibt. Mit Tabasco würzen, salzen und pfeffern; zuletzt die Petersilie unterziehen.

Währenddessen den Ofen auf 190° C/Gas Stufe 5 vorheizen. Den Blätterteig 5 mm dick ausrollen und acht Schiffchenformen damit auskleiden. Im mäßig heißen Ofen blindbacken. Die Schiffchen mit der vorbereiteten Mischung füllen, für weitere 10 Minuten in den Ofen schieben und, sobald sie völlig durchgewärmt sind, sofort zu Tisch bringen.

Gebackene Pilztaschen

Calzoncini fritti

Der Name dieses Gerichts leitet sich von dem italienischen Wort *calzone* (= Hose) ab. Diese *Calzoncini*, kleine zusammengeklappte Pizzas, enthalten in ihren Taschen eine köstliche Überraschung. Sie werden schwimmend ausgebacken und sind, heiß oder kalt, ideale Party-Leckerbissen. Der Einfachheit halber verwende ich Zuchtpilze, doch können Sie die Teigtaschen ebenso mit allen möglichen Wildpilzen füllen.

Ergibt 24 Stück

Pizzateig aus 600 g Mehl (siehe Rezept Seite 48, Pilz-Pizza)

100 g Frühstücksspeck, in Streichholzform geschnitten

2 EL Olivenöl

200 g Pilze, in feine Scheiben geschnitten

400 g Ricotta (italienischer Frischkäse)

4 Eier

60 g frisch geriebener Parmesan

4 EL gehackte Petersilie

Salz und Pfeffer

1 Msp. frisch geriebene Muskatnuß

1 verquirltes Ei zum Bestreichen

Olivenöl zum Backen

Nach der Anleitung auf Seite 48 den Pizzateig herstellen und 1 Stunde gehen lassen.

Inzwischen die Speckstifte einige Minuten in 1 EL Olivenöl goldbraun und leicht knusprig braten. Den zweiten EL Öl zugeben, die Pilze hinzufügen und 2—3 Minuten sautieren. Den Ricotta glattrühren und mit den 4 verquirlten Eiern vermischen. Speck, Parmesan und Petersilie dazugeben und gründlich umrühren. Die Füllung mit Salz, Pfeffer und Muskatnuß abschmecken.

Den Teig in 24 gleich große Portionen teilen. Auf der bemehlten Arbeitsfläche die Teigstücke einzeln zu Kugeln rollen und diese flachdrücken, so daß sich kleine runde Pizzas von 10 cm Durchmesser ergeben. Auf die eine Hälfte jeweils 1 EL von der Füllung geben und die andere Hälfte darüberklappen. Die Teigränder mit verquirltem Ei bestreichen. Wenn alle Teigtaschen fertig sind, eine Pfanne 1 cm hoch mit Olivenöl füllen und erhitzen. Je nach Größe Ihrer Pfanne zwei bis drei *Calzoncini* gleichzeitig hineingeben und etwa 3 Minuten backen, bis sie goldbraun und knusprig sind; dabei darf das Öl nicht rauchen. Zum Abtropfen auf Küchenkrepp legen und unverzüglich servieren.

SEITEN 52/53: GEBACKENE PILZTASCHEN *UND* FALSCHE KUTTELN MIT PILZEN

Pilze mit Butter, Knoblauch und Koriander

Prataioli saltati al burro, aglio e coriandolo

Mit dem italienischen Wort »prataioli« sind Wiesenchampignons gemeint, doch harmonieren die hier verwendeten Gewürze ebensogut mit Zuchtpilzen. Wählen Sie noch völlig geschlossene, junge Pilze aus, die auch nach dem Braten ihre Festigkeit behalten. Für dieses Gericht — übrigens eine ausgezeichnete Beilage zu Hühnchen-Saltimbocca — eignen sich auch andere Wildpilze, zum Beispiel Steinpilz, Pfifferling und Totentrompete.

Für 4 Personen

350 g Pilze
60 g/4 EL ungesalzene Butter
1 Knoblauchzehe, gehackt
3 EL zerstoßener Koriander
Salz und Pfeffer

Wenn Sie Champignons verwenden, schneiden Sie sie jeweils der Länge nach in drei Scheiben. Die Butter erhitzen, bis sie zu schäumen beginnt, die Pilze hinzugeben und bei starker Hitze braten, bis sie an den Rändern goldbraun werden und der ganze Saft verdampft ist. Anschließend den Knoblauch noch 1 Minute mitbraten. Das Gericht mit dem Koriander bestreuen, salzen und pfeffern und sofort servieren.

Gefüllte Pilze

Funghi ripieni

Für dieses Rezept können Sie geöffnete — wilde wie kultivierte — Champignon-Arten, kleine Parasols und selbst Violette Rötelritterlinge verwenden. Die hier beschriebene Grundfüllung läßt sich beliebig abwandeln: Geben Sie ganz nach Gusto zum Beispiel verschiedene Kräuter, Zwiebel oder Schinkenstückchen hinzu.

Für 4 Personen

4 große, geöffnete Pilze
1 Ei
1 kleine, reife Tomate, gehäutet und gehackt
25 g frisches Brot
4 EL frisch geriebener Parmesan
1 Knoblauchzehe, gehackt
1 EL feingehackte Petersilie
Salz und Pfeffer
3 EL Olivenöl
1 EL Semmelbrösel

Den Ofen auf 220° C/Gas Stufe 7 vorheizen. Die Pilzstiele abtrennen und grob hacken. Zubereitung der Füllung: Das Ei verquirlen, mit den Pilzstielen, der Tomate, dem grob zerpflückten Brot, dem Parmesan, dem Knoblauch, der Petersilie, etwas Salz und Pfeffer und 1 EL Olivenöl gründlich vermischen. Die Pilzhüte mit dieser Mischung füllen. Eine feuerfeste Form mit Öl ausstreichen und die Pilze hineinsetzen. Mit den Semmelbröseln bestreuen und mit dem restlichen Olivenöl beträufeln. Die Pilze 20 Minuten im Ofen backen, bis sie goldbraun überkrustet sind. Nach Belieben heiß oder kalt servieren.

Reizker-Küchlein

Cotolette di agarici

Der Echte Reizker (*Lactarius deliciosus*) zählt zu den wenigen Pilzen, die auch gegart noch einen gewissen Biß haben, wodurch er sich besonders für das nachstehende Rezept eignet. Diese Reizker-Küchlein bieten eine willkommene Alternative zu den bekannten Getreidebratlingen der vegetarischen Küche.

Für 4 Personen

½ kg Echte Reizker, gesäubert
60 g/4 EL Butter
1 große Kartoffel, gekocht
1 EL Mehl
2 Eier, verquirlt
1 EL feingehackte Petersilie
60 g frisch geriebener Parmesan
Salz und Pfeffer
Semmelbrösel zum Panieren
Öl zum Braten

Die Pilze in schmale Streifen schneiden und 1 Minute blanchieren. Abgießen und gut abtropfen lassen. In der Butter braten, bis aller Saft verdampft ist. Die Kartoffel zerstampfen und mit dem Mehl, 1 Ei, der Petersilie, dem Parmesan und den Pilzen vermengen; mit Salz und Pfeffer würzen. Aus der Mischung mit den Händen 8 gleich große Kugeln formen und diese flachdrücken. Die Bratlinge im zweiten verquirlten Ei wenden und in den Semmelbröseln wälzen. Auf beiden Seiten goldbraun braten und heiß servieren.

Pfifferlinge in einer kleinen Sauce

Cantarelli in salsina

Die Bezeichnung »kleine« Sauce bezieht sich nicht auf die Menge, sondern auf die Schlichtheit, die dem Rezept zugrunde liegt.

An einem trüben, regnerischen Tag gegen Ende Juni unternahmen meine Frau und ich einen Spaziergang auf dem Land. Unsere Laune entsprach dem Wetter. Plötzlich aber hörte es auf zu regnen und die Sonne brach durch. Wie es der Zufall wollte, waren wir gerade in der Nähe eines Platzes, an dem sich meist ein paar Pilze finden. Die einzigen, die meine Frau aufstöbern konnte, waren zufällig ihre Lieblingspilze, nämlich Pfifferlinge: gerade genug für zwei ordentliche Portionen.

Zu Hause stellte sich dann die Frage, wie wir die Pfifferlinge mit dem Hummer kombinieren könnten, den wir für diesen Tag vorgesehen hatten. »Je einfacher, desto besser«, dachten wir, denn nach unserem Ausflug waren wir beide rechtschaffen müde und hatten keine Lust mehr, lange am Herd zu stehen. Die Pfifferlinge kamen als erster Gang auf den Tisch, und der gekochte und nur mit etwas Zitronensaft und Olivenöl beträufelte Hummer bildete das Hauptgericht. Dazu aßen wir mit den Fingern ein paar frisch zubereitete Bohnen. Herrlich! Wir waren uns einig, daß dies die köstlichste Mahlzeit seit langem war.

Für 4 Personen

400 g frisch gesammelte Pfifferlinge, gesäubert
30 g/2 EL Butter
2 EL Olivenöl
2 kleine Schalotten, gehackt
1 EL Mehl
2 EL Milch
Salz und Pfeffer nach Geschmack
1 EL feingehackte Petersilie

Butter und Öl in eine Pfanne geben und die Schalotten darin braten. Die Pilze hinzufügen, die sofort reichlich Saft abgeben, und unter Rühren 2—3 Minuten braten. Das Mehl gut einrühren und die Milch dazugeben, so daß sich eine delikate, sahnige Sauce ergibt. Mit Salz, Pfeffer und Petersilie würzen. Das Ganze auf einer Servierplatte anrichten und heiß genießen. Delikat!

Ausgebackene Mischpilze

Fritto misto di funghi

Wie die Überschrift schon andeutet, können Sie für dieses Gericht alle möglichen Speisepilze verwenden. Ideal sind die Champignon-Arten, alle Röhrenpilze einschließlich Birkenrotkappe sowie Pfifferlinge, Totentrompeten, Schopftintlinge, Echte Reizker, Riesenboviste, Parasolpilze, Rillstielige Seitlinge, Austernpilze und viele andere mehr. Je bunter die Mischung, desto besser. Das Prinzip ist das gleiche wie beim *Fritto misto* aus Gemüse oder Meeresfrüchten.

Für 6 und mehr Personen

900 g gemischte Wildpilze (gesäubert gewogen)
4 Eier
Salz und Pfeffer
Semmelbrösel zum Panieren
reichlich Öl zum Fritieren
3 Zitronen, geviertelt

Alle Pilze sorgfältig säubern, die größeren in mundgerechte Stücke schneiden, kleinere nicht zerteilen. Die Eier verquirlen, salzen und pfeffern. Eine große Pfanne mindestens 2 cm hoch mit Öl füllen und erhitzen. Die Pilze in die Eimasse tauchen, abtropfen lassen und in den Semmelbröseln wälzen. Vorsichtig in das heiße Öl geben und portionsweise ringsum goldbraun und knusprig backen. Auf einer großen Platte anrichten und mit Zitronenvierteln garnieren.

SEITEN 56/57: AUSGEBACKENE MISCHPILZE

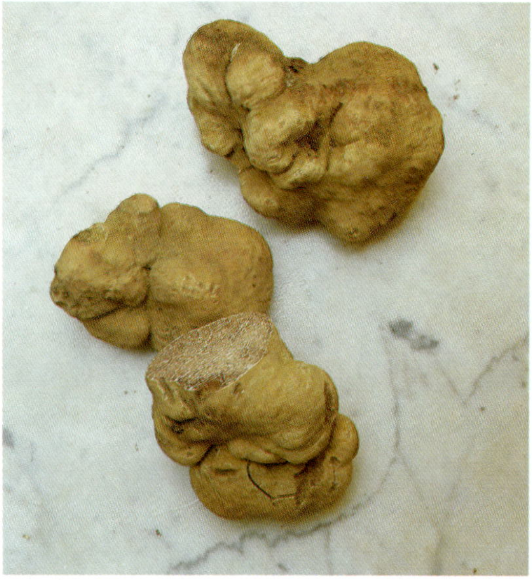

Käsefondue mit Trüffel

Fonduta con tartufi

Dieses klassische Gericht aus dem Piemont vereint den exzellenten Fontina aus dem Aostatal mit dem Juwel der Natur, der Weißen Albatrüffel. Viele Käsesorten würden mit ihrem intensiven Geschmack das zarte Aroma der Pilze überdecken. Der milde Fontina aber ist als Begleiter für die würzige Trüffel wie geschaffen. Wenn Sie eine frische Trüffel bekommen können, freuen Sie sich auf etwas ganz Besonderes. Falls Sie nicht das Glück haben, genießen Sie dieses herrliche Gericht eben nur mit gutem Brot, das Sie in die *Fonduta* tauchen.

Für 4 Personen

400 g Fontina (italienischer Käse)
etwa 300 ml Milch
4 Eier, verquirlt
30 g/2 EL ungesalzene Butter
1 kleine Weiße Trüffel (nach Möglichkeit)

Den Fontina in sehr kleine Würfel schneiden und diese mindestens 4 Stunden in der Milch ziehen lassen. Die Milch soll den Käse gerade bedecken. Die Butter im Wasserbad schmelzen. Die Eier, den Käse und ein wenig von der Milch dazugeben, die nicht vom Käse aufgesogen wurde. Das Ganze bei niedriger Hitze und unter ständigem Rühren erhitzen, bis Eier und Käse zu einer dicken Sauce verschmelzen. In eine vorgewärmte Steingut-Schüssel füllen, die Trüffel (falls vorhanden) hauchfein darüberhobeln und das Fondue unverzüglich servieren. Dazu reichlich Brot zum Eintunken.

Pilz-Quenelles mit Trüffel

Quenelle di funghi con tartufo

Es bereitet mir keine Gewissensbisse, daß ich die Idee für dieses Rezept von der französischen Küche entliehen habe, in der Quenelles (wie meine Lachs-Quenelles im folgenden Kapitel) gewöhnlich aus Fisch bereitet werden. Die Idee dabei ist: etwas himmlisch Leichtes mit göttlichem Geschmack zu schaffen. Um den Quenelles den vollen Pilzgeschmack zu verleihen, wären die besonders aromatischen italienischen Steinpilze ideal. Da Ihre *Boletus edulis* möglicherweise anderen Ursprungs sind, habe ich zur geschmacklichen Vollendung ein paar getrocknete Steinpilze zugefügt.

Für 4 Personen

FÜR DIE QUENELLES
1 kleine Zwiebel, fein gehackt
2 EL Olivenöl
200 g Steinpilze (gesäubert gewogen), in Scheiben geschnitten
25 g getrocknete Steinpilze, eingeweicht
200 g Semmelbrösel
Salz und Pfeffer
4 Eiweiß, steif geschlagen
FÜR DIE SAUCE
etwas Einweichwasser der Pilze
4 EL Crème double
1 EL Butter
1 EL Weinbrand
Salz und Pfeffer
DAZU
1 × 50 g Weiße Trüffel, ersatzweise Schwarze Trüffel

Die Zwiebel in einer Pfanne im Öl 3–4 Minuten leicht anbraten. Die Pilze dazugeben und 5 Minuten dünsten, dann beiseite stellen und abkühlen lassen. Den Pfanneninhalt im Mixer zu einer glatten Masse pürieren. Die Semmelbrösel unterziehen, alles gründlich durchmischen und mit Salz und Pfeffer abschmekken. Zuletzt vorsichtig den Eischnee unterheben. Mit Hilfe von zwei großen Löffeln von der Masse Klößchen abstechen und diese behutsam in einen weiten Topf mit reichlich warmem Wasser gleiten lassen. Den Topf aufsetzen und die Quenelles auf kleiner Flamme 20 Minuten garziehen lassen.

Gegen Ende des Garvorganges die Zutaten für die Sauce in einem Topf vermischen und die Sauce einige Minuten leicht einkochen. Die Quenelles abtropfen lassen, mit der Sauce überziehen und jede Portion mit etwas gehobelter Trüffel servieren.

Parasol-Doppeldecker

Lepiota farcita

In Nordeuropa begegnet man dem Parasol, jenem seltsamen, großhütigen Pilz, vor allem im freien Mischwald und auf Wiesen recht häufig. Sollte Ihre Suche trotzdem vergeblich sein, verwenden Sie statt dessen große flache Zuchtchampignons oder auch die großen Schafegerlinge, die zuweilen auf Gemüsemärkten angeboten werden. Je nach Größe der Pilzhüte reichen Sie das Gericht entweder als Vorspeise oder zum Hauptgang.

Für 4 Personen

8 große Parasol-Hüte oder 8 ganze, flache Champignons
5 EL Olivenöl
2 Schalotten, fein gehackt
1 Knoblauchzehe, gehackt
2 Eier
Salz und Pfeffer
100 g frische Semmelbrösel
150 g gekochter Schinken in dünnen Scheiben, in feine Streifen geschnitten
100 g grob geriebener Greyerzer oder Emmentaler
2 EL frisch geriebener Parmesan
2 EL gehackte Petersilie

Zunächst die Lamellen auf eventuelle »Insassen« und Schmutz untersuchen und die Pilze säubern (Parasols von den Stielen befreien). 3 EL Olivenöl in eine Pfanne geben und die Schalotten einige Minuten rösten, dann den Knoblauch hinzufügen. (Bei Champignons oder Schafegerlingen die Stiele fein hacken und zusammen mit Knoblauch und Schalotten braten.) Die Pfanne vom Herd nehmen und abkühlen lassen. Die Eier in einer Schüssel verquirlen, salzen und pfeffern. Zwei Drittel der Semmelbrösel, die Schinkenstreifen, den Pfanneninhalt samt Öl und zuletzt den Käse und die Petersilie dazugeben. Das Ganze gründlich vermischen und gleichmäßig auf vier Pilzhüte verteilen. Jeweils mit einem zweiten Hut bedecken. Ein Backblech einfetten und die Doppeldecker nebeneinander daraufsetzen. Mit den restlichen Semmelbröseln bestreuen und mit dem übrigen Olivenöl beträufeln. $\frac{1}{2}$ Stunde bei 200° C/Gas Stufe 6 backen.

Beignets mit Wildpilzen

Frittelle di funghi

Diese Beignets ergeben eine wunderbare kleine Zwischenmahlzeit. Darüber hinaus ist dieses Gericht besonders praktisch, wenn man eine Mischung verschiedenster Wildpilze verwerten will. Sie könnten dafür zum Beispiel Pfifferlinge, Totentrompeten, Semmelstoppelpilze, Parasols und Röhrenpilze verwenden. Wie schon gesagt, eignen sich eigentlich alle Speisepilze, sofern sie bei der Zubereitung nicht zuviel Saft abgeben. Verzichten Sie deshalb für dieses Rezept auf Pilze, die Sie in einer besonders regenreichen Zeit gesammelt haben.

Für 4 Personen

4 Eier
200 g Mehl
100 ml Milch
Salz und Pfeffer
300 g gemischte Wildpilze, gesäubert und in Streifen geschnitten
1 kleine Zwiebel, sehr fein gehackt
reichlich Öl zum Backen

Die Eier in einer Schüssel verquirlen. Das Mehl einrühren, die Milch dazugießen, salzen und pfeffern. Nun die Pilze mit der Zwiebel zufügen und alles gründlich vermengen. Eine Pfanne etwa 1 cm hoch mit Öl füllen und stark erhitzen. Die Mischung eßlöffelweise hineingeben und die Beignets langsam zuerst auf der einen, dann auf der anderen Seite bakken, bis sie goldbraun und knusprig sind. Heiß servieren.

Pilzklösschen

Gnocchetti di funghi

Während meiner Zeit in Österreich lernte ich die dortige Küche kennen und schätzen. Ganz typisch dafür sind die »Klößchen« und »Klöße«, die in allen erdenklichen Formen und Größen bis hin zu den »Knödeln« zusammen mit allen möglichen Speisen — sowohl herzhaften wie süßen — auf den Tisch kommen. Obwohl diese Erinnerungen an Österreich es waren, die mich zu nachstehendem Rezept inspirierten, hat es mit den italienischen *Gnocchi* wohl ebensoviel gemeinsam wie mit Wiener Knödeln. Eine passende Ergänzung, vor allem, wenn Sie die Pilzklößchen als ersten Gang reichen, ist eine leichte Tomatensauce.

Mit dem Echten Reizker (*Lactarius deliciosus*) bekommt das Gericht etwas Biß, doch habe ich es auch schon mit Schwefelporling (*Laetiporus sulphureus*) zubereitet, was ebenfalls großen Anklang fand. Und auch andere, festfleischige Pilze sind durchaus geeignet.

Für 4 Personen

FÜR DIE KLÖSSCHEN
150 g Wildpilze, fein gehackt
2 EL Olivenöl
100 g Butter
3 Eier
25 g Pfeilwurzmehl
1 EL feingehackte Petersilie
Salz und Pfeffer
etwa 200 g frische Semmelbrösel
FÜR DIE TOMATENSAUCE (NACH BELIEBEN)
1 Dose geschälte Tomaten (400 g)
60 g/4 EL Butter
1 Knoblauchzehe, in Scheiben geschnitten
2 frische Basilikumblätter
Salz und Pfeffer

Falls Sie Echte Reizker verwenden, die Pilze zunächst blanchieren und gut abtropfen lassen. Im Olivenöl braten und, wenn sie gar sind, abkühlen lassen. Die Butter schmelzen und mit den Eiern schaumig rühren. Pfeilwurzmehl, Petersilie und Pilze zufügen, salzen und pfeffern. So viel Semmelbrösel unterziehen, daß sich eine feste Masse ergibt, die sich leicht mit den Händen formen läßt. ½ Stunde ruhen lassen. Anschließend walnußgroße Klößchen daraus formen und diese in leicht gesalzenem, köchelndem Wasser garziehen lassen. Sie sind fertig, wenn sie — meist nach 2—3 Minuten — an die Oberfläche steigen. Ohne Beilage servieren oder eine leichte Tomatensauce dazu reichen.

Für die Sauce die Tomaten zum Entkernen durch ein Sieb streichen und im Mixer pürieren. Die Butter in eine Pfanne geben und den Knoblauch darin goldgelb rösten. Das Tomatenpüree einrühren, die Sauce mit Basilikum, Salz und Pfeffer würzen. 10—15 Minuten leise köcheln lassen.

Fritierte Hüte von Schopftintling und Parasol

Mazze da tamburo e coprini fritti

Da dieses Rezept kugelige und ovale Formen verlangt, müssen Sie kleine, noch fest geschlossene Pilze sammeln und die Stiele unmittelbar unterhalb der Hüte abschneiden. Fritierte Gerichte müssen immer sofort serviert werden, da nur dann der volle Geschmack zur Geltung kommt. Warten Sie also mit der Zubereitung bis zur letzten Minute. Zusammen mit einem Salat sind die fritierten Pilze eine willkommene Zwischenmahlzeit.

Für 4 Personen

8 kleine geschlossene Hüte von Parasols
8 kleine geschlossene Hüte von Schopftintlingen
2 Eier, verquirlt
reichlich Semmelbrösel zum Panieren
Salz und Pfeffer
reichlich Olivenöl zum Fritieren

Die Pilzhüte im Ei wenden, dann in den Semmelbröseln wälzen. Das Olivenöl erhitzen und die Hüte goldgelb ausbacken. Sofort zu Tisch bringen. Reichen Sie dazu einen knackigen Salat.

Blätterteigbeutel mit Pilzfüllung

Gruzzoletti di funghi

Mit diesem Rezept wollte ich den charakteristischen Geschmack von Wildpilzen in einer Hülle aus Blätterteig einfangen. Und da das Aroma so köstlich ist, hielt ich es für angemessen, dem Teig die Form eines kleinen Geldbeutels zu geben. Verwenden Sie für dieses Gericht möglichst gemischte Pilze. Wenn Sie keine Wildpilze bekommen können, greifen Sie auf die altbewährte Kombination aus Zuchtpilzen und einigen getrockneten Steinpilzen — zur Geschmacksintensivierung — zurück.

Ergibt 4 große Beutel

1 kleine Zwiebel, fein gehackt
1 Knoblauchzehe, fein gehackt
50 g/4 EL Butter
50 g Parmaschinken, in Streifen geschnitten
½ kg gemischte Wildpilze, gesäubert und in gleich große Stücke geteilt
1 EL feingehackte Petersilie
2 EL frische Salbeiblätter
einige Rosmarinblättchen
Salz und Pfeffer
600 g tiefgefrorener Blätterteig, aufgetaut
Mehl zum Ausrollen des Teigs
1 Ei, verquirlt

Zwiebel und Knoblauch in der Butter anschwitzen. Nun den Parmaschinken und anschließend die Pilze dazugeben. Etwa 10 Minuten garen lassen, dann die Pfanne vom Herd nehmen. Die Kräuter untermischen, salzen und pfeffern. Den Ofen auf 220° C/Gas Stufe 7 vorheizen.

Den Blätterteig in vier Portionen teilen, diese jeweils zu einem 20 cm großen Quadrat ausrollen; mit etwas Mehl bestäuben, damit sie nicht ankleben. Von jedem Quadrat einen etwa 1 cm breiten Streifen abschneiden und beiseite legen. Je ein Viertel der vorbereiteten Füllung in die Mitte eines Teigstücks geben. Die vier Ecken des Quadrats in der Mitte zusammenfassen, so daß sich ein Beutel ergibt, und mit einem der Teigstreifen zusammenbinden. Auf dieselbe Weise die übrigen drei Beutel herstellen. Auf ein Backblech setzen und mit verquirltem Ei bestreichen. Im vorgeheizten Ofen backen, bis die Beutel appetitlich gebräunt und größer geworden sind (etwa 15 Minuten).

Sobald Sie die Beutel öffnen, wird sich das Pilzaroma in seiner ganzen Köstlichkeit entfalten.

Pilz-Ratatouille

Ratatouille di funghi

Die Ratatouille bietet eine ausgezeichnete Möglichkeit, die verschiedensten Pilzarten miteinander zu kombinieren: Zuchtpilze aus dem Supermarkt, Wildpilze aus der freien Natur, oder auch eine Mischung aus beidem. Sofern Sie nur Champignons, Austernpilze oder Shiitake verarbeiten, die nach einer kräftigeren Zutat verlangen, empfehle ich wie üblich, ein paar getrocknete Steinpilze (oder 1 TL Pilzpulver aus Ihren eigenen Vorräten) hinzuzufügen. Das Ergebnis ist ein saftiges Gemüsegericht, das zu Fleisch ebenso paßt wie zu Fisch und auch allein, nur zusammen mit kernigem Brot, herrlich schmeckt.

Für 4—6 Personen

4 EL Olivenöl
1 Zwiebel, fein gehackt
1 Knoblauchzehe, fein gehackt
2 große Tomaten, gehackt
2 Selleriestangen, fein gehackt
400 g Wildpilze, gesäubert und in Scheiben geschnitten
1 größere Aubergine, in feine Streifen geschnitten
6 schwarze Oliven, entsteint
1 Glas Weißwein
1 Rosmarinzweig
Salz und Pfeffer

Das Olivenöl in eine Terrine aus Steingut geben, die nach Möglichkeit einen Deckel haben sollte. (Dieses Gericht ist auch bestens geeignet für einen Holz- und Kohleherd, bei dem man schweres, gußeisernes Kochgeschirr verwenden kann.) Zunächst die Zwiebel bei milder Hitze dünsten, dann den Knoblauch dazugeben. Sobald er weich ist, das Gemüse hinzufügen und den Wein angießen. Das Gericht mit Rosmarin, Salz und Pfeffer würzen. Zugedeckt bei niedriger Temperatur ½ Stunde schmoren lassen.

SEITEN 62/63: BLÄTTERTEIGBEUTEL MIT PILZFÜLLUNG

Reisbällchen

Arancini di riso

Zu Hause kam dieses Gericht stets dann auf den Tisch, wenn es am Vortag Risotto mit Steinpilzen gegeben hatte. Denn in weiser Voraussicht hatte meine Mutter mehr Risotto als nötig zubereitet, um sich am nächsten Tag diese langwierige Prozedur zu ersparen. Für ein Buffet oder eine Party formen Sie walnußgroße Klößchen, die Sie heiß oder kalt anbieten können. Was übrigbleibt, wärmen Sie später einfach im Ofen auf.

Für 4 Personen

Risotto mit Steinpilzen (Zutaten und Mengen siehe Seite 44), allerdings nicht mit Butter und Parmesan verfeinert
3 Eier, verquirlt
30 g frisch geriebener Parmesan
Salz und Pfeffer nach Geschmack
Semmelbrösel zum Panieren
Olivenöl zum Fritieren

Den Risotto nach der Anleitung auf Seite 44 zubereiten und, sobald der Reis *al dente* ist, zum Auskühlen und Trocknen auf einer Arbeitsfläche ausstreichen. Die erkaltete Masse in einer Schüssel mit den Eiern und dem Käse vermengen, salzen und pfeffern. Aus der Mischung aprikosengroße Bällchen formen, in Semmelbröseln wälzen und schwimmend goldgelb ausbacken.

Salat von gemischten Pilzen

Insalata di funghi misti

Die idealen Pilze für diesen Salat erscheinen relativ früh im Jahr: der Austernpilz (*Pleurotus ostreatus*), der Schwefelporling (*Laetiporus sulphureus*) und der Mairitterling (*Calocybe gambosa*). (Letzterer ist im 2. Teil des Buches nicht behandelt, doch finden Sie eine detaillierte Beschreibung dieser schmackhaften Spezies bestimmt in einem anderen Pilzführer.) Falls Sie diesen Salat im Herbst zubereiten möchten, empfehle ich eine Kombination aus Hallimasch (*Armillariella mellea*) und Violettem Rötelritterling (*Lepista nuda*).

Kalt oder warm serviert, der Salat schmeckt köstlich, wobei ich persönlich der kalten Version, mit Grissini oder gutem italienischem Brot gereicht, eindeutig den Vorzug gebe.

Für 4—6 Personen

1 kg gemischte Pilze, gesäubert und in gleich dicke Scheiben geschnitten
8 EL Olivenöl
2 Knoblauchzehen, grob gehackt
1 rote Pfefferschote (nicht zu scharf), in Streifen geschnitten
1 Bund Petersilie, grob gehackt
Salz nach Geschmack
Saft von 1 Zitrone

Die Pilze in leicht gesalzenem Wasser blanchieren — sie müssen aber noch »Biß« haben —, abgießen und erkalten lassen.

Den Knoblauch und die Pfefferschote in einer Pfanne bei mittlerer Hitze im Öl braten, jedoch nicht bräunen. Sobald sie ihren Geschmack an das Öl abgegeben haben, die Pilze dazugeben und bei höherer Temperatur unter Rühren 10 Minuten braten lassen. Die Petersilie unterziehen, den Salat salzen und erkalten lassen. Vor dem Servieren großzügig mit Zitronensaft beträufeln.

HAUPTGERICHTE MIT FISCH

Il Secondo

Die Kombination von Pilzen und Fisch findet sich in der italienischen Küche selten, denn viele Mittelmeerfische kommen mit anderen Zutaten weit besser zur Geltung. Kleine Fische mit starkem Eigengeschmack wie beispielsweise Sardinen, verlangen eine einfache Art der Zubereitung und lediglich einen Hauch von Säure; sie würden sich mit einer zusätzlichen Geschmackskomponente in Form von Pilzen nicht besonders vertragen. Die Entdeckung, wie gut sich diese beiden Zutaten ergänzen können, machte ich erst, nachdem ich Italien verlassen hatte und allmählich begann, mit bestimmten Fischarten zu experimentieren. Ich fand zum Beispiel heraus, daß Pilze die ideale Ergänzung für frischen Lachs sind. Das zarte und zugleich feste Fleisch von Seeteufel, Heilbutt, Steinbutt oder Seezunge bietet sich für die Zubereitung mit aromatischen Wildpilzen geradezu an. Wobei das Fleisch sowohl im Geschmack als auch in der Konsistenz eine harmonische Verbindung mit den Pilzen eingeht. Auch das Auge weidet sich an diesen Gerichten, denn Form und Farbe mancher Pilze schaffen einen höchst ansprechenden und zuweilen sogar spektakulären Kontrast. Inzwischen haben die Gäste meines Restaurants jede Scheu gegenüber Fisch abgelegt, der in Begleitung von Totentrompete, Violettem Rötelritterling, Semmelstoppelpilz und anderen ungewöhnlichen Arten oder auch den vielleicht bekannteren, wie Morchel, Steinpilz und Shiitake, daherkommt. Und wenn schon im Januar die ersten danach fragen, wann endlich die Pilzsaison beginnt, erfüllt mich das mit Genugtuung und schon jetzt mit der Gewißheit, welchen Anklang die Pilzgerichte finden werden, die noch darauf warten, daß ich sie entdecke.

Lachs mit Pfifferlingsauce

Salmone con gallinacci

Die Fülle und hervorragende Qualität der Steinpilze, die man mir einmal aus Schottland mitbrachte, animierten mich zu diesem Gericht. Es kombiniert diese herrlichen Pilze mit einem weiteren ausgezeichneten Produkt aus dem Norden der Insel: schottischem Lachs. Das Rezept entspringt in keiner Weise italienischer Kochtradition (frischer Lachs ist in der Küche Italiens alles andere als verbreitet). Traditionell dagegen ist das Prinzip, zwei lokale Spezialitäten der jeweiligen Jahreszeit zu vereinen. Als russischer Koch beispielsweise würde ich wohl Pilze mit Stör kombinieren.

Für 4 Personen

4 Lachsfilets à 150 g

FÜR DIE COURT-BOUILLON

1 Mohrrübe, halbiert
1 Selleriestange
1 Lorbeerblatt
1 kleine Zwiebel
1 TL Pfefferkörner
Salz
Wasser

FÜR DIE PFIFFERLINGSAUCE

250 g Pfifferlinge
115 g Butter
1 kleine Zwiebel, in feine Scheiben geschnitten
1 Knoblauchzehe, gehackt
½ Glas trockener Weißwein
2 EL Crème double
Salz und frisch gemahlener schwarzer Pfeffer

Einen Schmortopf 6 cm hoch mit Wasser füllen. Die Zutaten für die Court-bouillon hineingeben und aufkochen lassen. Inzwischen die Lachsfilets aufrollen und mit einem hölzernen Zahnstocher oder Cocktail-Spießchen fixieren. In die sprudelnde Court-bouillon einlegen. Die Temperatur soweit reduzieren, daß der Sud nur leise köchelt, und den Fisch 10 Minuten pochieren. Sobald er gar ist, herausnehmen und warm stellen.

Die Pfifferlinge vorsichtig abbürsten — nur waschen, wenn unvermeidlich. Die Butter in einer großen Bratpfanne erhitzen und die Zwiebel rösten. Sobald sie etwas Farbe annimmt, den Knoblauch 1 Minute mitbraten und dann die Pfifferlinge dazugeben. Auf hoher Flamme braten und dabei behutsam rühren. Den Wein angießen und den Garvorgang fortsetzen, bis die Flüssigkeit weitgehend verdampft ist. Crème double einrühren und die Sauce abschmecken. Die Lachsfilets damit überziehen und servieren.

Heilbutt mit Echten Reizkern

Halibut con lattario

Meiner Meinung nach sollte ein Essen zwar ansprechend aussehen, im Vordergrund aber der Geschmack stehen. Dieses Rezept wird beiden Ansprüchen gerecht. Mit seinem sehr weißen, festen Fleisch harmoniert der Heilbutt ausgezeichnet mit der Orangetönung und dem nussigen Geschmack des Echten Reizkers (*Lactarius deliciosus*). Die blaßgrüne Sauce spricht nicht nur das Auge an: sie verleiht dem Steinbutt auch einen delikaten Geschmack.

Für 4 Personen

4 Koteletts vom Heilbutt à 150 g

FÜR DIE COURT-BOUILLON

1 kleine Zwiebel
1 kleine Mohrrübe, halbiert
ein paar Selleriestangen, grob gehackt
1 kleines Glas Weißwein
Salz und Pfeffer

FÜR DIE SAUCE

50 g/4 EL Butter
1 kleine Zwiebel, fein gehackt
300 g Echte Reizker (möglichst kleine Exemplare), gesäubert und blanchiert
1 EL Mehl
1 EL gehackter Dill
1 EL gehackte Pfefferminze
1 EL gehackte Petersilie
Salz und Pfeffer
1 kleiner Becher Crème double

So viel Wasser in einen Topf geben, daß der Fisch bedeckt ist. Die Zutaten für die Court-bouillon hineingeben und bis kurz vor dem Siedepunkt erhitzen. Die Koteletts einlegen und 15 Minuten sieden lassen. Inzwischen die Butter in die Pfanne geben und die Zwiebel darin weich dünsten. Die in Scheiben geschnittenen Pilze hinzufügen und 5—8 Minuten, bzw. bis sie gar sind, dünsten; die Pilze herausnehmen und beiseite stellen. Nun das Mehl in die Pfanne geben und 2 Minuten rühren; einige EL Fischsud angießen und rühren, bis die Sauce stark eindickt. Mit den Kräutern, Salz und Pfeffer würzen. Die Sauce im Mixer pürieren, wobei sie eine blaßgrüne Farbe erhält. Mit den Pilzen und der Crème double wieder in die Pfanne geben und aufwärmen. Die Koteletts aus dem Wasser nehmen, auf einzelne Teller anrichten und mit der Sauce umgießen. Ein paar gekochte junge Kartoffeln runden das Gericht perfekt ab.

Klippfisch mit Steinpilzen und Polenta

Baccalà con funghi e polenta

In Portugal, Spanien, Südfrankreich, Italien und in der Karibik kommt Kabeljau meist als Klippfisch, das heißt, gesalzen und an der Luft getrocknet, auf den Tisch. So konserviert, präsentiert er sich zunächst als beißend riechendes und schmeckendes Etwas, bis er gewässert und zu den wohlschmekkendsten Gerichten verarbeitet wird. Der Fisch muß zumindest über Nacht, mit der Hautseite nach oben, im Wasser liegen. Mehrfaches Wechseln des Wassers fördert den Entsalzungsprozeß.

Für 4 Personen

700 g schöner, weißer Klippfisch (Gewicht nach dem Wässern 1,2 kg)

50 g getrocknete Steinpilze, 20 Minuten in lauwarmem Wasser eingeweicht

100 g Butter

1 Mohrrübe, fein gehackt

2 Selleriestangen samt Grün, fein gehackt

1 Glas Milch

Salz und Pfeffer

1 kleine Zwiebel, fein gehackt

2 EL Crème double

Den gewässerten und gesäuberten Fisch in einem Topf mit kaltem Wasser bedecken. Aufkochen und anschließend 50 Minuten langsam garziehen lassen. Abgießen und erkalten lassen. Die Fischstücke sorgfältig von Gräten, Haut und harten Stellen befreien und zerpflücken.

Die Hälfte der Butter in eine Pfanne geben, Mohrrübe und Sellerie darin $^{1}/_{4}$ Stunde langsam weich dünsten. Anschließend mit der Hälfte der abgetropften und feingehackten Steinpilze und 2 EL des Einweichwassers im Mixer zu einer groben Paste pürieren; diese mit dem zerpflückten Fisch vermengen. Das Ganze unter Zugabe von etwas Milch etwa 1 Stunde bzw. so lange bei milder Hitze garen, bis der Fisch eine mittlere Festigkeit aufweist und die Masse weder zu flüssig noch zu steif ist. Pfeffern und, falls erforderlich, salzen.

Während die Fischmischung gart, in einer zweiten kleinen Pfanne die Zwiebel in der restlichen Butter weich dünsten und die übrigen Steinpilze mit etwas Einweichwasser hinzufügen. Etwa 10 Minuten bei milder Hitze kochen, bis eine saucenähnliche Konsistenz erreicht ist. Zuletzt die Crème double einrühren. Die Fischmasse mit der Sauce anrichten und dazu Gebratene Polentaschnitten (siehe Seite 100) reichen.

SEITEN 68/69: AUSTERN MIT VELOUTÉ UND TRÜFFEL

Austern mit Velouté und Trüffel

Vellutata di ostriche con tartufi

Die Idee für dieses Rezept wurde in einem der berühmtesten Restaurants Südfrankreichs geboren, während ich dort Austern in einer himmlischen Sauce verspeiste: Sie waren leicht warm und »badeten« in einer wohlduftenden, samtigen Sauce. Ich versuchte zu erahnen, welche Zutaten wohl dafür verwendet worden waren, und kam auf dieses Rezept. Dabei machte ich eine wesentliche Ergänzung: einen Hauch Weiße Trüffel. Ein raffiniertes Gericht für besondere Anlässe.

Für 4 Personen

24 große, sehr frische Austern

45 g/3 EL Butter

Saft von $^{1}/_{2}$ Zitrone

1 kleines Glas Weißwein

Salz und Pfeffer nach Geschmack

6 Eigelb

1 × 40 g Weiße Trüffel

Die Austern vorsichtig über einer Schale aufbrechen, um ihre Flüssigkeit aufzufangen. Diese filtern und mit der Butter, dem Zitronensaft und dem Wein in einen Topf geben. Salzen und pfeffern und bis kurz vor dem Siedepunkt erhitzen (auf keinen Fall aber aufkochen!). Die Austern 20 Sekunden hineinlegen, dann herausnehmen und warm stellen. Die Eigelbe mit dem Schneebesen rasch unter die Flüssigkeit ziehen und (wie bei der Zubereitung von Weinschaum) schlagen, bis sich eine feste, schaumige Masse ergibt. Ich mache dies über sehr kleiner Flamme, doch eignet sich auch das Wasserbad; wichtig ist nur, daß es schnell und bei milder Hitze geschieht. Die Sauce abschmecken. Die Austern in ihren vorgewärmten Schalen anrichten und auf einer Platte arrangieren. Mit der Velouté überziehen und mit hauchfeinen Trüffelspänen vollenden.

Seezungenröllchen mit Totentrompeten

Sogliola con trombette

Italienische Seezungen sind in der Regel klein und werden am besten als Ganzes gebraten. Anderswo dagegen erreicht dieser Fisch weit größere Ausmaße und liefert ganz ausgezeichnete Filets, die sich bestens für die nachstehende Zubereitung eignen. Ein reizvoller Schwarz-Weiß-Kontrast entsteht durch die Totentrompete (*Craterellus cornucopioides*). Dieser Pilz ist nicht gerade weit verbreitet und daher nur selten auf den Märkten zu finden. Wenn Sie dennoch ein paar Exemplare davon auftreiben können, machen Sie sich auf etwas ganz Spezielles gefaßt. Seit ich dieses Gericht das erste Mal in meinem Restaurant angeboten habe, hat seine Beliebtheit enorm zugenommen.

Für 4 Personen

2 Seezungen à 450 g (8 Filets) oder 3 kleinere Seezungen (12 Filets) (lassen Sie die Fische schon vom Händler filetieren)
1 Zwiebel, in Scheiben geschnitten
ein paar Sellerieblätter
1 Mohrrübe, gehackt
FÜR DIE SAUCE
80 g/6 EL Butter
300 g Totentrompeten, gesäubert
1 Knoblauchzehe, fein gehackt
Saft von 1 Zitrone
1 TL Reismehl
etwas Fischsud
Salz und Pfeffer

Die Seezungenfilets zu Röllchen wickeln und mit hölzernen Zahnstochern fixieren. Zwiebel, Sellerieblätter und Mohrrübe mit so viel Wasser in einen Topf geben, daß es reicht, die Röllchen zu bedecken. Das Ganze erhitzen, bis es kurz vor dem Siedepunkt steht. Die Seezungenröllchen einlegen und 10 Minuten pochieren (nicht aufkochen!). Währenddessen in einer Pfanne die Hälfte der Butter schmelzen und die Pilze darin unter Rühren 5 Minuten braten. Den Knoblauch hinzufügen und 2 Minuten mitbraten. Die restliche Butter, den Zitronensaft und das Reismehl unterrühren und den Garvorgang nach weiteren 2 Minuten beenden. Falls nötig, etwas Fischsud angießen (die Sauce darf allerdings nicht zu flüssig geraten), salzen und pfeffern. Die Seezungenröllchen auf vorgewärmten Tellern anrichten und die Sauce mit den Pilzen gleichmäßig darüber verteilen. Als Gemüsebeilage empfehle ich junge Kartoffeln und zarte Zuckererbsen.

Lachs-Quenelles mit Totentrompeten

Quenelle di salmone con trombette

Ein Meister in der Herstellung von Quenelles ist mein Küchenchef Santiago. Mit Hingabe bereitet er die leichtesten und köstlichsten dieser Klößchen, die man sich vorstellen kann und die meine Gäste mit Freude genießen. Vor allem liebe ich sie mit Lachs, der ihnen eine hübsche Färbung und natürlich einen sehr delikaten Geschmack verleiht. Die schwarze und äußerst interessant geformte Totentrompete ergänzt dieses Gericht nicht nur optisch, sondern ebenso in bezug auf Geschmack und Konsistenz.

Denken Sie daran, daß der Teig für die Quenelles vor der Verarbeitung einen Tag ruhen muß.

Für 4 Personen

FÜR DIE QUENELLES
½ kg roher Lachs, sorgfältig von Haut und Gräten befreit
3 Eiweiß, steif geschlagen
Salz und weißer Pfeffer aus der Mühle
300 ml Crème double
FÜR DIE SAUCE
1 kleine Schalotte, fein gehackt
50 g/4 EL Butter
300 g Totentrompeten (gesäubert gewogen)
2 EL Mehl
heiße Milch nach Bedarf
Salz und Pfeffer

Am Tag vor der eigentlichen Zubereitung den Lachs im Mixer so fein wie möglich pürieren. Den Eischnee mit etwas Salz und frisch gemahlenem weißen Pfeffer unterziehen. Die Masse über Nacht in den Kühlschrank stellen.

Am folgenden Tag die Masse zusammen mit der Crème double in der Küchenmaschine zu einer homogenen, geschmeidigen Mischung verrühren.

Mit Hilfe zweier Eßlöffel längliche Klößchen abstechen und diese in einen flachen Topf mit leicht gesalzenem kaltem Wasser gleiten lassen. Aufsetzen und langsam erhitzen. Bis nach etwa ¼ Stunde der Siedepunkt erreicht ist, sind die Quenelles gar. Inzwischen die Sauce zubereiten: Die Schalotte in der Butter braten und die sorgfältig geputzten Pilze einige Minuten mitdünsten (wobei sie eine tiefschwarze Färbung annehmen). Das Mehl gut einrühren, salzen und pfeffern. Langsam so viel heiße Milch zugießen, daß sich eine glatte, nicht zu dicke Sauce ergibt. Unter Rühren 2 Minuten durchkochen.

Die Quenelles abgießen und mit der Sauce sowie frisch gekochten — vorzugsweise jungen — Kartoffeln servieren.

Seeteufel mit Pfifferlingen

Coda di rospo con gallinacci

Für einen wahrhaften Genuß halte ich die Kombination von sehr zartem, zugleich festfleischigem Fisch und feinen, aber knackigen Pilzen. Pfifferlinge, nicht zuletzt wegen ihrer ansprechenden Farbe geschätzt, verleihen diesem einfachen Gericht eine gewisse Eleganz (die angesichts der stattlichen Preise, die man für die kleinen Pilze zahlen muß, durchaus angebracht ist). Am besten bereiten Sie dieses Gericht zu, wenn Sie selbst ein paar Pfifferlinge sammeln konnten.

Für 4 Personen

50 g/4 EL Butter
1 kleine Zwiebel, fein gehackt
300 g Pfifferlinge (gesäubert gewogen)
800 g Filet vom Seeteufel (gesäubert gewogen)
Salz und Pfeffer
abgeriebene Schale von 1 Zitrone
2—3 frische Salbeiblättchen
1 kleiner Becher Crème double
1 EL grobgehackte Petersilie

In einem größeren Topf die Butter zerlassen und die Zwiebel goldgelb anschwitzen. Das Fischfilet mit den Pilzen hinzugeben, salzen und pfeffern. Bei milder Hitze ¼ Stunde garen, dabei gelegentlich umrühren. Der Fisch soll nur im Pilzsaft dünsten. Zitronenschale, Salbei und Crème double dazugeben und den Garvorgang bei sehr milder Hitze 5 Minuten fortsetzen. Die Petersilie einstreuen und das Gericht sofort servieren.

Köstlichkeiten aus dem Meer

Delizie marine ai funghi

In der Hoffnung, ein wenig sommerliche Atmosphäre zu schaffen, habe ich während der Wintermonate die Speisekarte meines Restaurants um dieses Gericht bereichert. Es enthält unter anderem getrocknete Shiitake, die man problemlos (wenn auch nicht gerade billig) von asiatischen Spezialitätengeschäften beziehen kann.

Dies ist eines jener Rezepte, die sich endlos variieren lassen: sowohl durch eine beliebige Auswahl der im Sommer und Herbst wachsenden Speisepilze als auch durch eine immer wieder andere Kombination von Fischen. Einzige Voraussetzung: mindestens drei verschiedene, festfleischige Fischsorten.

Für 4 Personen

300 g Riesengarnelen
300 g Seeteufel (gesäubert gewogen), in Stücke geteilt
1 Seezunge à 500 g (vom Händler filetieren lassen und Haut und Gräten mitnehmen)
FÜR DEN FISCHFOND
Fischabfälle (siehe Rezept)
1 l Wasser
1 Mohrrübe, längs in Scheiben geschnitten
1 Zwiebel, fein gehackt
1 Lorbeerblatt
etwas Majoran
Salz und Pfeffer
FÜR DIE SAUCE
16 getrocknete Shiitake und dazu 20 g getrocknete Steinpilze oder 300 g frische Shiitake
50 g/4 EL Butter
Salz und Pfeffer

Zunächst den Fischfond bereiten: Die Schalen der Riesengarnelen (sofern vorhanden) mit der Haut und den Gräten der Seezunge und eventuell noch einem Fischkopf (den Sie dem Fischhändler abluchsen konnten) in einen Topf geben und mit Wasser bedecken. Die übrigen Zutaten für den Fond hinzufügen und das Ganze stark einkochen. Durchseihen und beiseite stellen.

Währenddessen die Shiitake (falls Sie getrocknete verwenden) mindestens ½ Stunde einweichen, anschließend im Einweichwasser 30—40 Minuten, bzw. bis sie gar sind, leise köcheln lassen. Danach die Stiele, die meist zäh und schmutzig sind, entfernen. Getrocknete Steinpilze ¼ Stunde einweichen.

Benutzen Sie zum Pochieren einen hohen, schmalen Topf, damit Sie nicht so viel Flüssigkeit benötigen, um den Fisch zu bedecken. Die Butter darin zerlassen und den Seeteufel 1 Minute anbraten. Die zusammengerollten und mit einem Zahnstocher fixierten Seezungenfilets, die Pilze und die Riesengarnelen dazugeben und alles mit Fischfond bedecken. Nach Belieben etwas Einweichwasser der Pilze hinzufügen. Die Fische bei milder Hitze etwa 10 Minuten pochieren. Der Garvorgang ist abgeschlossen, sobald die Seezunge leicht zu zerteilen ist. Mit Salz und Pfeffer abschmecken. Dazu frisch gekochte Kartoffeln oder, noch besser, in Butter geschwenkte Nudeln reichen.

Aal mit Wildpilzen

Anguilla con funghi

Die perfekte Ergänzung zu diesem Fisch ist der äußerst aromatische Steinpilz (*Boletus edulis*). Aber auch mit Hallimasch (*Armillariella mellea*) und nur zwei, drei getrockneten Steinpilzscheibchen zur geschmacklichen Abrundung gelingt das Gericht vorzüglich. Wichtig ist, daß die Aale nicht zu dick sind; ideal ist ein Durchmesser von etwa 2 cm. Da die Vorbereitung der Aale nicht ganz einfach ist, lassen Sie dies am besten vom Fischhändler für Sie erledigen.

Zuweilen verwende ich anstelle von Aal Riesengarnelen und reiche dann als Beilage Safranreis, der dem Gericht eine asiatische Note verleiht.

Für 4 Personen

300 g frische Steinpilze oder 350 g Hallimasche und dazu 2—3 getrocknete Steinpilzscheibchen
3 EL Olivenöl (kein »vergine«)
1 kleine Zwiebel, fein gehackt
1 Knoblauchzehe, fein gehackt
1 EL feingehackter frischer Ingwer
1 TL gehackte Pfefferschote
5 Sardellenfilets
450 g Aalfilet, in 5 cm lange Stücke geschnitten
Salz nach Geschmack
1 EL grob gehackte Petersilie

Wenn Sie Hallimasche verwenden, diese blanchieren und das Wasser abgießen. Die getrockneten Steinpilze ¼ Stunde in lauwarmem Wasser einweichen.

Inzwischen das Öl in eine Pfanne gießen und die Zwiebel 5—6 Minuten darin braten. Knoblauch, Ingwer und Pfefferschote dazugeben, einige Sekunden mitbraten lassen. Die Sardellenfilets hinzufügen und den Garvorgang bei mäßiger Hitze und unter gelegentlichem Rühren fortsetzen, bis die Sardellen zerfallen. Die Aalstücke dazugeben und unter Rühren 5—6 Minuten braten. Die Pilze (getrocknete Steinpilze mit dem Einweichwasser) beigeben und das Ganze weitere 10 Minuten garen. Mit Salz abschmecken und unmittelbar vor dem Servieren mit der Petersilie bestreuen.

SEITEN 74/75: AAL MIT WILDPILZEN *UND* KÖSTLICHKEITEN AUS DEM MEER

Steinbutt mit Hallimaschen

Rombo con chiodini

Ich liebe es, teure und erlesene mit schlichten Zutaten zu kombinieren, so zum Beispiel Steinbutt und Hallimasche in diesem delikaten und interessanten Gericht. Zwar stellen die Pilze hier die einfache und preiswerte Komponente dar, doch werden sie selten zum Kauf angeboten und sind letzten Endes vielleicht schwieriger zu bekommen — und damit kostbarer — als der Steinbutt —, sofern Sie nicht über eine geheime Quelle verfügen. Falls man überhaupt irgendwo Hallimasch findet, dann meist in großer Zahl. Frieren Sie am besten einen Vorrat ein oder bereiten Sie Ihre eigenen Konserven »au naturel«, so daß Sie dieses und auch andere Gerichte unabhängig von der Jahreszeit zubereiten können.

Für 4 Personen

4 Steinbuttfilets à 150 g

Salz

½ kg kleine Hallimasche, ohne Stiele

50 g/4 EL Butter

1 Knoblauchzehe, fein gehackt

1 kleine Pfefferschote, fein gehackt

1 EL grobgehackte Petersilie

Die Filets in leicht gesalzenem Wasser 10 Minuten langsam garziehen lassen. Abtropfen lassen und auf vorgewärmte Teller legen. Inzwischen die Pilze in leicht gesalzenem Wasser 5 Minuten brühen, danach gut abtropfen lassen. Die Butter in eine Pfanne geben und den Knoblauch 1 Minute anbraten. Die Pilze mit der Pfefferschote hinzufügen und unter Rühren 1—2 Minuten braten. Mit Salz abschmekken, mit der Petersilie bestreuen und die Fischfilets damit überziehen.

Ragout von Garnelen und Morcheln

Ragú di gamberi e spugnole

Natürlich können Sie frische Morcheln für dieses Gericht verwenden. Da aber die Morchelsaison so kurz ist — nur ein paar Wochen im Frühjahr —, ist es naheliegend, daß Sie wegen des Geschmacks ein paar getrocknete Exemplare mit verarbeiten, der Frische wegen aber hauptsächlich Zuchtchampignons oder Austernpilze verwenden. Safranreis ist die perfekte Ergänzung zu diesem deliziösen Ragout.

Für 4 Personen

16 Riesengarnelen (ca. 600 g mit Schalen)

40 g getrocknete Morcheln, dazu
400 g frische Austernpilze oder Champignons

1 kleine Schalotte, fein gehackt

80 g/6 EL Butter

Saft von ½ Zitrone

1 Glas trockener Sherry

Salz und Pfeffer nach Geschmack

1 TL Mehl

1 EL gehackte Petersilie

FÜR DEN SAFRANREIS

600 ml Rindfleisch- oder Hühnerbrühe
(ersatzweise Brühwürfel)

240 g Langkornreis

2 Tütchen Safran

50 g/4 EL Butter

Die Garnelen auslösen. Die getrockneten Morcheln 20 Minuten einweichen. Die Brühe mit dem Reis, dem Safran und der Butter in einen Topf geben und leise köcheln lassen, bis der Reis die ganze Flüssigkeit aufgenommen hat. Während der Reis gart, die Schalotte in der Butter braten. Sobald sie Farbe annimmt, die gehackten Austernpilze bzw. in Scheiben geschnittenen Champignons dazugeben. Einige Minuten unter Rühren braten. Die Morcheln mit etwas (gefiltertem) Einweichwasser, dem Zitronensaft, Sherry, Salz und Pfeffer hinzufügen. Nun die Garnelen hineingeben und den Garvorgang nach weiteren 5 Minuten beenden. Das Ragout mit der Petersilie bestreuen und mit dem Safranreis anrichten.

RAGOUT VON GARNELEN UND MORCHELN

Salat aus Meeresfrüchten und Pilzen

Piatto estivo di pesce e funghi

Stellen Sie sich vor, es wäre ein heißer Sommertag und Sie säßen im wohltuenden Schatten einer Pergola. Stellen Sie sich weiter einen Tisch mit ein paar Freunden und einer kühlen Flasche Weißwein vor — und dazu einen üppigen Teller dieses einmaligen Salates. So lebhaft Ihre Phantasie auch sein mag, Sie können sich wahrscheinlich nicht ausmalen, wie gut dieses Gericht wirklich schmeckt. Wie viele andere auch, verdankt es seine Entstehung einem puren Zufall: Ich hatte ein paar prachtvolle Austernpilze eingemacht, die mir mein guter Freund Gennaro geschenkt hatte. Aus einer Laune heraus gab ich einige Löffel davon an einen Salat aus Meeresfrüchten, den ich gerade zubereitet hatte ... und schon war ich in meiner Phantasie zurückversetzt an diesen heißen Sommertag, an das schattige Plätzchen ... der reinste Zauber!

Für 6 Personen

450 g Tintenfisch (gesäubert und roh gewogen)
6 rohe Riesengarnelen
450 g kleinere rohe Crevetten
450 g frische Scampi (Kaisergranat)
5 EL eingelegte Austernpilze (ersatzweise 450 g junge Austernpilze in 1 Teil Essig und 2 Teilen Salzwasser kochen, abtropfen lassen und mit Olivenöl anmachen)
2 EL grobgehackte Petersilie
5 EL Olivenöl, wenn möglich »extra vergine«
2—3 zarte Selleriestangen aus der Mitte der Staude, in schmale Stücke geschnitten
1 große Knoblauchzehe, halbiert
Saft von 1 Zitrone
Salz und Pfeffer nach Geschmack

Den Tintenfisch säubern, von Schulp und Augen befreien. Die Riesengarnelen 5 Minuten in Salzwasser kochen. Crevetten, Scampi und Tintenfisch dazugeben und weitere 7—8 Minuten kochen. Abgießen und erkalten lassen. Die Krustentiere schälen, die Riesengarnelen der Länge nach halbieren, den Tintenfisch in Ringe schneiden. Einige Scampi mit Scheren zur Dekoration zurückbehalten. Alle Zutaten in eine große Salatschüssel füllen; mit dem Öl, dem frisch gepreßten Zitronensaft, Salz und Pfeffer anmachen und gut durchmischen. Anschließend dekorieren. Den Salat 1 Stunde in den Kühlschrank stellen. Vor dem Servieren die Knoblauchzehe entfernen (sie soll nur ihr Aroma an den Salat abgeben). Reichen Sie zu diesem Salat frisches Brot oder Kartoffelsalat, angemacht mit Olivenöl, Essig, Senf, feingehackten Frühlingszwiebeln und frischer Pfefferminze, etwas Zucker, Salz und Pfeffer.

EIN SOMMERGERICHT:
SALAT AUS MEERESFRÜCHTEN UND PILZEN

Forelle mit Violetten Rötelritterlingen

Trota con agarico nudo

Der Lilastielritterling (*Lepista personata*) eignet sich ebenso für dieses Gericht, wie sich im Grunde die meisten Pilze mit diesem vielseitigen Fisch kombinieren lassen, der durch neue, rationelle Zuchtmethoden etwas in Mißkredit geraten ist. Ich habe mich schon gefragt, ob es überhaupt noch Bachforellen gibt. Laut David Thomas, seines Zeichens Naturfreund und auch ein Freund von mir, gibt es sie tatsächlich noch, diese schmackhaften Fische.

Für 4 Personen

4 Regenbogenforellen à 200 g (gesäubert gewogen)
Mehl für die Fische
80 g/6 EL Butter
600 g junge Violette Rötelritterlinge, gesäubert
1 Knoblauchzehe, fein gehackt
1 EL frische Salbeiblättchen
1 kleines Glas trockener Weißwein
Salz und Pfeffer

Die Forellen außen salzen und im Mehl wenden. In der Butter auf beiden Seiten braun braten. Herausnehmen und warm stellen. Dann die Pilze mit dem Knoblauch und Salbei in die Pfanne geben und 10 Minuten bei mittlerer Hitze braten, dabei ab und zu umrühren. Mit dem Weißwein ablöschen und 1 Minute auf hoher Flamme kochen, so daß der Alkohol verdunstet. Mit Salz und Pfeffer abschmecken. Die Forellen wieder in die Pfanne legen, damit sie den Geschmack der Sauce aufnehmen. Durchwärmen und servieren.

Thunfischsteak mit Wildpilzen

Tonno con funghi

Ich glaube, daß die Vorliebe der Italiener für Steaks von großen Fischen, zum Beispiel Schwertfisch und Thunfisch, aus Zeiten herrührt, in denen Fleisch sehr viel teurer und schwieriger zu bekommen war als diese Fischsorten. Heute dagegen ist es genau umgekehrt.

Wie gut so ein frisches Thunfischsteak schmeckt, das einfach gegrillt oder in Olivenöl gebraten und nur mit ein paar gemischten Wildpilzen als Beilage serviert wird, kann man nicht beschreiben. Man muß es einfach selbst ausprobieren! Besonders köstlich gelingt dieses Gericht mit Maronenröhrling, Hallimasch und Violettem Rötelritterling.

Für 4 Personen

4 Thunfisch- oder Schwertfischsteaks à 150 g, entgrätet und gehäutet

½ kg Wildpilze, nach Belieben gemischt, oder frische Shiitake, gesäubert und in gleich große Stücke geteilt

4 EL Olivenöl

50 g/4 EL Butter

1 Knoblauchzehe, fein gehackt

1 Prise Majoran

ein paar Rosmarinblättchen

Salz und Pfeffer

Die Steaks salzen und pfeffern, im Olivenöl auf beiden Seiten 5 Minuten braten; anschließend aus der Pfanne nehmen. Die Butter, die Pilze und den Knoblauch in die Pfanne geben und 10 Minuten unter Rühren braten. Die Kräuter hinzufügen, salzen und pfeffern. Die Steaks zu den Pilzen in die Pfanne geben. 1 EL Wasser zufügen und die Sauce gut verrühren. Das Ganze behutsam aufwärmen und dann sofort servieren.

Tintenfisch mit Austernpilzen

Calamari e fungo ostrica

Hier eines jener vielseitigen Rezepte, von denen Sie durch Variieren der Zutaten vier bis fünf ebenso schmackhafte Zubereitungen ableiten können. Anstelle der Tintenfische habe ich mit großem Erfolg kleine frische Jakobsmuscheln (150 g pro Person, ohne Schalen gewogen) verarbeitet. Auch bei den Pilzen haben Sie die Wahl: Hallimasch und Violetter Rötelritterling entsprechen in ihrer Beschaffenheit etwa dem Austernpilz und eignen sich daher genausogut.

Für 4 Personen

8 EL Olivenöl

1 Knoblauchzehe, fein gehackt

750 g möglichst kleine Tintenfische, gesäubert (größere Exemplare in Streifen schneiden)

750 g Austernpilze, gesäubert und blanchiert

2 TL gehackte Petersilie

2 TL gehackter Dill

2 TL zerstoßener Koriander

1 EL gehackte Pfefferschote (nicht zu scharf)

1 kleines Glas Weißwein

Salz nach Geschmack

4 EL Crème double (nach Belieben)

Das Öl in einen flachen Schmortopf gießen und den Knoblauch 1 Minute glasig werden lassen. Die Tintenfische hineingeben und, je nach Größe, 8—10 Minuten unter Rühren braten. Die blanchierten Pilze mit den Kräutern und der Pfefferschote zufügen und 5 Minuten mitbraten, dabei häufig umrühren. Den Wein angießen, salzen; den Wein verkochen lassen. Die Crème double einrühren und das Gericht servieren.

HAUPTGERICHTE MIT FLEISCH UND WILD

IL SECONDO

Wildpilze »vermählen« sich mit jeder Art von Fleisch zu grandiosen Gerichten. Pilzsaucen bilden eine saftige Ergänzung zu Gegrilltem. Und Pilze sind eine unverzichtbare Zutat für geschmortes Fleisch und Eintöpfe. Während zum einen Fische mit ausgeprägterem Geschmack unter Umständen mit dem Pilzaroma kollidieren und zum anderen der feinere Fisch möglicherweise von einem starken Pilzgeschmack »erschlagen« wird, kann sich rotes Fleisch eigentlich immer Pilzen gegenüber — und seien diese noch so dominierend — behaupten. Selbst das zarte Fleisch vom Huhn findet sein Pendant unter den zurückhaltenderen Pilzen wie zum Beispiel Pfifferling und Parasol.

Für Wild sind Pilze einfach die natürliche Ergänzung. In Italien — und speziell in der Toskana, die reich an Wild wie an Pilzen ist — sind Restaurants, die ausschließlich Gerichte aus diesen beiden Grundzutaten anbieten, keine Seltenheit. Auch die Küche der meisten ost- und nordeuropäischen Länder weist eine Vielzahl derartiger Rezepte auf. In England besteht an Wild kein Mangel, und auch an Jägern fehlt es nicht. In guten Metzgereien und Spezialgeschäften ist Wild ohne weiteres erhältlich. Um die Wildpilze allerdings — ebenso wie um Rezepte für ihre Zubereitung — müssen Sie sich selbst kümmern.

Walter Mariti, ebenfalls Restaurantbesitzer und dazu ein passionierter Jäger, der jedes Jahr an einer organisierten Moorhuhnjagd in Schottland teilnimmt, erzählte mir eine nette Begebenheit: Eines Tages mußten sie, um die Vögel aufzustöbern, ein Kiefernwäldchen durchqueren. Dort fanden sie zu ihrer großen Überraschung und Freude Unmengen der prachtvollsten Exemplare des Steinpilzes (*Boletus edulis*), der in manchen Gegenden des Landes geradezu im Überfluß zu wachsen scheint. Im Nu verwandelte sich die Jagdgesellschaft, sehr zur Bestürzung des Gastgebers, in eine Schar emsiger Steinpilzsammler. Nach der Jagd wurden die ortsansässigen Gastwirte über die Eßbarkeit dieser Pilze aufgeklärt (die sie bisher für Giftpilze gehalten hatten), und es herrschte eitel Freude — nicht zuletzt wohl auf seiten der verschonten Moorhühner.

Huhn mit Parasolfüllung

Pollo farcito con mazze da tamburo

Ein frisches junges, gefülltes Huhn ist zweifellos ein Gedicht. Erhält die Füllung überdies ein apartes Wildpilzaroma, wird das Ganze, warm oder kalt serviert, zu einem kulinarischen Ereignis. Da das Auslösen der Knochen etwas Geschick erfordert, bitten Sie Ihren Metzger, es Ihnen zu zeigen oder am besten gleich für Sie zu erledigen. Für die Füllung eignen sich Steinpilze, Echte Reizker, Pfifferlinge und andere Arten mehr. Bei diesem Rezept habe ich Parasol-Hüte verwendet.

Für 6 und mehr Personen

1 frisches, ausgelöstes Huhn aus Bodenhaltung (1,5—2 kg)
4 EL Olivenöl
1 Zwiebel, in dünne Scheiben geschnitten
300 g Parasol-Hüte, grob gehackt
4 Eier
frisch geriebene Semmelbrösel von 3 Brötchen oder 4 Scheiben Toast
50 g Mortadella, in feine Würfel geschnitten
50 g geriebener Parmesan
3 EL grobgehackte Petersilie
einige Pfefferminzblätter, gehackt
ein Hauch Muskatnuß
Salz und Pfeffer nach Geschmack

In einer Pfanne die Zwiebel im Olivenöl anschwitzen. Die Pilze zufügen und unter gelegentlichem Rühren gar dünsten. Die Mischung (sie darf nicht zu feucht sein) abkühlen lassen. Den Ofen auf 200°C/Gas Stufe 6 vorheizen.

In einer Schüssel die Eier mit den Semmelbröseln, der feingewürfelten Mortadella, dem Parmesan, der Petersilie und der Pfefferminze vermischen; mit Salz und Pfeffer abschmecken. Den Pfanneninhalt einarbeiten. Falls die Mischung zu feucht ist, so viel Semmelbrösel zugeben, bis die Masse fester wird. Das Huhn damit füllen und die Öffnung mit hölzernen Zahnstochern oder Küchenzwirn zusammenheften. Mit Öl einreiben, leicht salzen und 1 Stunde im Ofen braten. Vor dem Aufschneiden etwas abkühlen lassen oder auch kalt servieren.

Hühnchen-Suprêmes mit Pfifferlingen

Supreme di pollo con gallinacci

Ein besonderes Stück Fleisch verlangt auch einen besonderen Pilz. Pfifferlinge bekommt man in guten Gemüseläden und man findet sie auch im Herbstwald. Sie sind ideal für dieses elegante, raffinierte und dabei wenig zeitaufwendige Gericht.

Für 4 Personen

80 g/6 EL Butter
4 größere Hühnerbrüstchen, enthäutet
Salz und Pfeffer
Saft von 1 Zitrone
1 TL abgeriebene Zitronenschale
2 Schalotten, fein gehackt
400 g Pfifferlinge, gesäubert
2 Eigelb
1 EL Crème double

Die Hälfte der Butter in einer Pfanne zerlassen. Die Hühnerbrüstchen hineingeben, salzen und pfeffern und bei milder Hitze beidseitig 10 Minuten braten. Sobald sie gar sind, den Zitronensaft und die -schale darüber verteilen und mit einem Holzlöffel eventuell anhaftende Stückchen vom Pfannenboden lösen. Die Pfanne warm stellen.

Inzwischen die restliche Butter in einer zweiten Pfanne zerlassen und die Schalotten anbräunen. Die Pfifferlinge hinzufügen und 10 Minuten braten — sie geben dabei reichlich Saft ab. Die Pfanne vom Herd ziehen. Den Pilzfond mit den Eigelben und der Crème double legieren. Die Hühnerbrüstchen mit dem Bratensatz zufügen und die Sauce gut durchrühren. Das Gericht abschmecken und warm servieren.

Hühnchen-Saltimbocca

Saltimbocca di pollo

Hier ein weiteres, äußerst einfaches und preiswertes Gericht, das ideal ist als leichtes Mittagessen. Es wird direkt aus der Pfanne aufgetragen. Die Zubereitung selbst enthält keine Pilze, paßt aber ausgezeichnet zu Wiesenchampignons oder Schopftintlingen mit Butter, Knoblauch und Koriander (siehe Rezept Seite 54).

Für 4 Personen

3 große Hühnerbrüstchen
100 g Fontina (italienischer Käse)
100 g roher Schinken (Parmaschinken)
12 Salbeiblätter
45 g/3 EL Butter
Salz und frisch gemahlener schwarzer Pfeffer

Die Hühnerbrüstchen jeweils schräg in 4 Scheiben schneiden. Diese zwischen Plastikfolie legen und leicht flachklopfen. Den Käse und den Schinken in je 12 Scheiben schneiden, die der Größe der flachgeklopften Fleischscheiben entsprechen. Nun jede Fleischscheibe mit einer Käsescheibe belegen, salzen und pfeffern. Dann je ein Salbeiblatt und zuletzt eine Schinkenscheibe darauflegen. Die Käse- und Schinkenscheiben mit Zahnstochern fixieren.

Die Butter in einer großen Pfanne erhitzen, bis sie zu schäumen beginnt. Die Fleischscheiben mit dem Schinken nach unten hineinlegen und kurz (knapp 1 Minute) braten. Wenden und langsam weiterbraten, bis der Käse geschmolzen und das Fleisch gar ist. Jeweils drei Happen mit ein paar Pilzen (siehe Beilagen-Vorschlag) auf einzelnen Tellern anrichten und sofort servieren.

Enten-Suprêmes mit Echten Reizkern

Petto d'anitra con lattario

Ente ist meist sehr fett. Wenn Sie aber nur die Brüstchen verwenden und diese sorgfältig häuten, kommen Sie in den Genuß des typischen Entengeschmacks — ohne jegliches Fett. Dieses Gericht ist eines Fürsten würdig, doch ich denke, die Normalsterblichen unter uns werden es nicht minder genießen.

Für 4 Personen

4 magere Entenbrüstchen (à 150—180 g)
3 EL Olivenöl
1 kleine Schalotte, fein gehackt
50 g Parmaschinken, in feine Streifen geschnitten
200 g frische Echte Reizker, blanchiert und in Scheiben geschnitten
10 g getrocknete Morcheln, 20 Minuten in warmem Wasser eingeweicht
2 Cornichons, fein gehackt
1 walnußgroßes Stück Butter, in Mehl gewälzt
2 EL trockener Sherry
Salz und Pfeffer

Die Entenbrüstchen im Öl 5 Minuten auf beiden Seiten knusprig braten. Aus der Pfanne nehmen und warm stellen. Schalotten und Schinken in die Pfanne geben und einige Minuten braten. Anschließend die frischen Pilze, die abgetropften Morcheln und die Cornichons hinzufügen und den Garvorgang 5 Minuten unter Rühren fortsetzen. Nun die Entenbrüstchen mit dem ausgetretenen Saft zurück in die Pfanne geben. Die bemehlte Butter unterziehen, so daß die Sauce leicht eindickt, und das Ganze bei mäßiger Hitze noch 10 Minuten schmoren lassen. Mit dem Sherry verfeinern, salzen und pfeffern. Den Sherry bei starker Hitze etwa 1 Minute verdampfen lassen. Das Gericht warm auftragen.

Schweinefilet mit Rillstieligem Seitling

Filetti di maiale con pleuroto

Seine einfache Zubereitung und natürlich seine Zartheit haben mich dazu bewogen, das feinste Stück Fleisch für dieses Gericht zu verwenden. Ein zusätzliches Plus, gerade bei Schweinefleisch, ist die Magerkeit des Filets und damit seine bessere Bekömmlichkeit. Je besser das Stück, desto teurer ist es, dafür benötigen Sie aber auch kleinere Mengen, denn Sie haben so gut wie keinen Abfall. In Kombination mit roten oder gelben Paprikaschoten schmeckt das Gericht ganz vorzüglich, und, ergänzt mit Rillstieligem Seitling oder auch Echtem Reizker, gerät es geradezu exquisit.

Für 4 Personen

600 g Schweinefilet, in 20 Scheiben geschnitten
50 g Schweineschmalz
100 g gelbe Paprikaschote, fein gewürfelt
100 g rote Paprikaschote, fein gewürfelt
2 Knoblauchzehen, in Scheiben geschnitten
300 g kleine Rillstielige Seitlinge oder sehr kleine Echte Reizker (blanchiert)
1 kleine Pfefferschote, in Ringe geschnitten
1 EL Weißwein
1 EL Weißweinessig
Salz und Pfeffer nach Geschmack

Die Fleischscheiben beidseitig leicht salzen und in einer Pfanne im Schmalz 2 Minuten auf beiden Seiten scharf anbraten; herausnehmen und beiseite stellen. Nun die Paprikawürfel in die Pfanne geben und ebenfalls auf lebhafter Flamme einige Minuten braten. Den Knoblauch, die Pilze und die Pfefferschote hinzufügen und den Garvorgang 5 Minuten unter Rühren fortsetzen. Mit Wein und Essig ablöschen. Das Ganze gut durchmischen und bei verminderter Hitze weitere 10 Minuten garen. Das Fleisch mit dem ausgetretenen Saft zurück in die Pfanne geben. Das Gericht mit Salz abschmecken und sofort servieren.

Schweinekotelett mit Wildpilzen

Costolette di maiale con funghi

Schweinekoteletts müssen, nach meinem Geschmack jedenfalls, sorgfältig von allem Fett befreit werden. Damit Sie schön zart werden, brauchen sie mehr Flüssigkeit und erfordern eine längere Garzeit. Auch durch Marinieren in Wein werden sie mürber. Als Ergänzung zu diesem Fleischgericht eignen sich Pilze, die selbst beim Schmoren ihre Beschaffenheit bewahren: Morcheln, Pfifferlinge, Semmelstoppelpilze, kleine Echte Reizker, kleine Rillstielige Seitlinge und kleine Hallimasche. Auch Schwefelporling und Ochsenzunge, in dünne Scheiben geschnitten, sind durchaus zu empfehlen.

Für 4 Personen

4 magere Filetkoteletts vom Schwein (à 180 g samt Knochen)

FÜR DIE MARINADE

- ½ l trockener Weißwein
- einige Lorbeerblätter
- 1 Rosmarinzweig
- Schale von 1 unbehandelten Orange
- 1 Knoblauchzehe

FÜR DIE SAUCE

- Mehl zum Bestäuben der Koteletts
- 4 EL Olivenöl
- 1 kleine mittelscharfe Pfefferschote
- 1 EL Kapern
- 300 g Wildpilze (der oben genannten Arten, gemischt), gesäubert und, falls erforderlich, in mundgerechte Stücke geteilt
- 6 EL der Marinade (durchgeseiht, jedoch mit dem Knoblauch)
- 6 EL Fleischbrühe

Die Zutaten für die Marinade mischen und die Koteletts 24 Stunden marinieren.

Herausnehmen, trockentupfen und mit Mehl bestäuben. Das Öl in eine Pfanne geben und die Koteletts bei mäßiger Hitze auf beiden Seiten bräunen. Aus der Pfanne nehmen. Dann den Knoblauch, die Pfefferschote, die Kapern und Pilze in die Pfanne geben und einige Minuten dünsten. Mit der Marinade und der Fleischbrühe ablöschen. Das Fleisch wieder in die Pfanne geben.

Langsam 40 Minuten, bzw. bis es zart ist, schmoren.

Lammnüsschen mit gewürfeltem Riesenbovist

Nocciole d'agnello con vescia

Es fällt schwer, sich nach all diesen phallischen Formen eckige Pilze vorzustellen. Das Würfeln ist nur eine der Möglichkeiten, um einen Riesenbovist (*Langermannia gigantea*), der nicht selten die Größe eines Fußballs erreicht, zu zerteilen. Eine geschmackliche Variante ergibt sich durch die Verarbeitung von kleinen jungen Schopftintlingen (blanchiert) oder Wiesenchampignons. Auch mit Pfifferlingen gerät das Gericht vorzüglich. Wenn Sie jedoch beim Bovist bleiben möchten, können Sie ebenso etwa zwei Dutzend des kleineren Flaschenstäublings (*Lycoperdon perlatum*) verwenden. (Achten Sie aber darauf, daß die Pilze innen weiß sind!) Natürlich büßt das Gericht ohne den gewürfelten Riesenbovist optisch etwas von seinem Reiz ein.

Für 4 Personen

- 600 g magerer Lammrücken, vom Fett befreit
- 4 EL Olivenöl
- 60 g/4 EL Butter
- 1 Zwiebel, in Scheiben geschnitten
- 80 g Parmaschinken am Stück, fein gewürfelt
- 1 Knoblauchzehe, in dünne Scheiben geschnitten
- 300 g Riesenbovist, in 3 cm große Würfel geschnitten oder dieselbe Menge anderer Pilze
- 1 kleines Glas trockener Weißwein
- Salz und Pfeffer

Das Fleisch in 3 cm dicke Scheiben schneiden, salzen und im Olivenöl 2 Minuten auf beiden Seiten braten. Die Lammnüßchen sollten außen schön braun, innen aber noch blutig sein. Beiseite stellen. Die Butter in der Pfanne zerlassen und die Zwiebelscheiben anbräunen. Die Schinkenwürfel dazugeben und ein paar Minuten mitbraten. Nun die Knoblauchscheiben hinzufügen und eine weitere Minute braten. Zuletzt die Pilzwürfel dazugeben und unter behutsamem Rühren 5 Minuten garen. Das Ganze mit dem Wein ablöschen und diesen verdampfen lassen. Die Lammnüßchen mit dem ausgetretenen Saft in die Pfanne zurückgeben. Salzen und pfeffern und servieren.

Lammspiesse mit Krauser Glucke

Spiedino d'agnello con sparassis

Die Krause Glucke (*Sparassis crispa*) wird in der Küche eigentlich vernachlässigt. Leider taucht dieser deliziöse und faszinierende Pilz viel zu selten in den Rezepten auf. Ich habe mich für die Zubereitung am Spieß entschieden, so daß der Duft des Holzkohlenfeuers in jede Wellung und Ritze der vielfach verzweigten Strünke dringen und ihnen ein ganz besonderes, nussig-rauchiges Aroma verleihen kann. Da das Fleisch mager sein soll, wähle ich ein Stück aus der Keule, das ich vom Metzger würfeln lasse und vor dem Grillen mariniere.

Für 4 Personen

600 g magere Lammkeule, in 3 cm große Würfel geschnitten

4 EL Olivenöl

Salz und Pfeffer nach Geschmack

Saft von 2 Zitronen

400 g Krause Glucke

Aus dem Öl, dem Saft von 1 Zitrone, Salz und Pfeffer eine Marinade bereiten und das Fleisch mindestens 4 Stunden darin beizen.

Etwas Wasser in einem Topf erhitzen, ein wenig Salz und den restlichen Zitronensaft dazugeben.

Den Pilz, so gut es geht, in Würfel schneiden und diese 1 Minute im kochenden Wasser blanchieren. Abgießen und trocknen lassen. Abwechselnd die Fleisch- und Pilzwürfel auf vier längere Spieße stekken und anschließend mit der Marinade bestreichen. Die Spieße über der Holzkohlenglut garen und dabei gelegentlich drehen.

Lamm mit Hallimasch

Agnello con funghi

Besonders gut zu Lammfleisch passen Morcheln, Pfifferlinge, junge Maronenröhrlinge, Steinpilze, Wiesenchampignons, Echte Reizker, Semmelstoppelpilze und natürlich die so bewährte Mischung aus Zuchtpilzen und einigen getrockneten Steinpilzen. Am gelungensten erscheint mir jedoch die Kombination mit Hallimaschen. Das Fleisch kann irgendein beliebiges Stück vom Lamm sein, vorausgesetzt, es ist mager.

Für 4 Personen

400 g Hallimasche
400 g mageres Lammfleisch, in feine Streifen geschnitten
6 EL Olivenöl
1 Knoblauchzehe, gehackt
1 frische Pfefferschote, gehackt
1 EL Kapern
Salz und Pfeffer nach Geschmack

Die Pilze 1 Minute blanchieren und gut abtropfen lassen. Die Fleischstreifen im Olivenöl scharf anbraten. Sobald das Fleisch zu bräunen beginnt, die übrigen Zutaten dazugeben und alles unter Rühren noch 2 Minuten braten. Mit Salz und Pfeffer abschmecken und heiß servieren.

Osterlamm mit Morcheln

Agnello e spugnole

Als unbeirrbaren Verfechter *der* Kochkunst, die stets auf die frischen Erzeugnisse der jeweiligen Jahreszeit zurückgreift, spricht mich das folgende Rezept ganz besonders an. Es verbindet die Zartheit des Osterlamms mit dem Frühlingspilz par excellence, der Morchel. Natürlich können Sie das Gericht, sofern Sie gutes Lammfleisch bekommen, das ganze Jahr über mit getrockneten Morcheln zubereiten. Sie sollten es auf jeden Fall probieren.

Für 4 Personen

400 g Lammrücken, dazu 400 g frische Morcheln oder 600 g Lamm und dazu 50 g getrocknete Morcheln
4 EL Olivenöl
1 kleines Bund Frühlingszwiebeln, grob gehackt
1 kleiner Rosmarinzweig
Salz und Pfeffer nach Geschmack

Das Fleisch sorgfältig von allem Fett befreien und in 1 cm dicke Medaillons schneiden. Diese salzen und in 2 EL Olivenöl auf beiden Seiten kurz braten (ich mag es am liebsten, wenn das Fleisch noch rosa ist); beiseite stellen und warm halten. Das restliche Öl in die Pfanne geben und die Frühlingszwiebeln 5 Minuten braten. Die gesäuberten Morcheln mit dem Rosmarinzweig hinzufügen und weitere 10—15 Minuten, bzw. bis die Morcheln gar sind, mitbraten. (Getrocknete Morcheln zuerst einweichen und dann mit dem Einweichwasser in die Pfanne geben.) Das Fleisch wieder dazugeben, das Ganze abschmecken und, sobald es durchgewärmt ist, sofort servieren.

Hackbraten in Pilzsauce

Polpettone al sugo di funghi

In manchen Ländern steht Hackbraten nicht gerade in hohem Ansehen. Bei meiner Mutter aber geriet er stets zu einer wahrhaften Delikatesse: Sie bereitete ihn in einer köstlichen Pilzsauce. Mit dem Schmorfond verfeinerte sie die Pasta, den Ersten Gang; der Hackbraten selbst kam — aufgeschnitten und mit frisch gekochtem Gemüse als Beilage — als höchst schmackhaftes Hauptgericht auf den Tisch.

Für 8 Personen

1 kg Rinderhack
150 g altbackenes Brot, gerieben
2 EL feingehackte Petersilie
60 g frisch geriebener Parmesan
Salz und frisch gemahlener schwarzer Pfeffer
4 Eier
Öl zum Braten
FÜR DIE SAUCE
200 g Steinpilze oder andere Wildpilze, in dünne Scheiben geschnitten, ersatzweise 20 g getrocknete Steinpilze
1 Zwiebel, fein gehackt
4 EL Olivenöl
1 Knoblauchzehe
2 große Dosen geschälte Tomaten
10 frische Basilikumblätter
Salz und frisch gemahlener schwarzer Pfeffer

Das Hackfleisch mit dem geriebenen Brot vermengen. Petersilie und Parmesan einarbeiten und die Mischung mit Salz und Pfeffer abschmecken. Die Eier leicht verquirlen und ebenfalls unter die Masse ziehen. Sie sollte die Konsistenz haben, daß sie sich zu einem großen, länglichen Laib formen läßt, ohne dabei auseinanderzufallen. Notfalls geben Sie noch etwas Semmelbrösel dazu. (Am besten formen Sie zuerst einen kleinen Kloß und braten ihn vorab; so können Sie, bevor Sie den ganzen Laib herstellen, eventuell noch nachwürzen.) Das Olivenöl in einer großen ovalen Kasserolle aus Gußeisen erhitzen. Den Laib darin braten, bis sich ringsum eine schöne Kruste gebildet hat, so daß der Braten innen saftig bleibt. Achten Sie darauf, daß der Hackbraten beim Wenden nicht auseinanderbricht! Die Kasserolle beiseite stellen und die Sauce bereiten.

In einer Pfanne die Zwiebel im Olivenöl goldgelb rösten. Den Knoblauch kurz mitbraten, dann die Pilze hinzufügen und eine Weile dünsten; zuletzt die leicht abgetropften Tomaten dazugeben. Die Sauce bei mittlerer Temperatur 10 Minuten kochen und dabei gut umrühren, so daß die Tomaten zerfallen. Mit Salz, Pfeffer und Basilikum würzen.

Nun die Sauce in die Kasserolle zum Hackbraten geben, den Deckel aufsetzen und wieder auf den Herd stellen. Etwa 1 Stunde langsam schmoren. Sie können die Kasserolle aber auch 1 Stunde in den stark vorgeheizten Ofen (200° C/Gas Stufe 6) schieben. Den Braten gelegentlich vorsichtig wenden. Nach 30 Minuten den Deckel entfernen und die Sauce eindicken lassen. Nach Ablauf der Garzeit einen Teil der herzhaften Pilz-Tomaten-Sauce mit der Pasta vermischen, die Sie eventuell als Ersten Gang vorgesehen und inzwischen gekocht haben. Den Braten vor dem Aufschneiden 10 Minuten abkühlen lassen — so können Sie inzwischen Ihre Pasta genießen.

Schmorbraten in Rotwein mit Pilzen

Brasato al Barolo con funghi

Barolo, der König der italienischen Weine, verleiht Fleisch- und anderen Gerichten angeblich den besten Geschmack überhaupt. Damit bildet er die vollendete Ergänzung für das überaus zarte und wohlschmekkende Piemonteser Rindfleisch. Zu diesem außergewöhnlichen Gericht reiche ich gedünstete Blätterpilze oder gemischte Wildpilze (siehe Rezept Seite 54, Gebratene Pilze). Und wenn Sie den Versuch unternehmen möchten, etwas zu verbessern, was eigentlich keiner Verbesserung mehr bedarf, dann geben Sie zusammen mit den übrigen Zutaten einfach ein paar getrocknete *porcini* in den Topf.

Für 6 Personen

1 dickes Stück Roastbeef (1300 g)
30 g/2 EL Butter
3 EL Olivenöl
1 Bund Frühlingszwiebeln
2 Knoblauchzehen, grob gehackt
1 Mohrrübe, der Länge nach halbiert
2 Selleriestangen
1 kleiner Rosmarinzweig
2 Lorbeerblätter
1 frischer Thymianzweig
5 Salbeiblätter
1 Zimtstange von 4 cm Länge oder 1 Prise Zimtpulver
abgeriebene Schale von $\frac{1}{4}$ Zitrone
600 ml Barolo
Salz und frisch gemahlener schwarzer Pfeffer
20 g getrocknete Steinpilze sowie 10 g getrocknete Morcheln

In einem schweren Schmortopf, der nur wenig größer als der Braten sein soll, Butter und Öl zusammen stark erhitzen. Das Fleisch ringsum anbräunen (etwa 5 Minuten auf beiden Seiten), so daß kein Saft mehr austreten kann. Das Fleisch aus dem Topf nehmen. Nun Zwiebeln, Knoblauchzehen, Mohrrübe und Selleriestangen ein paar Minuten darin braten, anschließend Kräuter, Zimt, Zitronenschale und den Wein in den Topf geben und gründlich umrühren; dabei den eventuellen Ansatz vom Topfboden lösen.

Den Braten in die Sauce zurücklegen, salzen und pfeffern. Die getrockneten Pilze dazugeben und den Topf schließen. Den Braten 1 Stunde ganz langsam schmoren lassen, dabei häufig wenden, damit er gleichmäßig gart. Den Garvorgang ohne Deckel $\frac{1}{2}$ Stunde fortsetzen, damit der Schmorfond einkocht. Das Fleisch, sobald es gar ist, herausnehmen. Den

Fond (nach Belieben) durchseihen und — auch das ist Geschmackssache — bei starker Hitze 5 Minuten oder länger reduzieren. Den Braten wieder hineinlegen und in der Sauce erneut langsam erhitzen. Aufschneiden und mit jungen Kartoffeln servieren. Als weitere Beilage können Sie eine Extraportion Pilze reichen: je nachdem, wie es um Ihre Vorräte bestellt ist, zum Beispiel Wiesenchampignons mit Butter, Knoblauch und Koriander (siehe Rezept Seite 54) oder gemischte Pilze in Tomatensauce.

Rinderfilet mit Austernpilzen und Pfifferlingen

Filetto con pleurotus e gallinacci

Wie es der Zufall wollte, hatte ich, als ich dieses Gericht für *Elle* zubereitete, gerade nur Austernpilze und Pfifferlinge zur Hand: ein Glücksfall mit exquisitem Resultat. Sie können für dieses Gericht nach Belieben ebenso andere Pilze kombinieren.

Für 4 Personen

4 EL Olivenöl

450 g Rinderfilet

225 g Pilze, gesäuberte Pfifferlinge und Austernpilze gemischt

1 Knoblauchzehe, fein gehackt

1 EL grobgehackte Petersilie

1 kleines Glas Weißwein

Salz und Pfeffer nach Geschmack

2 EL Olivenöl in einer Pfanne erhitzen und das Fleisch langsam anbraten, so daß sich die Poren schließen. Salzen und pfeffern und noch etwa 10 Minuten braten, das Fleisch muß innen rosa bleiben, dann herausnehmen und warm stellen. Das restliche Öl in die Pfanne geben und die Pilze etwa 4 Minuten unter Rühren braten. Wenn sie beinahe gar sind, den Knoblauch und die Petersilie dazugeben. Den Garvorgang noch 2 Minuten, bzw. bis die Pilze fertig sind, fortsetzen. Zuletzt den Wein angießen; sobald er verkocht ist, salzen und pfeffern. Fleisch und Pilze auf einer Platte anrichten und servieren.

Kalbsbraten mit Pilzsauce

Arrosto di vitello con funghi

Jeder Braten, und insbesondere ein Kalbsbraten mit seinem überaus zarten Geschmack, verlangt nach einem reizvollen Kontrast. Eine gelungene Ergänzung sind beispielsweise Wildpilze. Da sich speziell bei diesem Gericht eine herzhafte Sauce auf Pilzbasis besser eignet als Pilzgemüse, können Sie ohne weiteres auf Ihre eventuellen Pilzkonserven zurückgreifen oder getrocknete Steinpilze kaufen. Auch kalt ist dieses Gericht ein Genuß, deshalb habe ich etwas mehr Fleisch angegeben, als Sie tatsächlich benötigen.

Für 6 und mehr Personen

20 g getrocknete Pilze (bevorzugt Steinpilze)
Salz und Pfeffer nach Geschmack
80 g/6 EL Butter
1 kg sehr mageres Kalbfleisch
2 Knoblauchzehen, zerdrückt
1 kleine Zwiebel, fein gehackt
1 Rosmarinzweig
1 Glas trockener Weißwein
1 Prise Mehl

Die Pilze $^1/_2$ Stunde in Wasser einweichen. Den Ofen auf 190° C/Gas Stufe 5 vorheizen. Das Fleisch salzen und mit etwa einem Drittel der Butter einstreichen. Bei mittlerer Hitze 50—60 Minuten im Ofen braten. Nun Knoblauch, Zwiebel und Rosmarin zufügen und weitere 10 Minuten braten lassen. Den Braten herausnehmen und den Bratensatz mit dem Wein ablöschen. Die Pilze abgießen und kleinschneiden. Die restliche Butter in einer Pfanne zerlassen und die Pilze bei mittlerer Hitze 5 Minuten braten. Den Bratensatz dazugeben, das Mehl einstäuben und die Sauce etwa 1 Minute aufkochen, anschließend durchseihen. Den Braten aufschneiden und die Scheiben mit je einem Löffel Sauce anrichten.

Kalbshaxe mit Wildpilzen

Ossobuco con funghi

Wörtlich übersetzt heißt *Ossobuco*, jene weltberühmte italienische Spezialität, »Knochen mit Loch«. Und tatsächlich handelt es sich um nichts anderes als um Kalbshaxe, die quer in 3—4 cm dikke Scheiben zerteilt ist und in der Mitte den Knochen mit dem Mark aufweist. Auf traditionelle Weise zubereitet, ist das Gericht hervorragend, wird aber durch die Zugabe von ein paar Wildpilzen noch hundertmal besser.

Für 4 Personen

800 g Kalbshaxe, in 4 Scheiben geschnitten
Mehl zum Bestäuben
4 EL Olivenöl
1 kleine Zwiebel, fein gehackt
20 g getrocknete Steinpilze, dazu 300 g frische Pilze
10 g getrocknete Morcheln
1 Glas Rotwein
1 große Dose geschälte Tomaten, dazu die Hälfte des Saftes
Salz und Pfeffer

Die Fleischscheiben salzen und mit Mehl bestäuben. Das Olivenöl in einer Kasserolle erhitzen und die Fleischstücke paarweise von beiden Seiten hellbraun braten. Herausnehmen und beiseite stellen. Im selben Öl die Zwiebel leicht anbräunen und dann die eingeweichten Pilze hinzufügen. (Falls Sie frische Pilze verwenden, diese zuerst etwas anbraten.) Nun den Wein angießen und etwa 1 Minute verdampfen lassen. Die Tomaten dazugeben, das Ganze mit Salz und Pfeffer abschmecken. Die Fleischstücke wieder hineinlegen und langsam $1^1/_2$ Stunden schmoren.

Kalbsrouladen mit Wildpilzen

Involtini con funghi

Durch die Verwendung von Kalbfleisch läßt sich das Gericht im Handumdrehen zubereiten. Rouladen aus Rindfleisch dagegen wären wohl kräftiger im Geschmack, würden aber erheblich mehr Zeit in Anspruch nehmen. Das Rezept vereint zwei schmackhafte Komponenten: die Füllung der Rouladen und die Beilage aus Pilzen. Ihre Gäste werden begeistert sein! Für die Beilage kommen Pfifferling, Morchel, Totentrompete, Semmelstoppelpilz oder Echter Reizker ebenso in Frage wie jeder andere von Ihnen bevorzugte Pilz oder auch eine Mischung der zuvor genannten Arten. Wegen ihres eher faden Geschmacks nicht geeignet scheinen mir dagegen die *Leccinum*-Spezies und der Riesenbovist.

Für 4 Personen

8 dünne Scheiben Kalbfleisch (ca. 450 g), dazu hölzerne Zahnstocher zum Fixieren
FÜR DIE FÜLLUNG
1 EL feingehackte Petersilie
2 dicke Scheiben Mortadella, sehr fein gewürfelt
2 Essiggürkchen, sehr fein gehackt
10 Kapern
Salz und Pfeffer nach Geschmack
FÜR DIE PILZE
4 EL Olivenöl
1 kleine Zwiebel, fein gehackt
1 Knoblauchzehe, fein gehackt
1 EL feingehackte Petersilie
250 g sehr kleine, gesäuberte Wildpilze

Die Fleischscheiben zwischen Plastikfolie so dünn klopfen, daß sie sich nach dem Füllen leicht zusammenrollen lassen; dabei dürfen aber keinesfalls Löcher entstehen. Aus den angegebenen Zutaten die Füllung herstellen und gleichmäßig auf die Scheiben verteilen; behutsam zusammenrollen und mit Zahnstochern feststecken. Die Rouladen im Olivenöl ringsum braun braten und beiseite stellen. In derselben Pfanne nun die Zwiebel braten; wenn sie fast weich ist, den Knoblauch hinzugeben. Danach die Pilze zufügen und auf kleiner Flamme unter Rühren 5 Minuten dünsten. Die Rouladen wieder in die Pfanne legen, die Petersilie einstreuen und das Gericht heiß servieren.

Kalbsschnitzel mit Pilzen

Scaloppine con funghi

Wahrscheinlich weiß jeder, was sich hinter der Bezeichnung *scaloppine* verbirgt: kleine, magere, flach geschnittene Kalbfleischstücke zum Kurzbraten. Aufgrund ihrer Größe und Zartheit sind sie in Minutenschnelle gar.

Scaloppina ist die Verkleinerungsform von *scaloppa*, der Bezeichnung für eine größere Scheibe derselben Fleischsorte. Da sie selbst keinen sehr intensiven Geschmack hat, kombiniert man sie gerne mit anderen Zutaten. Berühmt sind zum Beispiel die *Scaloppine al Marsala*, die ihren typischen Geschmack durch die Zugabe von Marsala, einem berühmten sizilianischen Wein, erhalten. Die hier vorgestellte Variante wird durch Pilze — Maronenröhrlinge — ergänzt, die keiner weiteren aromatischen Zutat bedürfen.

Für 4 Personen

400 g Kalbsschnitzel, dünn geklopft
Mehl zum Bestäuben
60 g/4 EL Butter
2 EL Olivenöl
½ Knoblauchzehe, fein gehackt
2 TL feingehackter frischer Salbei
300 g kleine Maronenröhrlinge, in Scheiben geschnitten
3 EL trockener Weißwein
2 EL Crème double
Salz und Pfeffer

Die Schnitzel salzen und mit Mehl bestäuben. In der Butter und im Öl auf beiden Seiten goldbraun braten; anschließend aus der Pfanne nehmen. Knoblauch, Salbei und Pilze in die Pfanne geben und 2 Minuten unter Rühren scharf anbraten. Danach die Hitze reduzieren. Den Wein und die Crème double hinzufügen, die Schnitzel zurück in die Pfanne geben und weitere 5 Minuten garen. Sofort servieren. Nach Geschmack salzen und pfeffern.

Kalbskotelett mit gebratenen Pilzen

Nodino di vitello con funghi saltati

»Nodino«, wörtlich übersetzt »Knötchen«, ist die italienische Bezeichnung für Filetkotelett vom Kalb, das mit Salbei oder Rosmarin zubereitet wird. Eine wundervolle Variante erhalten Sie, wenn Sie diese delikate Kombination mit einigen gebratenen Steinpilzen ergänzen.

Für 4 Personen

4 Filetkoteletts vom Kalb (2,5 cm dick)
etwas Mehl zum Bestäuben
60 g/4 EL Butter
10 frische Salbeiblätter
2 EL trockener Weißwein
4 EL Olivenöl
300 g frische Steinpilze, in feine Scheiben geschnitten
1 Knoblauchzehe, in Scheiben geschnitten
Salz und Pfeffer nach Geschmack

Die Koteletts auf beiden Seiten salzen und mit Mehl bestäuben. In der Butter langsam braun braten. Kurz bevor sie gar sind, Salbei und Wein hinzufügen, dann die Pfanne vom Herd ziehen. In einer zweiten Pfanne die Pilze im Olivenöl scharf anbraten. Nach etwa 2 Minuten den Knoblauch dazugeben. (Er darf nur kurz mitbraten, da er sonst anbrennt.) Die Pilze mit Salz und Pfeffer abschmecken. Einmal durchrühren, über die Koteletts verteilen und sofort zu Tisch bringen.

Nieren-Pilz-Pfanne

Rognoni e funghi

Ich bin ein Liebhaber von Innereien. Bei diesem Rezept habe ich mich für Kalbsnieren entschieden, weil sie besonders zart im Geschmack sind und sehr gut mit Pilzen harmonieren. Im Grunde würden zwar alle Pilze passen, doch eignet sich die Totentrompete, die kaum Saft produziert und über ein intensives Aroma verfügt, ganz besonders. Sobald Sie diesen Pilz einmal finden, sollten Sie das Gericht unbedingt probieren!

Für 4 Personen

600 g Kalbsnieren, sorgfältig von Fett befreit und in Scheiben geschnitten

3 EL Olivenöl

Mehl zum Bestäuben

1 kleine Schalotte, in feine Scheiben geschnitten

1 kleine Prise frisch geriebene Muskatnuß

Salz und Pfeffer nach Geschmack

200 g sorgfältig gesäuberte Totentrompeten, ersatzweise 150 g feingehackte Champignons und dazu 10 g getrocknete Morcheln, eingeweicht

2 EL trockener Sherry

3 EL Crème double

Die Nieren mit Mehl bestäuben und im Olivenöl auf beiden Seiten braten. Wenn sie fast knusprig genug sind, die Schalotte zufügen; mit Muskatnuß, Salz und Pfeffer würzen. Nach weiteren 5—6 Minuten die Pilze dazugeben und unter Rühren 6—7 Minuten braten. Den Sherry angießen und verdampfen lassen. Die Crème double einrühren und sofort servieren.

Morchel-Bries-Pie

Animelle e spugnole in crosta

Die Anregung zu diesem Rezept holte ich mir bei einem herrlichen Silvester-Dinner, 1986, im Imperial Hotel in Wien. Bei der Vorspeise schaltete ich meinen »kulinarischen Röntgenblick« ein, um die Zutaten zu erahnen, die sich hinter dieser köstlichen Zubereitung verbargen. So entstand die Schüsselpastete aus Morcheln und Bries — zwei meiner absoluten Favoriten.

Ergibt 4 einzelne Pies

300 g Kalbsbries — blanchiert, sorgfältig gesäubert und gewürfelt

50 g/4 EL ungesalzene Butter

150 g Zuchtchampignons und dazu 40 g getrocknete Morcheln, ½ Stunde eingeweicht, oder 300 g frische Morcheln

2 EL Weinbrand

3 EL Crème double

Salz und Pfeffer nach Geschmack

600 g Blätterteig

verquirltes Ei zum Bestreichen

Die Brieswürfel einige Minuten in der Butter braten, bis sie ringsum schön gebräunt sind. Nun zuerst die frischen Pilze und anschließend (falls verwendet) die eingeweichten Morcheln zufügen und ¼ Stunde langsam schmoren lassen; ab und zu rühren. Den Ofen auf 230° C/Gas Stufe 8 vorheizen. Den Weinbrand an die Pilze gießen und unter Rühren 1 Minute verfliegen lassen. Die Crème double unterziehen, salzen und pfeffern. Den Pfanneninhalt auf vier Steingut-Pastetenformen verteilen. Den Blätterteig ausrollen und in vier Stücke teilen. Die Formen damit abdecken und die Ränder gut andrücken. Den Teig leicht mit Ei bepinseln und die Pies ¼ Stunde goldbraun backen. Sofort servieren.

NIEREN-PILZ-PFANNE

Innereien mit Wildpilzen

Frattaglie con funghi

Zweifellos das Nonplusultra für jeden, der Innereien mag: ein Gericht, in dem nahezu das gesamte Spektrum an Innereien vereint ist. Als Italiener kann ich es kaum verstehen, daß jemand, der gerne Leber ißt, Kutteln ablehnt, oder jemand, der Nieren mag, Bries oder Lunge zurückweist. In allen Küchen Europas, besonders aber in der italienischen und französischen, spielen Innereien eine wichtige Rolle. Und es würde mich freuen, wenn diese Lekkerbissen eines Tages mehr Anhänger fänden.

Für 10 und mehr Personen

200 g Schweineherz

200 g Schweinenieren

200 g Schweineleber

200 g Kalbsbries

200 g Schweinelunge

200 g Schmalz

1 großes Glas Rotwein

je 20 g getrocknete Steinpilze und Morcheln, 20 Minuten eingeweicht und kleingeschnitten (das Einweichwasser nicht weggießen) oder 250 g frische Pilze, kleingeschnitten

1 Tube Tomatenmark

2 scharfe Pfefferschoten, kleingeschnitten

6 Lorbeerblätter

Salz und schwarzer Pfeffer aus der Mühle

4 Gewürznelken

DAZU

1,5 l Fleischbrühe oder Wasser

8 Scheiben kräftiges, geröstetes Weißbrot

Sämtliche Innereien unter fließendem Wasser waschen, sorgfältig häuten und von Adern, Sehnen usw. befreien. Das Bries einige Minuten in kochendem Wasser brühen. Die Innereien in etwa 1 cm große Würfel schneiden. In einer schweren Kasserolle das Schmalz erhitzen. Die Fleischwürfel bei starker Hitze etwa 10 Minuten ringsum kräftig anbräunen. Mit dem Wein ablöschen. Sobald er etwas verkocht ist, die Pilze, etwas Einweichwasser, das Tomatenmark, die Pfefferschoten, Lorbeerblätter und Gewürznelken hinzufügen; großzügig salzen und pfeffern. Die Hitze reduzieren und den Garvorgang noch ½ Stunde fortsetzen. Das Ganze erkalten und über Nacht ziehen lassen.

Vor dem Servieren am nächsten Tag (oder auch später, denn die Zubereitung läßt sich hervorragend einfrieren) die inzwischen feste Masse in einen Topf umfüllen. Brühe oder Wasser (auf 2 gehäufte EL Fleisch 150 ml Flüssigkeit) angießen und aufkochen lassen. Suppenteller mit geröstetem Brot auslegen und mit der heißen Mischung übergießen. Sofort servieren. Ganz vorzüglich schmeckt dieses Gericht im Winter.

Hase mit Pilzen und Polenta

Lepre con funghi e polenta

Es ist ein Glück, daß sich der Hase mit seiner sprichwörtlichen Schläue oftmals vor den Schwärmen begieriger Jäger in Sicherheit bringen kann — in Italien wäre er sonst bestimmt schon längst ausgerottet. Sie bekommen ihn auf größeren Märkten oder in speziellen Wildhandlungen, unter Umständen müssen Sie ihn bestellen. Wegen seines strengen Wildgeschmacks muß man ihn ausgiebig marinieren, wenn möglich 48 Stunden. In Norditalien ist Polenta die klassische Beilage zu Wildgerichten. Damit sich der Arbeitsaufwand auch wirklich lohnt, geben Sie am besten gleich ein Essen für Ihre Freunde!

Für 8 Personen

1 großer Hase (2 kg), zerlegt

Mehl zum Bestäuben

8 EL Olivenöl

FÜR DIE MARINADE

½ l kräftiger Rotwein, vorzugsweise Barolo

50 g Rosinen

5 Gewürznelken

abgeriebene Schale von 1 unbehandelten Orange

10 Lorbeerblätter

1 großer Thymianzweig

1 frischer Rosmarinzweig

2 Knoblauchzehen

1 EL Honig

1 Bund Sellerieblätter

1 große Mohrrübe, fein gehackt

1 TL Senf

Salz und Pfeffer nach Geschmack

FÜR DIE SAUCE

50 g getrocknete Steinpilze, besser noch 400 g frische Steinpilze

50 g/4 EL Butter

1 kleine Zwiebel, fein gehackt

50 g Parmaschinken

FÜR DIE POLENTA
300 g Maismehl
1,5 l Wasser
30 g/2 EL Butter zum Braten

Aus den angegebenen Zutaten die Marinade bereiten. Den zerlegten Hasen mit dem ausgetretenen Blut hineingeben und mindestens 24 Stunden marinieren.

Anschließend die Fleischstücke mit einem Tuch trockentupfen, einsalzen, mit Mehl bestäuben und im heißen Öl in einer Pfanne ringsum braten. Herausnehmen und in einen gußeisernen Topf legen. Etwas Marinade in die Pfanne gießen und den festhaftenden Bratensatz mit einem Holzlöffel lösen. Zu den Fleischstücken in den Topf geben und mit so viel Marinade aufgießen, daß das Fleisch bedeckt ist. Aufkochen lassen, die Hitze reduzieren und das Fleisch 1 Stunde langsam kochen. Die getrockneten Steinpilze hinzufügen und den Garvorgang 1 weitere Stunde fortsetzen, bis der Hase zart ist.

Inzwischen die Polenta (siehe Rezept Seite 45, Polenta mit Pilzen) zubereiten. Die Mischung in eine flache Form gießen, abkühlen lassen und in portionsgerechte Stücke schneiden. Diese kurz vor dem Servieren auf beiden Seiten in der Butter goldbraun braten.

Nach etwa 2 Stunden ist der Hase gar. Wenn Sie frische Steinpilze für das Gericht verwenden, müssen sie jetzt verarbeitet werden: Die Pilze mit der Zwiebel in der Butter braten und den in Streifen geschnittenen Schinken hinzufügen. Die Hasenstücke aus dem Topf nehmen, den Schmorfond durchseihen und zur Zwiebel-Schinken-Mischung geben. Unter Rühren einige Minuten köcheln lassen. Die Sauce abschmecken und über die Hasenstücke gießen. Dazu Polenta-Schnitten.

Kaninchen-Frikassee mit Mischpilzen

Fricassea di coniglio con funghi misti

Hier ein weiterer Rezeptvorschlag für den Fall, daß Ihre Pilzexkursion Ihnen wieder einmal eher Vielseitigkeit und Qualität als Quantität beschert hat. Am besten kombinieren Sie aromatischere Pilze mit solchen Arten, die in Farbe und Beschaffenheit einen Kontrast bilden. Wichtig ist, daß Sie ein ausgewogenes Gericht komponieren, an dem sich Auge und Gaumen gleichermaßen erfreuen können.

Für 4 Personen
½ kg hochwertiges Kaninchenfleisch (möglichst knochenarm), in Stücke geteilt
etwas Mehl
4 EL Olivenöl
50 g Bauchspeck, fein gehackt
1 Porreestange, fein gehackt
1 Mohrrübe, fein gehackt
1 Glas Weißwein
½ kg Mischpilze (beispielsweise Röhrenpilze, Champignons, Pfifferlinge, Austernpilze usw.), gesäubert gewogen
etwas Fleischbrühe nach Bedarf
Salz und Pfeffer

Die Kaninchenstücke in Mehl wälzen und in einer Pfanne im heißen Olivenöl ringsum braten, bis sie gar sind. Herausnehmen und warm stellen. Speck, Porree und Mohrrübe im selben Öl 6 Minuten braten. Den Wein angießen und leicht verdampfen lassen. Nun die in gleich große Stücke geschnittenen Pilze dazugeben. Falls der Pfanneninhalt zu trocken wird, Fleischbrühe zugeben (aus Brühwürfel hergestellt). Die Pilze 10 Minuten unter gelegentlichem Rühren garen lassen. Das Fleisch in die Pfanne zurückgeben und durchwärmen. Mit Salz und Pfeffer abschmecken und servieren.

Gefüllter Fasan

Fagiano farcito al forno

In Italien gilt der Fasan als König unter dem Federwild. Üblicherweise wird er dort ziemlich bald, nachdem er erlegt wurde, verarbeitet. Bei uns dagegen bleibt der geschossene Fasan zunächst noch einige Tage in den Federn.

Dieses Rezept verlangt Fasanenhennen, da sie im allgemeinen zarter und saftiger als die Hähne sind. Als Beilage empfehle ich, je nach Saison, ein paar Pfifferlinge, die mit ihrer schönen Gelb-Orange-Färbung besonders gut zu diesem Gericht aussehen, oder gebratene Mischpilze (Rezept Seite 24).

Für 4 Personen

2 Fasanhennen à ca. 750 g (küchenfertig gewogen)

2 Speckscheiben (sofern der Fasan nicht schon beim Kauf bardiert ist)

FÜR DIE FÜLLUNG

1 kleine Zwiebel, fein gehackt

1 Knoblauchzehe, gehackt

2 EL Olivenöl

250 g Schweinehack

die Fasanlebern, gehackt

2 Gewürznelken, zerdrückt

1 EL gehackte Petersilie

1 Rosmarinzweig, fein gehackt

1 EL Semmelbrösel

1/4 Muskatnuß, gerieben

10 g getrocknete Steinpilze und 5 g getrocknete Morcheln, 20 Minuten eingeweicht und dann feingehackt

1 EL Butter

FÜR DIE SAUCE

45 g/3 EL Butter

1/2 EL Mehl

1/2 Glas Weißwein

Salz und schwarzer Pfeffer aus der Mühle

Die Fasane sorgfältig vorbereiten. Den Ofen auf 200° C/Gas Stufe 6 vorheizen.

Für die Füllung die Zwiebel mit dem gehackten Knoblauch im Öl braten. Die Lebern mit dem Hackfleisch und den beiden Gewürznelken hinzufügen. Das Ganze 8 Minuten garen, anschließend vom Herd nehmen. Abkühlen lassen, dann Petersilie, Rosmarin, Semmelbrösel, Muskatnuß und Pilze dazugeben. Alles gründlich vermengen, salzen und pfeffern.

Die Fasane mit dieser Mischung füllen und mit den Speckscheiben umwickeln. Auf jeden Fasan ein Stückchen Butter setzen. Die Fasane im heißen Ofen 1 1/2 Stunden braten, dabei hin und wieder mit dem Bratenfond begießen. Nach Ablauf der Garzeit aus der Fleischpfanne nehmen und warm stellen.

Für die Sauce den Bratensatz erhitzen und entfetten. Butter und Mehl einrühren. Nach einigen Minuten mit dem Wein ablöschen und die Sauce unter Rühren 1—2 Minuten durchkochen. Zuletzt mit Salz und Pfeffer abschmecken.

Vor dem Servieren die Fasane samt Füllung vierteln und mit der Sauce übergießen.

Rebhuhn mit Violetten Rötelritterlingen

Pernici con Lepista nuda

Der Violette Rötelritterling (*Lepista nuda*) wie auch der Lilastielritterling (*Lepista personata*) schmecken exzellent. Beide sind im Herbst und frühen Winter recht häufig anzutreffen, doch habe ich sie erstaunlicherweise noch nie auf Gemüsemärkten oder in Feinkostgeschäften gesehen. Sie zeichnen sich durch einen sehr eigenwilligen Geschmack aus, werden aber trotzdem verarbeitet, wie alle anderen Pilze auch. In diesem Rezept bereite ich sie auf eine Weise zu, die in Italien »trifolati« heißt, was soviel bedeutet wie »in Butter gebraten und mit Knoblauch und Petersilie gewürzt«.

Für 4 Personen

2 EL Olivenöl

4 Rebhühner

Salz, Pfeffer und etwas edelsüßer Paprika

1/2 Glas trockener Weißwein

60 g/4 EL Butter

1/2 kg Violette Rötelritterlinge oder Lilastielritterlinge, gesäubert

1 Knoblauchzehe, fein gehackt

2 EL feingehackte Petersilie

Etwas Öl in einen feuerfesten gußeisernen Topf gießen. Die Rebhühner innen und außen leicht mit Salz, Pfeffer und Paprika würzen. Von beiden Seiten 5 Minuten braten. Mit dem Wein übergießen und im sehr heißen Ofen gar schmoren. Inzwischen die Butter in einer Pfanne erhitzen. Die Pilze (größere vorher vierteln) 10 Minuten unter Rühren braten. Nach etwa 8 Minuten den Knoblauch hinzufügen und einige Minuten mitbraten. Die Rebhühner mit den Pilzen umlegen und mit der Petersilie bestreuen.

SEITEN 102/103: JÄGERTOPF *UND* KANINCHEN-FRIKASSEE MIT MISCHPILZEN

Fasanen-Suprême mit Trüffel

Supreme di fagiano al tartufo

Es mag Ihnen als Verschwendung erscheinen, nur die Suprêmes eines so edlen Vogels zu verwenden. Dem ist aber keineswegs so: Aus den übrigen Teilen (einschließlich der Karkasse) können Sie eine wunderbare Wildsuppe bereiten: Zusammen mit einer feingehackten Mohrrübe, einigen Wacholderbeeren, etwas Rosmarin, einer feingehackten Porreestange und 2—3 getrockneten Steinpilzscheibchen etwa $1\frac{1}{2}$ Stunden kochen. Die Suppe mit einem Gläschen Portwein und, nach Geschmack, mit etwas Sahne anreichern.

Für 4 Personen

4 Fasanenbrüstchen, mit Haut
die Lebern der beiden Fasane
1 Tütchen Safran
$\frac{1}{4}$ TL Pilzpulver
1 kleine Zwiebel, fein gehackt
2 EL Olivenöl
1 Gläschen Whisky
1 kleiner Rosmarinzweig
2 Lorbeerblätter
2 Salbeiblätter
50 g/2 EL Butter
Salz und Pfeffer nach Geschmack
1 × 50 g Weiße Trüffel

Die Fasanenbrüstchen und -lebern mit dem Safran, dem Pilzpulver, der gehackten Zwiebel, dem Olivenöl, dem Whisky, Rosmarin, Salbei und Lorbeerblättern in ein Gefäß geben und einige Stunden marinieren. Dann die Fasanenbrüstchen herausnehmen, trockentupfen und in der Hälfte der Butter auf beiden Seiten goldbraun braten. Aus der Pfanne nehmen. Nun die Lebern in die Pfanne legen. Salbei, Rosmarin und Lorbeerblätter aus der Marinade entfernen, die Marinade zu den Lebern gießen. 10 Minuten leise köcheln lassen. Anschließend das Ganze im Mixer pürieren. Die restliche Butter in der Pfanne zerlassen, die Leberpaste dazugeben, salzen und pfeffern. Die Fasanenbrüstchen hineinlegen und durchwärmen. Auf einzelnen Tellern anrichten und bei Tisch je ein Viertel der Trüffel darüberhobeln.

Wild-Pilz-Pie

Crostata ripiena di funghi e selvaggina

Dieses Rezept habe ich zu Ehren von Wildbret und Pilzen komponiert, die in meiner Wahlheimat so reichlich und gut gedeihen. Unter seiner Teighülle hütet ein Pie das Aroma seiner Zutaten und gibt es erst preis, wenn Sie hineinstechen. Im Herbst, wenn die Jagdzeit beginnt und die Wälder sich, ehe die Blätter fallen, noch einmal in den herrlichsten Farben zeigen, ist eine solche Pastete einfach ein Muß.

Bei diesem Rezept muß das Fleisch zunächst 24 Stunden mariniert werden. Die Füllung können Sie im voraus zubereiten, sollten aber dann das Fleisch aufwärmen, bevor Sie es in die Form füllen.

Ergibt 6 einzelne Pies

400 g Hirschfilet, in Stücke geschnitten
$\frac{1}{2}$ kg Fasan, ausgebeint und in Stücke zerlegt

FÜR DIE MARINADE

2 Mohrrüben, gehackt
1 Porreestange, gehackt
2 Selleriestangen, gehackt
1 kleiner Rosmarinzweig
6 Salbeiblätter
einige Wacholderbeeren
4 Lorbeerblätter
Salz und Pfeffer nach Geschmack
$\frac{1}{2}$ l trockener Rotwein

DAZU

6 EL Olivenöl
etwas Mehl
1 große Zwiebel, fein gehackt
50 g magerer Bauchspeck, in Streifen geschnitten
450 g gemischte Wildpilze, u. a. einige frische oder getrocknete Steinpilze
600 g Blätterteig (nach Belieben tiefgekühlt)
1 verquirltes Ei

Die Fleischstücke mit den Marinade-Zutaten in ein Gefäß aus Edelstahl, Porzellan oder Steingut füllen. Mindestens 24 Stunden marinieren.

Am folgenden Tag das Olivenöl in einen großen Schmortopf geben. Das Fleisch aus der Marinade nehmen (nicht weggießen!) und mit Mehl bestäuben. Im Olivenöl ringsum leicht anbraten. Herausnehmen und beiseite stellen. Nun die Zwiebel in das Öl geben, den Speck hinzufügen und beides braten, bis die Zwiebel schön gebräunt ist. Die Pilze dazugeben und 20 Minuten dünsten. Den Topf vom Herd nehmen, das Fleisch wieder hineinlegen und die Marinade angießen. Das Gericht bei mäßiger Hitze mindestens 1 Stunde schmoren lassen.

Anschließend den Topfinhalt auf sechs hübsche feuerfeste Formen verteilen. Den Blätterteig ½ cm dick ausrollen und entsprechend dem Durchmesser der Formen sechs Stücke ausschneiden. Diese über die Füllung breiten und mit dem verquirlten Ei bepinseln. Die Pies im vorgeheizten Ofen (230° C/Gas Stufe 8) 15—20 Minuten backen.

Jägertopf

Casseruola del cacciatore

Mein Freund Walter Mariti erzählte mir einmal, wie aus einer Moorhuhnjagd unversehens eine Pilzsuche wurde, als man auf Prachtexemplare von Steinpilzen stieß, die die größere Verlockung darstellten und sich leichter »erlegen« ließen. Vielleicht hat die Jagdgesellschaft sich hinterher an diesem Gericht gütlich getan. Abgesehen von derartigen Situationen eignet sich das Gericht auch für besondere Anlässe. Es sollte für mindestens 10 Gäste zubereitet werden, da sich meiner Meinung nach der Geschmack der einzelnen Zutaten bei solchen Mengen besser entfalten kann.

Das Fleisch ist wohl ohne größere Probleme von einer Wildhandlung zu beziehen. Bei den Pilzen dagegen könnten sich schon eher Schwierigkeiten ergeben. Wenn Sie keine frischen Steinpilze, Pfifferlinge, Semmelstoppelpilze oder Maronenröhrlinge finden, besorgen Sie sich Zuchtchampignons, Austernpilze und Shiitake; und wie gehabt, ergänzen Sie diese zur geschmacklichen Verbesserung mit einigen getrockneten Steinpilzen. Im Grunde paßt *jeder* genießbare Waldpilz zu diesem Gericht, ganz ausgezeichnet aber Violetter Rötelritterling, Parasol, Krause Glukke, Totentrompete und Schwefelporling.

Für 10 Personen

1 kg Wildpilze, gesäubert
10 Wachteln, küchenfertig vorbereitet
6 Wildtauben, küchenfertig, halbiert
3 Wildkaninchen, küchenfertig, geviertelt
Mehl zum Bestäuben
8 EL Olivenöl
3 Mohrrüben, fein gehackt
3 Selleriestangen, fein gehackt
1 große Zwiebel, fein gehackt
50 g geräucherter Schinken, fein gehackt
5 Lorbeerblätter
1 kleiner Rosmarinzweig
5 Gewürznelken
1,5 l guter, kräftiger, trockener Rotwein
Salz und Pfeffer nach Geschmack

Größere Pilze in Scheiben schneiden, kleine unzerteilt lassen. Das Fleisch mit Mehl bestäuben und im Öl ringsum goldbraun braten. Aus der Pfanne nehmen und warm stellen. In derselben Pfanne das gehackte Gemüse mit dem Schinken 5—6 Minuten unter Rühren braten. Lorbeerblätter, Rosmarin, Gewürznelken und Pilze dazugeben und weitere 10 Minuten unter Rühren braten. Mit dem Wein ablöschen, salzen und pfeffern. Die Fleischstücke wieder hineinlegen und langsam 1½ Stunden, bzw. bis sie gar sind, schmoren lassen. Hervorragend als Beilage: Polenta-Schnitten (siehe Seite 100), aber auch Nudeln oder gekochte Kartoffeln.

SEITEN 106/107: GROSSES WEIHNACHTSESSEN

Grosses Weihnachtsessen

Grande piatto natalizio cacciagione

Schon lange hatte ich die Idee für dieses Gericht mit mir herumgetragen. Und jetzt endlich, beim Zusammenstellen dieses Buches, ergab sich die Gelegenheit, sie zu verwirklichen. Da es sich um ein Weihnachtsessen handelt, stammen die verwendeten Pilze — Steinpilze, Pfifferlinge und Echte Reizker — aus der Tiefkühltruhe. Ich habe sie selbst im letzten Sommer gesammelt und eingefroren, und ich kann Ihnen versichern, daß sie den frischen Pilzen in nichts nachstehen.

Weihnachten, wenn die ganze Familie samt Freunden vereint ist, ist genau der richtige Anlaß für dieses optisch wie auch mengenmäßig äußerst beeindruckende Gericht.

Kaufen Sie das Federwild küchenfertig vorbereitet und lassen Sie sich die Innereien mitgeben, da sie für die Sauce benötigt werden.

Falls Sie selbst keine entsprechend große Servierplatte besitzen, versuchen Sie, sich eine in einem Restaurant auszuleihen, in dem man Sie kennt. Das Gericht sollte so majestätisch wie möglich präsentiert werden. Frohes Fest!

Für 12 und mehr Personen

1 große Ente, 4 Fasane, 8 Wildtauben oder Moorhühner, 10 Rebhühner, 12 Wachteln (die Geflügellebern aufbewahren)
5 EL Olivenöl
140 g/10 EL Butter
1 große Zwiebel, in feine Scheiben geschnitten
4 Knoblauchzehen, in feine Scheiben geschnitten
2 kg kleine Steinpilze
½ kg Pfifferlinge
½ kg Echte Reizker
einige Rosmarinzweige
1 Bund Salbei
Salz und Pfeffer nach Geschmack
etwas Muskatnuß
1 Bund Schnittlauch, fein gehackt

Die Vögel innen und außen salzen. Zunächst die Ente in etwas Öl etwa 5 Minuten auf beiden Seiten braten. Danach in die Fleischpfanne setzen und in den auf höchster Stufe aufgeheizten Ofen schieben. Nun die Fasane ebenso vorbereiten und zur Ente in den Ofen geben. Als nächstes folgen die Wildtauben bzw. Moorhühner, die allerdings nur 4 Minuten auf jeder Seite angebraten werden, ehe sie in den Ofen kommen. Danach die Rebhühner 3 Minuten und zuletzt die Wachteln 2 Minuten pro Seite anbraten. Nun sind alle Vögel im Ofen; sie müssen gelegentlich gewendet und mit dem Fond begossen werden, während Sie die Sauce bereiten.

Die Geflügellebern sorgfältig enthäuten und von Sehnen befreien, anschließend fein hacken. Zum Bratensatz in der Pfanne das restliche Öl, ein Viertel der Butter, die Zwiebel, den Knoblauch und die Lebern geben. Das Ganze 10 Minuten bei mäßiger Hitze braten, aus der Pfanne nehmen und beiseite stellen. Die restliche Butter in dieselbe Pfanne geben, die gefrorenen Pilze zufügen, den Herd hochschalten und die Pilze unter Rühren braten, bis sie auftauen. (Wenn Sie die Pilze vor dem Einfrieren bereits in Butter geschwenkt haben, benötigen Sie nun kein zusätzliches Fett.) Die Pilze mit den Kräutern, Salz, Pfeffer und Muskatnuß würzen und noch ¼ Stunde weiter garen. Schließlich die Lebern dazugeben und den Pfanneninhalt mit Salz und Pfeffer abschmecken.

Inzwischen ist das Geflügel gar und knusprigbraun.

Nun folgt der letzte Schritt: das Arrangieren. Die vier Fasane in die Mitte setzen, so daß sie ein Viereck bilden; obenauf in die Mitte die Ente plazieren. Die Tauben (bzw. Moorhühner) kreisförmig um die Fasane anordnen; die Rebhühner gleichmäßig um die Tauben verteilen; mit den Wachteln den äußeren Kreis bilden. Unmittelbar vor dem Servieren mit der Sauce übergießen. Dazu kleine Polenta-Schnitten (siehe Seite 100) und frisch gekochte Topinamburs servieren.

DESSERTS

DOLCI

Seit längerem mache ich mir Gedanken darüber, wie man Pilze wohl zu Desserts verarbeiten könnte. Vielleicht wäre es möglich, Scheiben vom Riesenbovist mit Honig zu süßen und zu backen. So ganz bin ich von der Idee der Pilz-Desserts noch nicht überzeugt — mit Ausnahme der hinreißenden Idee meines Freundes Gennaro, die in diesem Kapitel vorgestellt wird.

Vor allem dann, wenn sich beim Pilzesammeln die Hoffnungen auf eine reiche Ausbeute nicht erfüllt haben, passiert es, daß der Blick nach oben in die Bäume und Büsche schweift, zu den wunderbaren Nüssen und Beeren, aus denen sich Weine, Säfte, Gelees, Marmeladen und äußerst leckere Kuchen bereiten lassen. Eine solche Ernte kann die Enttäuschung in Sachen Pilze doch weitgehend ausgleichen; denn meist lassen sich diese Früchte zu einem Dessert verarbeiten, das die Mahlzeit aus den Pilzfunden des Tages gelungen abrundet.

Apropos »Pilz-Desserts«: Zu meinem fünfzigsten Geburtstag hatte meine Frau Priscilla einen Kuchen bestellt. Gebacken hatte ihn Barbara Swiderska, eine ehemalige Studentin des Royal College of Art. Sie war über meine Leidenschaft für Pilze aufgeklärt worden und hatte etwas zustande gebracht, was meine wildesten Phantasien übertraf. Auf dem 4 kg schweren, mit Zuckerguß überzogenen typisch englischen Fruitcake prangte eine Dekoration, die das Herz eines jeden Pilzsammlers höher schlagen ließ: fünfzig Wildpilze, aus Marzipan modelliert. In Größe, Form und Farbe waren sie so exakt nachgebildet, daß man sie von ihren natürlichen Vorbildern nicht unterscheiden konnte. Zweifellos hatte Barbara Swiderska in ihrer polnischen Heimat einiges über Pilze mitgekommen. Die Polen nehmen ihre Pilze nämlich sehr ernst — sogar dann, wie es scheint, wenn sie aus Marzipan gemacht sind.

Es vergingen zwei Monate, bis ich es über mich brachte, diesen schönen Kuchen anzuschneiden (glücklicherweise war es ja ein Fruitcake, der sich lange hält und von einer dicken Schicht Marzipan und Zucker überzogen war), und bis dahin hatten die »Pilze« so manchen Besucher meines Restaurants getäuscht. Als wir den Kuchen schließlich probierten, entpuppte er sich als so köstlich, daß wir gar nicht aufhören konnten, davon zu essen.

Heidelbeertorte

Crostata di mirtilli

Wo Pilze wachsen, findet man häufig auch Beeren. In Italien kam ich mehr als einmal mit einem Körbchen Walderdbeeren von der Pilzsuche nach Hause. Bei anderen Gelegenheiten waren es dann gleich größere Mengen Heidelbeeren oder Brombeeren. Sie alle eignen sich für diese Torte ganz vorzüglich.

Für 6—8 Personen

FÜR DEN TEIG

250 g Mehl

50 g Zucker

1 Prise Salz

100 g ungesalzene Butter

4 EL trockener Sherry

FÜR DEN BELAG

700 g frische Heidelbeeren

150 g Zucker

Saft von ½ Zitrone

3 EL Wasser

4 Blatt Gelatine
oder die entsprechende Menge Pulver

Das Mehl auf die Arbeitsfläche sieben. Zucker, Salz und die in kleine Stückchen geschnittene Butter dazugeben und das Ganze mit den Fingern zu Streuseln reiben. Den Sherry zufügen und alles mit leichter Hand zu einem Teig vermischen. Abdecken und mindestens 1 Stunde an einen kühlen Ort stellen. Den Ofen auf 175°C/Gas Stufe 4 vorheizen. Den Teig ausrollen und eine Tortenform von 25 cm Durchmesser damit auslegen. Den Teig mit einer Gabel einstechen und 15—20 Minuten, bzw. bis er gar ist, blind backen.

Inzwischen etwa ⅓ der Beeren mit dem Zucker, dem Zitronensaft und dem Wasser in einen Topf füllen. Zum Kochen bringen und so lange weiterkochen lassen, bis der Saft leicht Farbe annimmt und sirupartig eindickt. Vom Herd nehmen, die Gelatine einrühren und den Sirup etwas abkühlen lassen. Wenn Teig und Sirup abgekühlt sind, die Hälfte des Sirups auf dem Tortenboden verteilen. Die restlichen Beeren hübsch darauf anordnen, zum Beispiel abwechselnd mit Erdbeeren oder anderen größeren Beeren Kreise legen. Mit dem restlichen Sirup überziehen. Die Torte vor dem Servieren eine Weile ruhen und völlig erkalten lassen.

Kuchen aus wilden Haselnüssen

Torta con nocciole selvatiche

Haselnußsträucher liefern mir nicht nur das Material für meine Spazierstöcke, sondern auch sehr schmackhafte kleine Nüsse, die sich hervorragend für diesen Kuchen eignen.

Für 6—8 Personen

125 g Haselnüsse (ohne Schalen gewogen)

100 g Butter

2 TL abgeriebene Zitronenschale

etwa 150 g Zucker

4 große Eier, getrennt

25 g Mehl, gesiebt

125 g Ricotta (italienischer Frischkäse)

6 EL Pfirsich- oder Aprikosenmarmelade,
mit 1 EL Wasser verrührt

25 g Bitterschokolade, fein geraspelt

Den Ofen auf 200°C/Gas Stufe 6 vorheizen. Die Nüsse auf ein Backblech legen und 10 Minuten im Ofen rösten, bis sie eine goldbraune Farbe annehmen und sich die Haut löst. Abkühlen lassen und häuten (durch Schütteln in einem Sieb geht die Haut weitgehend von selbst ab). Die Nüsse fein hacken.

Eine Springform von 25 cm Durchmesser ausbuttern. Die Butter weich werden lassen und mit 70 g Zucker gründlich verrühren. Die Eigelbe dazugeben und mit der Butter schaumig schlagen. Das gesiebte Mehl einarbeiten. In einer zweiten Schüssel den Ricotta mit einer Gabel glattrühren, die gehackten Haselnüsse und die Zitronenschale unterziehen.

Die Masse zur Ei-Butter-Mischung geben. Die Eiweiße steif schlagen und den restlichen Zucker unterziehen. Die vorbereitete Ricotta-Mischung sehr vorsichtig unter den Eischnee heben.

Die Masse in die Backform geben und glattstreichen. ½ Stunde backen, anschließend leicht auskühlen lassen. Auf eine Kuchenplatte stürzen und mit der Marmelade überziehen. Die Schokoladenraspel gleichmäßig verteilt über den Kuchen streuen. Reichen Sie dazu ein Glas Passito di Caluso oder einen anderen guten Dessertwein.

Glacierte Maronen

Marrons glacés

Für die Zubereitung der berühmten glacierten Maronen, die zu den süßesten und »schwersten« Sünden überhaupt zählen, brauchen Sie eine Menge Geduld. Zum einen, damit die Maronen beim Kochen und Glacieren nicht zerbrechen, zum anderen, um sich zu beherrschen, bis die Maronen fertig sind — und glauben Sie mir: das letztere ist eigentlich das Schwierigste dabei. Dieses Rezept stammt von meiner Schwägerin Rosalba, die sich außerordentlich gut aufs Kochen versteht. Sie versicherte mir, daß man die Zutaten grundsätzlich verdoppeln muß, um schließlich die gewünschte Menge zu erhalten. Denn einiges verschwindet schon während der Zubereitung: eine Marone hier und eine da, um den Geschmack zu prüfen; wenn unerwartet Freunde vorbeikommen und eine kleine Kostprobe haben möchten; und viele Maronen zerbrechen tatsächlich, so daß zu guter Letzt nur einige wenige unversehrte in das Glas wandern. Dies ist mit ein Grund für den recht stattlichen Preis glacierter Maronen.

So viele eben übrigbleiben!

2 kg große Maronen
einige Lorbeerblätter
1 Prise Salz
1 kg Zucker
1 Zimtstange
1 Vanilleschote

Die ganzen Maronen 20—30 Minuten unter Zugabe von Salz und Lorbeerblättern weich kochen. Probieren Sie aber zur Sicherheit eine. Sie müssen die Schalen nicht einritzen, denn sie werden während des Kochens nicht aufplatzen. (In Italien serviert man Ihnen einen kleinen Teller so zubereiteter Maronen am 2. November, wenn Sie in einer kleinen Trattoria ein Glas Wein bestellen.)

Die Maronen von den Schalen befreien und mit Hilfe eines spitzen Messers häuten. In einem Topf den Zucker in etwas Wasser langsam vollständig schmelzen. Die Zimtstange mit der Vanilleschote hineingeben und den Sirup bei mittlerer Temperatur kochen. Anschließend in eine flache, feuerfeste Form gießen und die Maronen hineinlegen. 5—6 Stunden bei milder Hitze im Ofen ziehen lassen. Nach Ablauf dieser Zeit die Maronen vorsichtig aus dem warmen Sirup nehmen und auf einem Kuchengitter trocknen lassen. Sie müssen zum Schluß fast glasig aussehen und dürfen nicht kleben. Völlig abkühlen lassen und — wenn es überhaupt soweit kommt — in einem luftdicht verschlossenen Glas aufbewahren.

Genueser Maronenkuchen

Castagnaccio Genovese

Im Oktober und November lockten uns die Maronen hinaus in die Hügel, wo wir unsere Jagd- und Sammelleidenschaft ausleben konnten und zugleich das Gefühl hatten, etwas zum Wohl der Familie beizusteuern. Manchmal fanden wir, als zusätzliche Belohnung, auch Pilze. Wieder zu Hause, rösteten wir Kinder einen Teil der Kastanien über dem Feuer und nutzten die Gelegenheit zu einem kleinen, fröhlichen Fest. Meine Mutter röstete den Rest im Ofen. Wir vergaßen nie, die harte Schale der Maronen einzuritzen, damit sie in der Hitze nicht explodierten.

In Norditalien, speziell im Piemont, bilden Maronen die Grundzutat für allerlei Köstlichkeiten. Sie werden für eine spätere Verwendung getrocknet, zu Marrons glacés und Cremes verarbeitet oder zu Mehl gemahlen, aus dem der berühmte Castagnaccio Genuas und der Toskana bereitet wird.

Für 6—8 Personen

½ kg Maronenmehl (erhältlich in guten italienischen Feinkostgeschäften — die eigene Herstellung ist sehr aufwendig)
1 Prise Salz
1 TL Fenchelsamen
80 g Rosinen, in etwas warmem Wasser eingeweicht
60 g Pinienkerne
½ TL Zimtpulver (nach Belieben)
2 EL Olivenöl
Puderzucker zum Bestäuben (nach Belieben)

Den Ofen auf 200° C/Gas Stufe 6 vorheizen. Das Mehl mit dem Salz und den Fenchelsamen in eine Schüssel geben. Mit etwas lauwarmem Wasser (das Einweichwasser der Rosinen verwenden) zu einem geschmeidigen Teig verarbeiten. Die Rosinen, Pinienkerne und zum Schluß den Zimt dazugeben und gründlich einarbeiten. Eine Backform gut ausbuttern, den Teig hineinfüllen und mit Olivenöl beträufeln. Etwa 20 Minuten im ziemlich heißen Ofen bakken, bis sich eine goldbraune Kruste bildet. Die natürliche Süße der Maronen macht die Zugabe von Zucker überflüssig. Sie können aber den fertigen Kuchen nach Belieben mit Puderzucker bestreuen.

SEITEN 112/113: HEIDELBEERTORTE *UND* KUCHEN AUS WILDEN HASELNÜSSEN

Mont Blanc

Monte bianco

Hier ein weiteres klassisches Dessert aus Maronen. Die Marrons glacés stammen zwar aus Frankreich, diese Süßspeise aber ist eine italienische Zubereitung. Köstlich und, wie Sie sich denken können, ziemlich gehaltvoll.

Für 6—8 Personen

1,2 kg große frische Maronen
genügend Milch, um die Maronen zu bedecken
1 Vanilleschote
Schale von 1 unbehandelten Tangerine
1 Gläschen dunkler Rum
300 g Puderzucker
300 ml Crème double
einige kandierte Rosenblütenblätter als Dekoration

Die Maronen schälen. Anschließend 2 Minuten in kochendem Wasser blanchieren, so daß sich die Haut mit Hilfe eines spitzen Messers leicht abziehen läßt. Dann die Maronen in einen Topf geben und mit Milch bedecken. Die Vanilleschote und die Tangerinenschale hinzufügen, die Maronen weich kochen. Schote und Schale entfernen. Nun die Maronen sehr fein pürieren. Zucker und Rum dazugeben und gründlich einarbeiten. Aus der Masse einen spitz zulaufenden Berg formen. Die Crème double nahezu steif schlagen und den Berg mit einer »Schneekappe« überziehen. Zum Schluß mit den Rosenblütenblättern dekorieren und servieren. Dazu empfiehlt sich ein guter Dessertwein, beispielsweise Asti Spumante.

Wenn Sie die Maronenmischung etwas fester bereiten, können Sie daraus einen großen Pilz formen.

Holundersirup

Sciroppo di sambuco

Der weit verbreitete Holunderbaum liefert kostbare Zutaten für zahlreiche wundervolle Zubereitungen. Abgesehen davon findet man auf älteren Exemplaren dieses Baumes zuweilen einen schmackhaften (in diesem Buch nicht vorgestellten) Pilz namens Judasohr (*Auricularia auricula-judae*). Aus den Holunderblüten macht man Weißwein und Sekt, aus den Beeren dagegen Rotwein. Ich verwende stark konzentrierten Holundersaft zum Aromatisieren mancher Cremes. In Deutschland lernte ich, wie man aus den vollreifen Beeren einen vitaminreichen Sirup kocht, der angeblich vor jeder Erkältung schützt: Und es stimmt! Jedes Jahr bereite ich ein paar Flaschen davon zu. Mit etwas kochendem Wasser verlängert und rechtzeitig getrunken, entfaltet der Sirup seine wirksamen Heilkräfte.

1,5 kg vollreife, makellose Holunderbeeren (entstielt gewogen)
1 kg Einmachzucker
Schale von 1 Zitrone
1 Zimtstange
10 Gewürznelken
1 Glas Rum

Alle Zutaten mit Ausnahme des Rums in einen Edelstahltopf geben und bei mäßiger Temperatur erhitzen; gelegentlich umrühren, bis sich der Zukker aufgelöst hat. 1 Stunde leise köcheln, anschließend abkühlen lassen. Zimt, Zitronenschale und, falls möglich, die Gewürznelken entfernen. Den Rum angießen. Den Sirup nach Belieben durchseihen. In sterilisierte Flaschen füllen und fest verkorken. Bei Bedarf 1 EL Sirup in kochendem Wasser verrühren. *Buona salute!*

Verhexte Pilze

Funghi stregati

Nachstehend die Zauberformel, nach der mein Freund Gennaro sein famoses Pilz-Dessert bereitet: Sorgfältig ausgewählte Exemplare zunächst in Vermouth kochen und anschließend in einen geeigneten Likör einlegen. Auf diese Weise lassen sich die Pilze längere Zeit konservieren. Da sie aber so köstlich und beinahe unwiderstehlich sind, ist es uns noch nie gelungen, sie lange genug aufzubewahren, um herauszufinden, wie lange sie sich tatsächlich halten. Am besten eignet sich diese »geistvolle« Zubereitung als Garnierung für Eisbecher, Crème caramel und andere Desserts.

Viele Stunden Arbeit (und so manchen Kater) hat das Rezept bisher gekostet. Denn schließlich wollen die Pilze in Bezug auf Farbe, Form, Beschaffenheit und Geschmack richtig ausgewählt und mit einem passenden Likör kombiniert werden. Der kleine Rote Lacktrichterling (*Laccaria laccata*) und der hübsche Amethystblaue Lacktrichterling (*L. amethystea*) beispielsweise kommen durch Einlegen in *Strega*, einem italienischen Likör, der wörtlich übersetzt sinnigerweise »Hexe« heißt, besonders zur Geltung. *Craterellus infundibuliformis* schmeckt köstlich in Cointreau; kleine Pfifferlinge (*Cantharellus cibarius*) mit ihrem zarten Aprikosenaroma und Nelkenschwindlinge (*Marasmius oreades*) harmonieren exzellent mit einem ungarischen Aprikosenlikör namens Baracs, und der ausgeprägte Geschmack des Anistrichterling (*Clitocybe odora*) schließlich findet seine ideale Ergänzung in Sambuca.

Diese Kombinationen sind bereits erfolgreich erprobt. Ihrer eigenen Experimentierfreude sind keine Grenzen gesetzt. Doch überzeugen Sie sich grundsätzlich anhand eines Pilzführers davon, daß die verarbeiteten Spezies sich mit Alkohol vertragen.

½ kg kleine, feste Pilze
1 Flasche (0,7 l) süßer Vermouth (bianco)
1 kleine Zimtstange
4—6 Gewürznelken
genügend Alkohol, um die Pilze zu bedecken

Die Pilze sehr gründlich säubern. Die Stiele kappen, aber nicht ganz abschneiden. Den Vermouth in einem Edelstahltopf aufkochen (Vorsicht! Kochender Alkohol ist leicht entflammbar). Die Pilze mit den Gewürzen dazugeben und 3—4 Minuten kochen. Durchseihen und die Gewürze entfernen. Die Pilze völlig erkalten lassen. In ein sauberes Glas füllen und mit dem Alkohol bedecken. Vor dem Servieren eine Weile in den Kühlschrank stellen.

Lassen Sie sich von diesem märchenhaften Rezept aus der Hexenküche verzaubern!

Haselnuss-Konfekt

Croccante di nocciole

Fast jedes Jahr zu Weihnachten stelle ich dieses Konfekt her, verpacke es in kleine Zellophantütchen und verschenke es an Freunde und Verwandte. Da ich es meist schon einige Wochen vor dem Fest zubereite, bewahre ich es inzwischen in einem luftdichten Glas auf, in dem es schön knusprig bleibt. Die Zubereitung erfordert eine gewisse Vorsicht, denn der geschmolzene Zucker ist so heiß, daß er Verbrennungen verursachen kann. Um meine Finger zu schonen, verwende ich zum Flachdrücken eine Zitronenhälfte.

Ergibt 1 kg Konfekt
700 g Haselnüsse ohne Schalen
dünn abgeschälte Schale von ½ Zitrone und ½ Orange (unbehandelt)
700 g Zucker
6 EL hochwertiger Honig
etwa 10 Blatt Reispapier
1 Zitronenhälfte

Den Ofen auf 230°C/Gas Stufe 8 vorheizen. Die Haselnüsse auf ein Backblech legen und 5—10 Minuten im Ofen rösten, bis sich die Haut leicht löst. Die Nüsse dürfen dabei nicht bräunen. Die gerösteten Nüsse in einem Sieb kräftig schütteln, so daß sich die Haut weitgehend ablöst.

Die Zitronen- und Orangenschalen feinstreifig schneiden und dann fein würfeln. Den Zucker mit dem Honig in einen Topf mit schwerem Boden geben. Auf mittlerer bis hoher Flamme unter häufigem Rühren erhitzen, bis sich beides verflüssigt und bräunt. Dies dauert etwa 10 Minuten. Nun die Nüsse und die Schalenstückchen dazugeben. Über der Flamme rühren, bis alle Nüsse gleichmäßig überzogen sind. Den Topf vom Herd ziehen.

Das Reispapier auf der Arbeitsfläche ausbreiten. Aus jeweils 3—4 EL der Mischung Häufchen bilden und auf das Papier setzen. Natürlich ragen die Nüsse aus der Karamelmasse heraus. Mit dem am Schluß im Topf verbliebenen Karamel füllen Sie dann die noch bestehenden Lücken aus. Anschließend die Häufchen mit Hilfe der Zitronenhälfte flachdrükken. Vorsicht! Die Mischung ist noch sehr heiß. Das Konfekt leicht auskühlen lassen. Solange es noch warm ist, mit einem großen Messer in 2 × 3 cm große Stücke schneiden. Wenn Sie zu lange damit warten, wird eher das Messer zerspringen als das Konfekt. In luftdicht verschlossenen Gläsern aufbewahren.

Walnusslikör

Liquore nocino

Nichts könnte den eigentlichen Rezeptteil dieses Buches wohl angemessener beschließen als dieser Likör. Es handelt sich um eine traditionelle Zubereitung aus wilden (mehr oder weniger) grünen Walnüssen — oder vielmehr um eine spezielle Variante davon aus dem schier unerschöpflichen Rezeptfundus meiner Tante Dora. Im Sommer zubereitet, kommt der Likör ein halbes Jahr später wieder zu Ehren, um aufs angenehmste beim Verdauen des Weihnachtsessens behilflich zu sein.

Nun kann ich verstehen, warum wildwachsende Walnußbäume geradezu belagert werden von Leuten, welche die noch grünen Walnüsse ergattern möchten. Denn gerade darin liegt das Geheimnis dieses Likörs: Man muß die Walnüsse pflücken, solange sich der eigentliche Kern noch nicht gebildet hat und der Stiel und das Innere noch blaßgrün und weich sind.

Sofern Sie in einem Land leben, wo spätestens am 24. Juni die beschriebenen Walnüsse zu finden sind und auch der Alkohol, in dem sie ziehen müssen, legal zu erwerben ist — dann steht der Zubereitung eigentlich nichts mehr im Wege.

Ergibt etwa 2 l Likör

16 grüne Walnüsse, geviertelt
1 TL geriebene Muskatnuß
1 TL Gewürznelken
1 l Weingeist (90% Vol.)
½ l Wasser
½ kg Puderzucker

Walnüsse und Gewürze in ein Einweckglas geben und mit dem Weingeist übergießen. Das Glas verschließen und möglichst an einem sonnigen Platz 40 Tage ziehen lassen. Dabei nimmt der Alkohol allmählich eine braun-schwarze Farbe an. Nach Ablauf der Zeit den Zucker im Wasser auflösen und den Sirup ins Glas gießen. Den Likör filtern und in Flaschen abfüllen. Reichen Sie den Likör nach einem opulenten Mahl oder genehmigen Sie sich ein Gläschen, wenn Sie »down« sind.

Ein Wort zum Wein

Oft werde ich gefragt, ob man überhaupt Wein zu Wildpilzen trinken kann, und wenn ja, welchen. Diese Frage ist nicht ganz unberechtigt, denn einige Pilze — zum Beispiel der Faltentintling (*Coprinus atramentarius*) — enthalten Substanzen, die sich nicht mit Alkohol vertragen. Das hat zwar kaum ernsthafte Folgen, führt aber unter Garantie zu Magenbeschwerden.

Da Wildpilze schwer verdaulich sind, empfehle ich zum einen, die Portionen zu beschränken und zum anderen, auch beim Wein maßzuhalten. Das soll aber keinesfalls heißen, daß Sie zu Pilzen nicht ein gutes Glas Wein genießen könnten.

Die italienischen Weine werden zunehmend besser. Neue Gesetze sorgen dafür, daß der Flascheninhalt hält, was das Etikett verspricht. Den passenden Wein für das jeweilige Gericht zu finden, ist gar nicht so schwer.

Eine zuverlässige Faustregel: Orientieren Sie sich an der Würze des Essens. Feine und raffinierte Gerichte verlangen nach einem sehr leichten, frischen Weißwein. Dazu zählen der Blanc de Morgex aus dem Aostatal sowie der Erbaluce di Caluso, Cortese und Gavi — sämtliche aus dem Piemont. Aus Nordostitalien kommen delikate Weine wie Soave, Pinot Grigio, Colli Euganei Bianco und Pinot Bianco. Der Albana di Romagna vertritt die Gegend, in der man am üppigsten kocht. Delikat ist auch der Vermentino aus Ligurien. In der Toskana und auf Sardinien gedeiht der Vernaccia, wobei der aus San Gimignano der exquisiteste ist. Orvieto (Umbrien), Colli Albani und Frascati (Latium) sowie Verdicchio (Marken) zählen ebenfalls zu den leichten, frischen Weinen. In Sizilien entdeckte ich einen Tropfen namens Donna Fugata Bianco, der exzellent mit feinen Pilzen harmoniert. Einfach deliziös!

Rosés und leichte Rotweine sind die geeigneten Begleiter herzhafter Gerichte, bei denen der Geschmack der Pilze und anderer Zutaten deutlicher in den Vordergrund tritt. Doch auch einige der vollmundigen Weißweine bieten sich hier an.

Die Piemonteser trinken zu ihren stark würzigen Trüffelgerichten entweder einen guten Dolcetto, Grignolino oder Barbaresco. Ich persönlich hätte auch nichts gegen einen kräftigen, trockenen Spumante aus einem guten Jahrgang zur Abrundung eines Gerichts mit Weißer Trüffel einzuwenden. Verschiedene Gewürztraminer, St. Magdalener und Kalterersee sind die leichten Vertreter aus dem Trentin und Südtirol. Der Tocai, ein recht kräftiger Weißwein, paßt gut zu würzigeren Zubereitungen.

Als idealer Begleiter kräftiger Gerichte wären der Sangiovese di Romagna oder ein sehr junger Chianti aus der Toskana ebenso zu empfehlen wie der Falerno, ein robuster Weißwein aus Kampanien.

In Apulien keltert man einen starken Rosé namens Five Roses, den ich zu den meisten herzhaften Wild-Pilz-Kombinationen reichen würde. Eine gelungene Ergänzung solcher Gerichte wären aber auch der Barolo aus Piemont sowie der Brunello di Montalcino und der Vino Nobile di Montepulciano, beide aus der Toskana. Als weitere interessante und charakteristische Weine wären zu nennen: Carema und Nebbiolo (Piemont), Grumello und Sassella (Lombardei), Recioto Amarone (Venetien), Taurasi (Kampanien), Rosso di Cerignola (Apulien) und schließlich Cirò (Kalabrien) sowie Donna Fugata Rosso (Sizilien).

PILZE KONSERVIEREN

Die Kunst des Konservierens ist so alt wie die Menschheit selbst. In der Urgeschichte stand der Jäger, der ein großes Tier erlegt hatte, vor denselben Problemen, mit denen wir es heute zu tun haben, wenn uns das Glück einer reichen Pilzernte beschieden war: Was machen wir nun mit all dem? Wie könnte man es haltbar machen?

Eine prähistorische Methode, ein Stück Fleisch, das auf einmal nicht zu bewältigen war, am besten zu verwerten, bestand darin, es in Streifen zu schneiden und diese an der frischen Luft zu trocknen oder, was man später praktizierte, in Salz zu packen. Noch heute leben diese Verfahren im traditionellen Trocknen und Einsalzen der Pilze fort. Später kam das Einlegen und Einkochen auf, in jüngster Zeit gefolgt von fortschrittlichen Tiefkühlverfahren. Verschiedene Pilze wollen unterschiedlich behandelt werden. Die jeweiligen Verfahren bewahren, unterstreichen oder verändern zuweilen die ursprüngliche Beschaffenheit des Produkts. Ihre Entscheidung für die eine oder die andere Methode richtet sich nach Ihren technischen Möglichkeiten sowie danach, wie Sie Ihre Konserven später verarbeiten möchten.

Ich persönlich genieße jede Art von Pilzkonserven und entdecke stets neue Verwendungsmöglichkeiten. Ob in Form anonymer, aber praktischer Blöcke in der Tiefkühltruhe gestapelt, ob eingelegt oder getrocknet, appetitlich in Gläser gefüllt und in meiner Vorratskammer aufgereiht, die jeden Pilzbegeisterten in Entzücken versetzen würde — Konservieren bietet die Möglichkeit, das ganze Jahr über Wildpilze auf den Tisch zu bringen. Und vielleicht möchten auch Sie, wie ich es schon lange mache, an Weihnachten Ihre Freunde mit Geschenken überraschen, die aus einem Fläschchen Pilzextrakt und dazu einer kleinen Tüte getrockneter Pilze, oder aus hübschen Gläsern mit pikant eingelegten Pilzen bestehen.

TROCKNEN

Bis vor wenigen Jahren wurde jeder, der im Herbst unser Haus betrat, von einem starken Wildpilz-Geruch empfangen und stolperte in allen Räumen — dem Arbeitszimmer, den Gästezimmern und wo immer sonst noch Platz war — über Zeitungsseiten, auf denen dünne Scheiben von Steinpilzen und Maronenröhrlingen zum Trocknen ausgebreitet waren. In Italien ist ähnliches zu beobachten, doch kann man dort die Pilze draußen in der heißen Sonne ausbreiten, und die ganze Prozedur ist in einem Tag vorüber. Schließlich entdeckte ich in der Schweiz eine Maschine, die speziell für diesen Zweck konstruiert worden war. Sie besteht aus einem runden Fuß, der mehrere in Etagen angeordnete Drahtkörbe trägt und über ein Gebläse verfügt. Jetzt kann ich, wenn ich alle sieben Körbe gleichzeitig benütze, 3 kg Pilze in etwa 2 Stunden völlig trocknen. Ein besonderer Vorteil dieser Maschine besteht darin, daß ich damit auch Spezies, wie zum Beispiel den Violetten Rötelritterling, trocknen kann, die eigentlich als zu feucht dafür gelten.

Im Idealfall bewahrt das Trocknen den Geschmack, das Aroma und die Struktur der Pilze, so daß man auch außerhalb der Saison in den »frischen« Genuß kommt. Doch sehen nur die wenigsten Pilze — ausgenommen Morcheln, Krause Glucke und Shiitake — nach dem Einweichen wieder wie frisch aus. Andere büßen ihre ursprüngliche Form ein, bewahren aber das Allerwichtigste, nämlich Geschmack und Aroma. Getrocknete Pilze lassen sich sehr vielseitig und für die verschiedensten Gerichte verwenden: Schon ein, zwei Stückchen oder eine Prise Pilzpulver bereichern den Geschmack einer Speise ganz erheblich.

Geeignete Pilze

Nicht alle Pilze eignen sich zum Trocknen: Arten mit faserigem Fleisch werden unter Umständen zäh, andere verlieren ihr Aroma. Die besten Resultate erzielen Sie mit:

Steinpilz (*Boletus edulis*): Sein Fleisch läßt sich optimal schneiden und trocknen, sein Aroma wird durch das Trocknen noch intensiviert, und der Pilz gewinnt nach dem Wässern seine ursprüngliche Beschaffenheit weitgehend zurück. In Italien ist ein ganzer Industriezweig seit jeher darauf spezialisiert, Steinpilze zu trocknen und zu vertreiben. Die besten *porcini* sollen aus dem Val Borgataro kommen. In Anbetracht der hohen Preise, die man für frische Steinpilze zahlen muß sowie der Tatsache, daß die Pilze beim Trocknen bis zu 90 % ihres Gewichts verlieren, darf man sich nicht weiter wundern, daß schon eine kleine Menge ziemlich teuer ist. Wenn Sie Ihre eigenen Pilze trocknen oder welche aus einem anderen Herkunftsland kaufen, werden Sie feststellen, daß diese im Geschmack weniger intensiv — trotzdem aber nicht zu verachten — sind.

Maronenröhrling (*Boletus badius*): Im Vergleich zum Steinpilz schmeckt er weniger intensiv, besitzt aber eine ähnliche Beschaffenheit und trocknet genausogut. Er ist weit verbreitet, weshalb ich große Mengen trockne und häufig verwende.

Morcheln (*Morchella elata* und *M. esculenta*): Wahrscheinlich der teuerste unter den getrockneten Pilzen, da er sehr begehrt ist und nur wenige Wochen im Frühjahr gesammelt werden kann. In der feinen Küche, vor allem in Frankreich und der Schweiz, kommen Morcheln, frisch oder getrocknet, reichlich zur Verwendung. Getrocknete Morcheln erholen sich — wie ich finde — in Geschmack und Struktur gut, entwickeln aber relativ wenig Aroma. Die Pilze können im ganzen getrocknet werden. Schauen Sie sich die Stielbasis gekaufter Ware genau an, da sie häufig verschmutzt ist.

Totentrompete (*Craterellus cornucopioides*): Wegen des wasserarmen Fleisches ideal zum Trocknen, wobei das Aroma noch zunimmt. Der Pilz gewinnt seine ursprünglichen Eigenschaften weitgehend zurück und läßt sich auch leicht zerreiben.

Krause Glucke (*Sparassis crispa*): Dank seiner Textur und seines milden Aromas zum Trocknen ideal: Nach dem Wässern weist das Fleisch wieder die typische knorpelige Beschaffenheit auf, die diesen Pilz besonders als knackige Zutat für Suppen und ähnliche Gerichte so begehrt macht. Mein Versuch, den getrockneten und gewässerten Pilz zu panieren und fritieren, gelang ausgezeichnet. Zum Trocknen in Scheiben schneiden.

Zum Trocknen geeignet, aber nur bedingt empfehlenswert sind Wiesenchampignon (*Agaricus campester*), Hallimasch (*Armillariella mellea*), Semmelstoppelpilz (*Hydnum repandum*) und Goldröhrling (*Suillus grevillei*). Am ungeeignetsten von allen ist der Pfifferling (*Cantharellus cibarius*), der durch das Trocknen hart und recht geschmacklos wird — und einzig seine bezaubernde Farbe behält.

Hinweise

➔ Pilze, die getrocknet werden sollen, auf keinen Fall waschen. Schmutz oder unansehnliche Stellen abbürsten bzw. abschneiden (Sandrückstände fallen nach dem Trocknen von selbst ab).

➔ Verarbeiten Sie nur frische und reife, aber keinesfalls überreife Exemplare. Eine vereinzelte Insektenlarve in einem großen Steinpilz soll Sie nicht irritieren — sie wird das Feld räumen, sobald Sie den Pilz in Scheiben schneiden.

➔ Kleine Pilze können Sie auffädeln — dazwischen etwas Abstand lassen — und zum Trocknen aufhängen. Auf diese Weise kann man sie auch gut lagern.

Bei größeren, fleischigen Arten (z.B. Röhrenpilze) Hut und Stiel in 5 mm dicke Scheiben schneiden.

➔ In warmen Gegenden die Pilzscheiben auf einer mit Mull ausgelegten Unterlage ausbreiten — in der Sonne trocknen sie innerhalb eines Tages. Bei kühlerem oder feuchtem Klima die Pilze besser im Haus trocknen: Eine Lage sauberes Zeitungspapier mit einem sauberen Tuch abdecken, die Pilze darauf ausbreiten, in einen gut belüfteten Raum stellen und gelegentlich wenden. Gut trocknen lassen sie sich auch auf einem Heizkörper oder im Heißluftherd (bei sehr niedriger Temperatur — die Pilze sollen ja nicht garen — und einen Spaltbreit geöffneter Tür). In jedem Fall sollte der Trocknungsprozeß so schnell wie möglich vor sich gehen.

➔ Die Pilze in luftdicht verschlossenen Gläsern oder Plastikbeuteln aufbewahren. Sie müssen *absolut* trokken sein, da sie sonst schimmeln.

➔ *Pilzpulver* kann man aus völlig getrockneten Pilzen im Mörser oder Mixer herstellen. In ein luftdicht verschließbares Glas füllen und zum Abschmecken von Suppen oder Saucen oder als würzende Zutat für Buttermischungen und Pastateig verwenden. Getrocknete Steinpilze, Maronenröhrlinge und Totentrompeten sind am besten geeignet, können aber des Geschmacks wegen mit anderen Arten kombiniert werden.

Qualitätsmerkmale getrockneter Pilze

Produkte, die den Anspruch hoher Qualität erheben, müssen ganze Scheiben (von dem einen oder anderen Madenloch abgesehen) enthalten. Mindere Qualität ist an den vielen kleinen Stückchen und Bröseln zu erkennen und üblicherweise billiger.

Verarbeitung getrockneter Pilze

In lauwarmem Wasser etwa 15 Minuten, bzw. nach entsprechender Rezeptangabe, einweichen. Getrocknete Shiitake benötigen länger (etwa 30 Minuten); den meist verschmutzten und zähen Stiel entfernen. Das gefilterte Einweichwasser zur geschmacklichen Verfeinerung des jeweiligen Gerichts oder für eine Brühe verwenden. (In manchen Fällen können die Pilze auch im getrockneten Zustand zur Suppe oder Sauce gegeben werden und gewinnen beim langsamen Kochen ihre ursprüngliche Beschaffenheit zurück.)

EINSALZEN

Neben dem Trocknen muß das Einsalzen zu den ältesten Konservierungsverfahren zählen. Noch heute findet es in Polen und Rußland vielfach Anwendung für Fleisch und Fisch, aber ebenso für Gemüse, einschließlich Pilzen. Dabei werden die Pilze einfach in reichlich Salz eingebettet, das sich allmählich zu einer Lake mit konservierender Wirkung verflüssigt. Seit jeher wird der Echte Reizker (*Lactarius deliciosus*) auf diese Weise behandelt, doch sind alle jungen, festen Pilze hierfür bestens geeignet.

Die Pilze werden gründlich gesäubert (auf keinen Fall aber gewaschen!), von Erde befreit, auf Maden untersucht usw. Anschließend schichtet man sie abwechselnd mit Lagen aus Salz (vorzugsweise Meersalz) in säurefeste Behälter, beispielsweise Steinguttöpfe oder Einweckgläser. Auf 3 Teile Pilze rechnet man etwa 1 Teil Salz, das die unterste und oberste Schicht bilden muß. Wenn Sie wieder Pilze gesammelt haben, können Sie die Gefäße einfach in dieser Reihenfolge weiter auffüllen. Zum Schluß den Inhalt fest zusammendrücken und die Gefäße gut verschließen.

Eingesalzene Pilze vor der Verwendung gründlich unter fließendem Wasser waschen. Beim Würzen von Suppen, Eintöpfen usw. ist Vorsicht gegeben, da die Pilze noch genügend Salz enthalten.

EINFRIEREN

Da sie bis zu 90% aus Wasser bestehen, lassen Pilze sich ohne weiteres einfrieren. Die eigentlichen Probleme ergeben sich erst beim Auftauen, da Sie ja etwas Pilzähnliches und keine undefinierbare Masse haben möchten. Durch Experimentieren habe ich allmählich herausgefunden, welche Pilze man roh einfrieren kann, ohne daß sie zäh werden oder »Erfrierungen« erleiden, welche zuvor blanchiert werden müssen und wie man sie am besten auftaut. Wenn man sie vorher kocht, lassen sich die meisten Pilze einfrieren. Nachfolgend hierzu ein paar Hinweise.

Einfrieren roher Pilze

Roh einfrieren lassen sich die Champignon (*Agaricus*)-Arten (mit denen ich mich jedoch nicht befassen würde, da Zuchtchampignons das ganze Jahr über erhältlich sind), Steinpilz (*Boletus edulis*) und Maronenröhrling (*B. badius*) — diese beiden sind ideal, Totentrompete (*Craterellus cornucopioides*), Semmelstoppelpilz (*Hydnum repandum*) und Heiderotkappe (*Leccinum versipelle*). Der Echte Reizker (*Lactarius deliciosus*) ist blanchiert bestens zum Einfrieren geeignet. Andere Pilze müssen vorher gekocht werden.

Wählen Sie nur kleine Exemplare aus, die nicht von Maden befallen sind. Füllen Sie jeweils 8—10 sorgfältig gesäuberte Pilze in einen Plastikbeutel und verschließen Sie ihn fest, wobei Sie möglichst viel Luft aus dem Beutel drücken. Bei einer Temperatur von höchstens —18° C lagern. Sie können die Pilze auch unverpackt vorfrieren und anschließend in Beutel füllen. Vergessen Sie nicht das Etikett mit Angabe von Datum und Inhalt.

Für das Abtauen habe ich ein Spezialverfahren entwickelt: Die gefrorenen Pilze einige Sekunden in die Friteuse geben, dabei tauen sie innen auf und gleich-

SEITEN 120/121: PILZKONSERVEN IN ANTONIO CARLUCCIO'S RESTAURANT IN DER NEAL STREET

zeitig schließen sich die Poren (aufpassen, daß das Öl nicht überschäumt!). Alternativ tauchen Sie die Pilze einige Minuten in kochendes Salzwasser; wenn sie weich sind, abtropfen lassen, in Scheiben schneiden und wie frische Ware weiterverarbeiten.

Einfrieren in Butter

Meine bevorzugte Methode, Pilze, insbesondere Röhrenpilze, einzufrieren ist folgende: Reichlich Butter (etwa 250 g auf 750 g Pilze) in die Pfanne geben. Einige sehr fein gehackte Zwiebeln goldgelb anschwitzen; dann die in Scheiben geschnittenen Pilze hinzufügen und 10—12 Minuten unter Rühren braten. Abkühlen lassen und in Gefrierdosen füllen. Mit passenden Deckeln verschließen, etikettieren und einfrieren.

Vor der Verwendung 1 Stunde bei Raumtemperatur auftauen oder im Mikrowellenherd erhitzen. In Butter eingefrorene Pilze dienen als Grundlage für Suppen und Saucen, lassen sich aber auch allein verwenden. Ideal sind sie für Risotto, wobei Sie keinen Unterschied zu frischen Pilzen feststellen werden.

Einfrieren von Duxelles

Dieses Verfahren eignet sich für jede beliebige Pilzsorte wie auch für Mischpilze. Da die Pilze sehr fein gehackt werden, können Sie auch noch das kleinste eßbare Stückchen verwerten. Mit dieser Zubereitung haben Sie die Grundlage für Suppen oder Saucen, oder auch eine Füllung für Teigtaschen jederzeit vorrätig. Ich fülle sie zunächst in einen Eiswürfelbehälter und packe erst die gefrorenen Würfel in Plastikbeutel ab. (Daraus ergibt sich der zweckmäßige Vorteil, daß Sie, um eine Sauce zu veredeln, nicht gleich eine große Portion Pilze auftauen müssen.)

50 g/4 EL Butter
2 Zwiebeln, in dünne Scheiben geschnitten
1 kleine Prise geriebene Muskatnuß
1 kg Pilze, gesäubert und in Stücke geteilt
Salz und Pfeffer nach Geschmack

Die Butter in eine Pfanne geben. Die Zwiebeln mit der Muskatnuß einige Minuten darin dünsten. Die Pilze zufügen und braten, bis der Saft verdampft ist. Mit Salz und Pfeffer abschmecken, erkalten lassen und im Mixer fein zerkleinern. Abfüllen und einfrieren.

EINLEGEN

Ob in Essig oder Olivenöl eingelegt, grundsätzlich werden die Pilze zunächst in Essigwasser gekocht. Damit büßen sie zwar etwas von ihrem feinen Geschmack ein, behalten aber ihre Struktur und ihr Aussehen. Und da das klassische Antipasto, um den Appetit anzuregen, unbedingt auch Pikantes enthalten muß, sind diese Delikatessen dafür genau das Richtige. Im Handel sind nur *porcini* in Essig erhältlich. Dieselbe Branche, die sich auf das Trocknen von Steinpilzen spezialisiert hat, stellt auch diese Konserven her, unter denen zuweilen die kunstvollsten Produkte zu finden sind: Gläser mit liebevoll per Hand eingeschichteten kleinen Steinpilzen, die ein Vermögen kosten. Grundsätzlich aber können Sie mit beinahe allen der in diesem Buch vorgestellten Speisepilze nach Lust und Laune experimentieren. Ich selbst ziehe es vor, sie zu mischen.

Pilze in Essig

Dieses Verfahren ist das preiswerteste der beiden. Allerdings muß man die Pilze, um ihre Schärfe zu mildern, vor dem Servieren mit etwas Öl anmachen. Der Essig erhält durch Zugabe von Kräutern einen lieblicheren Geschmack. Verarbeiten Sie bei dieser Methode nur die zartesten Exemplare, denn diese sind am seltensten von Maden befallen, und putzen Sie diese sorgfältig — ausnahmsweise dürfen Sie die Pilze unmittelbar vor dem Kochen waschen. Beim Einlegen schrumpfen Pilze etwa um die Hälfte, was Sie beim Füllen der Gläser berücksichtigen sollten. Verwenden Sie sterilisierte Gläser mit Schraubverschluß — je kleiner, desto besser, da ein geöffnetes Glas bald verbraucht werden muß. Die folgenden Mengenangaben gelten für 2 kg rohe Pilze, gesäubert und in Scheiben geschnitten oder je nach Größe zerteilt:

1 l guter Weißweinessig
½ l Wasser
1 EL Salz
1 kleiner Rosmarinzweig
einige schwarze Pfefferkörner
5—6 Lorbeerblätter
1 mittelgroße Zwiebel, geviertelt
2 Knoblauchzehen, geschält

Alle Zutaten in einen Topf geben und ¼ Stunde kochen lassen. Die Pilze separat 8 Minuten in Salzwasser kochen, dann abgießen. In den Topf mit dem Essig geben und weitere 5 Minuten kochen. Die Pilze mit einem sterilisierten Löffel herausnehmen und in die vorbereiteten Gläser füllen, dabei noch etwas Platz für die Flüssigkeit lassen. Das Essigwasser nochmals 10 Minuten kochen und anschließend völlig erkalten lassen. Die Pilze damit bedecken und die Gläser fest verschließen. Sie halten sich recht lange.

Die Pilze vor dem Servieren abtropfen lassen und mit etwas Olivenöl anmachen.

Pilze in Öl

Diese in Italien üblichere Methode ist etwas teurer, da die Pilze in reinem Olivenöl eingelegt werden. Jedoch kann ich Ihnen versichern, daß das köstliche Resultat diese Ausgabe unbedingt lohnt. Wie beim vorhergehenden Rezept werden auch hier nur zarte, junge Exemplare verwendet und ist höchste Sauberkeit unerläßlich. Nachstehend die Zutaten für 2 kg rohe Pilze, gesäubert und je nach Größe zerteilt:

1 l guter Weißweinessig
½ l Wasser
2 EL Salz
5 Lorbeerblätter
10 Gewürznelken
reichlich Olivenöl

Sämtliche Zutaten mit Ausnahme des Öls aufkochen. Die Pilze hineingeben und, je nach Sorte, 5—10 Minuten kochen lassen. Abgießen und auf einem sauberen Tuch ausbreiten, ohne die nun sterilisierten Pilze dabei mit den Händen zu berühren. Einige Stunden trocknen und auskühlen lassen. Fest verschließbare Gläser sterilisieren. Einige Pilze in ein Glas füllen und mit Olivenöl bedecken. Mit einem Löffel (den Sie immer wieder dafür verwenden) behutsam durchmischen, so daß das Öl sich überall verteilt. Dann wieder Pilze und anschließend Öl hinzufügen, bis das Glas schließlich gefüllt ist. Fest verschließen und vor Gebrauch mindestens einen Monat ruhen lassen. Nach dem Öffnen sollte der Inhalt bald aufgebraucht werden.

Gelegentlich entdecke ich nach ein paar Monaten *hier und da* einen kleinen Schimmelansatz auf den Pilzen. Wenn die Schimmelbildung gerade erst begonnen hat, ist die Situation noch zu retten: Das Öl abgießen, die Pilze etwa 1 Minute in unverdünntem Essig kochen und wie vorher in frisches Olivenöl einlegen.

EINMACHEN

Wie bei der industriellen Konservenherstellung werden auch beim Einmachen die im Einkochgut enthaltenen Keime durch starkes Erhitzen, das sogenannte Sterilisieren oder Pasteurisieren, abgetötet und die Lebensmittel gegen äußere Einflüsse geschützt. Man könnte dieses Verfahren als »neutral« bezeichnen, da die Konservierung »au naturel«, das heißt, ohne Zugabe von Fremdsubstanzen oder Konservierungsstoffen erfolgt. Das Produkt ist also vielseitig verwendbar, doch ändert sich seine Beschaffenheit und auch der Geschmack. Die einzige Konservierungsmethode für Trüffeln beispielsweise ist das Einmachen »au naturel«, das allerdings erhebliche Geschmackseinbußen zur Folge hat. Auch fertig zubereitete Speisen, zum Beispiel Saucen, lassen sich auf diese Weise haltbar machen.

Von meiner Mutter lernte ich, wie man Lebensmittel zuverlässig sterilisiert: Sie gab reichlich Salz in das Wasser, in dem die Gläser erhitzt wurden, wodurch die Temperatur noch um einige Grad stieg. Dann umwickelte sie die einzelnen Gläser mit Tüchern, damit sie während des Kochens nicht aneinanderstießen und zerbrachen, und ließ sie bis zum völligen Erkalten im Wasser stehen. Bevor meine Mutter die Gläser in die Vorratskammer stellte, überprüfte sie, ob die Deckel festsaßen. Vor allem aber verarbeitete sie ganz frische und sehr sorgfältig gesäuberte Rohware. Pilze wurden vor dem Abfüllen kurz in leicht gesalzenem Wasser gekocht.

Obwohl die Familie Carluccio allem Anschein nach mit diesen Nahrungsmitteln prächtig gedieh, entspricht das Verfahren heute nicht mehr den Ansprüchen der Ernährungswissenschaftler. Diese befürchten, eingemachtes säurearmes Gemüse (und dazu zählen Pilze) könne möglicherweise eine Nahrungsmittelvergiftung herbeiführen. Statt dessen raten sie zum Schnellkochtopf, mit dem sich höhere Temperaturen erzielen lassen. Nähere Details entnehmen Sie bitte der Bedienungsanleitung. Der einfachste Weg ist aber immer noch der zu Ihrer Tiefkühltruhe.

PILZEXTRAKT

Eine praktische Art, kleine Mengen verschiedenster Pilze, aber auch Pilze derselben Art zu verwerten: Die Pilze säubern, fein hacken und in etwas Wasser kochen, bis der ganze Saft ausgetreten ist; anschließend herausnehmen. (Die Pilze selbst haben jetzt kaum noch Geschmack, sie eignen sich aber noch zum Einlegen. Wenn Sie sie so nicht mehr verwenden wollen, werfen Sie sie weg.) Einen Rosmarinzweig, einige Salbeiblätter, ein paar Lorbeerblätter, etwas Pfeffer und reichlich Salz in die Flüssigkeit geben. Ich unterstreiche den Pilzgeschmack durch Zugabe von einigen getrockneten Pilzen und Knoblauch. Den Extrakt unter Kochen eindicken lassen. In eine saubere Flasche füllen und in den Kühlschrank stellen. Wenn Sie den Extrakt einmal zubereitet haben, wird er sich bestimmt nicht lange halten: ein paar Tropfen an diese Sauce, ein wenig an jene Suppe — und im Nu ist die Flasche leer.

TEIL 2

Pilz-Brevier

WAS SIND EIGENTLICH PILZE?

Wenn ich als Kind in Begleitung eines erfahrenen Sammlers auf Pilzsuche ging, habe ich mir niemals diese Frage gestellt. Ich wußte nur, daß die Pilze, die wir sammelten, hübsch aussahen, nicht leicht zu finden waren und außerordentlich gut schmeckten. Als Erwachsener wollte ich dann mehr darüber wissen und begann, sämtliche Bücher zum Thema Mykologie (Pilzkunde, aus dem Griechischen mykes = Pilz und lógos = Vernunft), zu verschlingen, die ich finden konnte. Ich möchte nicht unbedingt behaupten, daß ich inzwischen ein absolut versierter Mykologe bin, der Ihnen alles über die Welt der Pilze erzählen kann. Mein Hauptinteresse richtet sich darauf, die eßbaren Wildpilze zu finden, zuzubereiten und sie zu genießen. Treffender wären in meinem Falle die Attribute »mykophil« und »mykophag«, um zum Ausdruck zu bringen, daß ich Pilze liebe und sie sehr gerne esse. Natürlich habe ich mir in den vier Jahrzehnten, in denen ich dieser Leidenschaft fröne, ein umfangreiches Wissen angeeignet: Um mein leibliches Wohl besorgt, mußte ich mich zwangsläufig immer wieder mit der Pilzkunde befassen. Ich möchte jedoch ausdrücklich darauf hinweisen, daß wirklich passionierte Pilzsammler einen umfassenden Pilzführer zu Rate ziehen sollten. Denn hier werden lediglich die wichtigsten der eßbaren Arten und ihre giftigen Doppelgänger ausführlich behandelt.

Was wir unter einem Pilz verstehen, ist nur der Fruchtkörper eines komplexen Organismus, der sich unter der Erdoberfläche verbirgt. Betrachten wir diesen Fruchtkörper zunächst unter den Aspekten, die für den Genießer von Pilzen im Vordergrund stehen.

DIE PILZSUCHE

Indem Sie sich die Grundkenntnisse der Pilzkunde aneignen, erschließen Sie sich zugleich konkrete Anhaltspunkte dazu, wann und wo man am besten sucht und wie man dabei vorgeht.

Pilzsuche — wo?
Viele der eßbaren Pilzarten bevorzugen einen bestimmten Standort und/oder sind auf einen ganz spezifischen Wirt angewiesen. Derlei Kenntnisse helfen nicht nur, anhand der Vegetation den gesuchten Pilz aufzustöbern, sie erleichtern unter Umständen auch die Bestimmung eines unbekannten Expemplars. Einige Arten wachsen auf lebendem und manche auf abgestorbenem Holz, andere auf dem Erdboden und wieder andere auf Dung. Gewisse Pilze gehen mit bestimmten Pflanzen, oftmals Bäumen und Büschen, eine Symbiose ein. Manchmal kommt eine solche Mykorrhiza (= Lebensgemeinschaft, aus dem Griechischen rhiza = Wurzel) nur mit einer einzigen Pflanze zustande, zuweilen sind verschiedene Verbindungen möglich. Beispielsweise findet sich der Goldröhrling (*Suillus grevillei*) nur unter Lärchen, die *Leccinum*-Arten wachsen fast immer in der Nähe von Birken, Echter Reizker (*Lactarius deliciosus*) und Butterpilz (*Suillus luteus*) bevorzugen die Kiefer, insbesondere die Gemeine Kiefer, während Steinpilz (*Boletus edulis*) und Maronenröhrling (*Boletus Badius*) bei Eichen, Birken, Buchen und Kiefern anzutreffen sind. Die Bäume zeigen Ihnen also oft den Weg.

Die Morchel, im Frühjahr einer der ersten Pilze, siedelt sich am Rand großblättriger Baumbestände an, taucht aber auch unter Pappeln und in Gärten, auf Brachland, in Obstgärten und sogar auf Brandstellen auf. Wiesenchampignon und Riesenbovist finden sich auf Wiesen und Weiden und bilden somit die Ausnahme der Regel, nach der Pilze warme, feuchte, schattige Standorte bevorzugen. Generell ist die Mehrzahl der Pilze auf humusreichem Boden

und an Plätzen anzutreffen, die nicht zu morastig und nicht zu üppig bewachsen sind.

Halten Sie bei der Suche Ausschau nach verräterischen Spuren, beispielsweise herumliegenden Hüten von Röhrlingen — Reste der Mahlzeit eines Eichhörnchens, das sich an den Stielen dieser Leckerbissen gütlich getan hat —, denn vielleicht sind in unmittelbarer Umgebung noch mehr zu finden. Je mehr Pilzarten Ihnen vertraut sind, desto zahlreicher die Wegweiser zu den eßbaren Spezies. Entdecken Sie zum Beispiel den wunderschönen, aber giftigen Fliegenpilz (*Amanita muscaria*), dann schauen Sie sich besonders gründlich um: Der Steinpilz liebt dieselbe Umgebung und ist ein geeignetes Objekt für die ersten Sammelerfahrungen: Er ist am leichtesten zu erkennen und am wohlschmeckendsten von allen.

AUSTERNPILZ,
PLEUROTUS OSTREATUS

Merken Sie sich Orientierungspunkte: Während Sie umherstreifen und suchen, können Sie allzu leicht die Richtung verlieren. Markieren Sie ertragreiche Plätze auf Ihrer Karte, damit Sie sie im nächsten Jahr wiederfinden. Da das Myzel (Pilzgeflecht) sehr langlebig ist, erscheinen die Pilze oftmals immer wieder an der gleichen Stelle. Und geben Sie Ihr Geheimnis nicht zu vielen Freunden preis — sie könnten eines Tages Ihre Konkurrenten sein.

Pilzsuche — wann?
Die Sammelzeit variiert von Art zu Art. Manche Speisepilze (unter anderem Morcheln) erscheinen im Frühjahr, doch die meisten sind erst ab Mitte oder Ende des Sommers oder den ganzen Herbst hindurch anzutreffen, einige auch bis nach den ersten Frösten. Bei idealen Witterungsverhältnissen, das heißt, an warmen Tagen, denen Regen vorausging, schießen die Pilze sprichwörtlich aus dem Boden. Unter optimalen Voraussetzungen — feuchtem Grund und einer Temperatur von 18—25° C — entwickeln sich die Fruchtkörper von Steinpilzen in vier bis fünf Tagen. Sie können sich also ungefähr ausrechnen, wann an der Fundstelle wieder eine lohnende Ernte auf Sie wartet — sofern Ihnen niemand zuvorgekommen ist. Und aus diesem Grund gehe ich am liebsten mittwochs auf Pilzsuche. Denn die meisten Pilzbegeisterten ziehen an den Wochenenden los und räumen das Feld gänzlich leer. Bis zur Mitte der Woche sind oft viele Pilze nachgewachsen, und die, die am Wochenende noch zu klein waren, sind nun groß genug, daß sich das Bücken lohnt.

Regen ist für die Entwicklung der Pilze unerläßlich. Sammeln Sie sie dennoch nicht bei Regen oder unmittelbar danach, denn dann sind die Fruchtkörper vollgesogen mit Wasser. Und wenn sie nicht schon bis zur Heimkehr zu einer unansehnlichen Masse zusammengesunken sind, werden sie spätestens in der Pfanne im eigenen Saft ertrinken.

Jedes Jahr sehne ich den Beginn der Pilzsaison mit der Ungeduld eines Kindes herbei. Obwohl ich eine gute »Nase« für Pilze habe, bin ich oft ein paar Tage zu früh, so daß die ersten Streifzüge durch die Wälder nicht sehr ergiebig sind — zumindest was Pilze betrifft. Statt dessen komme ich oft mit Trostpreisen in Form neuer Spazierstöcke nach Hause. Und selbst mitten in der Saison hat mich die Ungeduld schon zu so früher Stunde hinausgetrieben, daß ich noch eine Stunde im Auto warten mußte, bis die Sonne aufging.

Pilze Sammeln

Zur Bestimmung der Pilze braucht man den ganzen Fruchtkörper einschließlich der Basis und nach Möglichkeit junge wie auch ausgereifte Exemplare zum Vergleich. Während des Heimtransports werden sie, damit sie frisch bleiben, in Wachspapier eingewickelt. Die wichtigsten unterscheidenden Merkmale sind auf Seite 133 zusammengefaßt. Bewahren Sie die noch nicht bestimmten Exemplare getrennt von denjenigen auf, die Sie essen wollen.

Wenn Sie einmal gelernt haben, Speisepilze zweifelsfrei zu erkennen, können Sie mit Korb und Messer losziehen und ernten. In einem Korb lassen sich zum einen die empfindlichen Fruchtkörper transportieren, ohne daß sie zerdrückt werden, zum anderen ist er, im Gegensatz zur Plastiktüte, ein luftdurchlässiges Behältnis. Zusätzlich hat der Korb, wie jeder Pilzkundige weiß, den Vorteil, daß die Sporen herausrieseln können und über den ganzen Weg verteilt werden. Pilze sollten grundsätzlich nicht in Plastiktüten gesammelt oder aufbewahrt werden: Sobald es etwas wärmer ist, schwitzen sie sehr schnell, es bilden sich Bakterien, und die Pilze verderben. Und für den Fall, daß Ihre Ernte alle Erwartungen übertrifft, stecken Sie einen Baumwollbeutel ein. Notfalls tut es auch eine Papiertüte.

Am besten säubern Sie Ihren Fund schon ein wenig an Ort und Stelle, damit etwa anhaftende Erdpartikel der oberen Pilze sich gar nicht erst zwischen den Lamellen oder in den Poren der darunterliegenden Pilze festsetzen können. Hiermit komme ich zu einer der Funktionen des Messers: Es dient zum Kappen der schmutzigen Stielbasis und zum Abkratzen der an Stiel und Hut haftenden Tannennadeln, Borkenstückchen usw. Ein besonders ausgetüfteltes Messer, speziell für den Pilzsammler, entdeckte ich in Italien: Die leicht gebogene und an einer Seite gezahnte Klinge dient zum Abkratzen der Erdpartikel, ein am anderen Ende integrierter Pinsel zum Abbürsten von Sand. Auf einer Seite des Schaftes sind die Mindestmaße der Pilze aufgedruckt, nach denen sich der Sammler in Italien richten muß; ein Beweis dafür, wie ernst man diese Sache dort nimmt.

Im Pilz-Brevier finden Sie entsprechende Hinweise dazu, wie die jeweiligen Arten zu sammeln und zu säubern sind — beispielsweise ob der Stiel mitverwendet werden kann, ob der Pilz abgeschnitten oder aus dem Myzel herausgedreht wird, ob der Hut, wie in einem Fall, gehäutet werden muß. Bemühen Sie sich stets, das Myzel nicht zu schädigen (etwa durch Herausreißen des Pilzes).

Was Sie zusätzlich benötigen — von Gummistiefeln zum Schutz gegen Nässe und Dornen bis hin zur Schokolade als Energiereserve —, finden Sie selbst bald heraus. Vielleicht werden Sie, so wie ich, ein kleines Arsenal handlicher Stöcke ansammeln, um Gestrüpp, unter dem Sie einen Pilz vermuten, beiseite zu schieben oder sich im Fall des Falles einer gefährlichen Schlange zu erwehren. Daß Sie die Naturschutzgesetze respektieren und Flora und Fauna schonen, ist wohl selbstverständlich. Und die Mahnung, es gelassen hinzunehmen, wenn ein Rivale sich »Ihrem« Platz nähert, erübrigt sich hoffentlich auch ... Weidmannsheil!

STEINPILZ-AUSSTELLUNG
RECHTS: DIE SUCHE HAT SICH GELOHNT

BESTIMMUNG DER PILZE

Zur methodischen Pilzbestimmung müssen Sie jedes einzelne Element heranziehen: die charakteristischen Merkmale des frisch gesammelten Pilzes selbst, das heißt, Form, Farbe, Beschaffenheit und Geruch sowie auch die seines Standorts. Letzten Aufschluß kann in manchen Fällen erst die mikroskopische Untersuchung, beispielsweise der Sporen, geben. Glücklicherweise aber besitzen die Pilze, mit denen wir es hier zu tun haben, einen deutlich erkennbaren (und wohlschmeckenden) Fruchtkörper. Und durch systematischen Vergleich mit den im Brevier aufgeführten Beschreibungen von Hut, Stiel, Lamellen bzw. Röhren, Sporenpulver usw. kommen Sie der Identität des jeweiligen Exemplars meist auf die Spur. Ein ganz sicherer Weg ist der zur Pilzberatungsstelle oder zu einem Experten, den Sie zum Beispiel bei einer offiziell organisierten Pilzsuche antreffen. (Oder Sie heiraten einen, wie meine Frau Priscilla es gemacht hat!)

Über die systematische Zuordnung mancher Pilze sind sich selbst ausgebildete Mykologen noch immer nicht einig. Das ist auch der Grund, weshalb die botanischen Namen manchmal von

Buch zu Buch variieren (und ich hier die gebräuchlichsten Synonyme ebenfalls angegeben habe).

Ich rate Ihnen, sich ein oder sogar mehrere zuverlässige Pilzbestimmungsbücher anzuschaffen (siehe Literaturhinweise Seite 188). Anhand verschiedener Bücher läßt sich nicht nur der Name leichter herausfinden (ein Riesenbovist bleibt ein Riesenbovist, ob er nun als *Calvatia, Lycoperdon* oder *Langermannia* aufgeführt ist), sondern durch Vergleich der unterschiedlichen Beschreibungen und Abbildungen auch die Identität eines Pilzes zuverlässiger abklären.

Bestimmt werden auch Sie bald erkennen, daß zumindest Grundkenntnisse der Mykologie und ihrer wichtigsten Fachbegriffe unerläßlich sind, um den Inhalt Ihres Sammelkorbes zuverlässig auszuwerten.

Vom Bau der Pilze

Die Pilzflora ist weit umfangreicher, als ich mir je vorgestellt hätte. Pilze besitzen im Gegensatz zu den Grünpflanzen kein Chlorophyll, sie sind daher nicht zur Assimilation — zum Aufbau von organischen Stoffen aus Kohlendioxyd und Wasser unter Lichteinwirkung — befähigt. (Sogar die Zuordnung der Pilze zu den Pflanzen wird von mancher Seite in Frage gestellt.) Pilze beziehen ihre Nahrung von lebenden Organismen, Pflanzen oder auch Tieren, oder von abgestorbenen organischen Resten. Viele von ihnen erfüllen eine wichtige ökologische Funktion: Indem sie abgestorbene Materie abbauen und assimilieren, führen sie ihrer Umgebung neue organische Verbindungen zu und tragen somit zur Aufrechterhaltung des natürlichen Gleichgewichts bei. Zugleich übernehmen sie dabei die Abfallbeseitigung in der Natur.

Viele Tausende mikroskopischer Pilze greifen auf die eine oder andere Art auch in unser Leben ein: Manche dienen der Krankheitsbekämpfung, indem sie Penicillin und andere Antibiotika liefern. Einige wirken zerstörend, so der für das Ulmensterben verantwortliche und von Ulmensplintkäfern übertragene *Ceratocystis ulmi.* Andere wieder verwandeln Zucker in Alkohol, finden in der Käseherstellung Verwendung und bringen das Brot zum Gehen.

All dies sind Mikroorganismen. Bei den eßbaren Pilzen dagegen haben wir es mit einem Stadium im Lebenszyklus der größeren und höher entwickelten Pilze zu tun. Der kurzlebige Fruchtkörper selbst ist nur Teil eines Ganzen: Unter der Erde erstreckt sich das langlebige Myzel. Dieses Pilzgeflecht ist der eigentliche vegetative Teil und sollte daher niemals durch unbedachtes Sammeln geschädigt werden. Wie der gesamte Fruchtkörper, besteht auch das Myzel aus zahllosen feinsten Fäden, den sogenannten Hyphen. Sie entstehen, vereinfacht gesagt, aus der Verschmelzung zweier Zellen und bilden Verästelungen, die sich netzartig oft über viele Meter im Boden oder Laub ausbreiten und ihrer Umgebung die Nährstoffe für das Wachstum des Fruchtkörpers entziehen.

Wenn die Klimafaktoren wie Feuchtigkeit und Temperatur günstig sind, bringt der Organismus innerhalb kurzer Zeit einen Fruchtkörper hervor. Bei Erreichen der Reife werden die von jedem einzelnen Pilz erzeugten Millionen von Sporen vom Hymenium, der sporenbildenden Fruchtschicht, freigegeben und meist durch den Wind verbreitet. Fallen sie auf einen günstigen Untergrund, so entsteht dort ein neues Myzel.

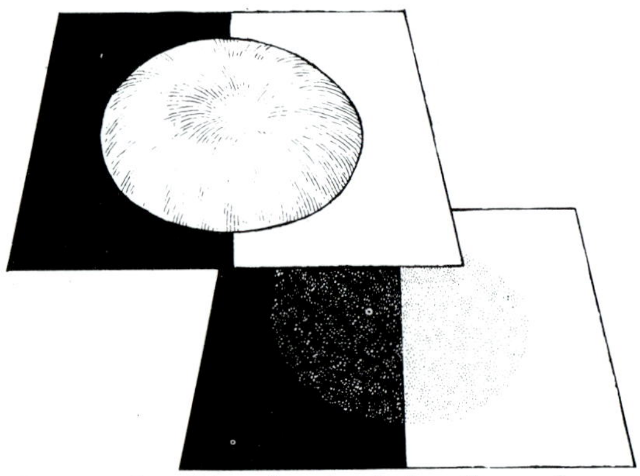

Sporenpulver. Die mikroskopischen Sporen besitzen, je nach Spezies, immer wieder andere Formen und Farben. Auch ohne Mikroskop kann man sie sichtbar machen, indem man den Pilzhut einige Stunden auf Glas oder Papier legt. Dabei fallen die Sporen heraus und hinterlassen einen Abdruck, der mit bloßem Auge erkennbar ist und, vergleichbar mit einem Fingerabdruck, aufschlußreiche Informationen liefert. (Am besten verwenden Sie eine Unterlage, die zur Hälfte weiß und zur Hälfte schwarz ist, damit sich bei hellen wie bei dunklen Sporen ein deutlicher Abdruck ergibt.) Zwar ist die Form der einzelnen Sporen nur unter dem Mikroskop zu erkennen, doch tragen Farbe und andere Kennzeichen des Abdrucks wesentlich zu einer korrekten Bestimmung bei.

Die wichtigsten Pilzgruppen

Die Mykologie gliedert die größeren Pilze nach der Art der Sporenerzeugung in zwei Hauptklassen: in Schlauchpilze (Ascomyceten) und Ständerpilze (Basidiomyceten). Bei den Schlauchpilzen entwickeln sich die Sporen intern in einer sackförmigen Zelle (Ascus), aus der sie bei der Reife ausgestoßen werden. Diese Klasse umfaßt verschiedene und oftmals bizarr geformte Fruchtkör-

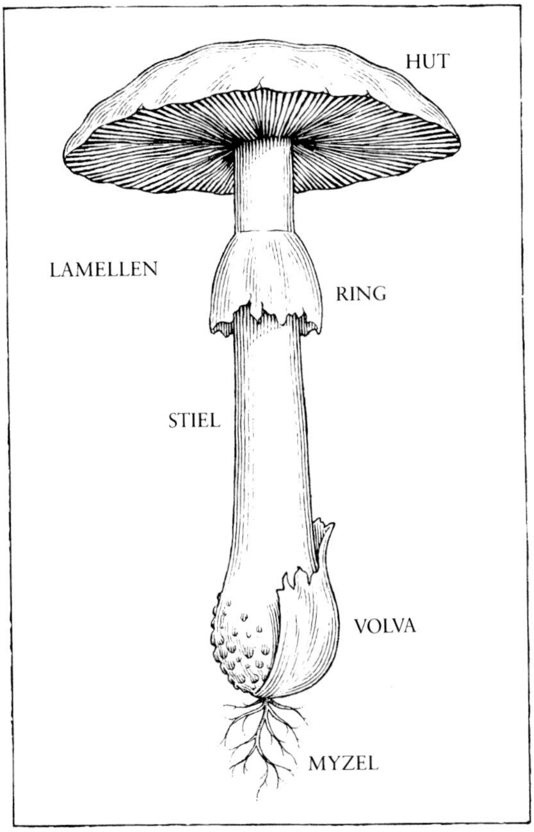

SCHEMA EINES BLÄTTERPILZES

per, unter anderem auch die Becherlinge. Ich habe in meiner Auswahl nur zwei Schlauchpilze berücksichtigt, doch wird ihre zahlenmäßige Unterlegenheit durch ihre gastronomische Bedeutung mehr als aufgewogen: es handelt sich nämlich um die äußerst geschätzte Morchel und die nahezu mythische Trüffel.

Alle anderen hier vorgestellen Speisepilze gehören der Klasse der Ständerpilze an. Sie umfaßt unter anderem zwei bekannte Gruppen, die die übliche Pilzform mit mehr oder weniger gewölbtem Hut und zentralem Stiel aufweisen.

Agaricales — Blätterpilze mit strahlenförmig angeordneten Lamellen auf der Hutunterseite. Die Sporen werden auf dem Hymenium erzeugt, das die Lamellen überzieht. Die Farbe der Lamellen und die Art, wie sie am Stiel anhaften (siehe Abbildung), liefern entscheidende Hinweise zur korrekten Bestimmung. Manche Pilze dieser Gruppe besitzen auch eine Volva, eine eiförmige Hülle, die den Fruchtkörper im frühen Stadium umschließt und im Verlauf des Wachstums aufreißt. Bisweilen sind noch beim ausgewachsenen Pilz Reste davon als Flocken auf dem Hut erhalten. Charakteristisch für manche Blätterpilze ist auch das Velum, das bei jungen Exemplaren die Lamellen schützend umhüllt, später aufreißt und als Ring am Stiel zurückbleibt. Zur großen Gruppe der Blätterpilze zählen bekannte Gattungen, wie *Agaricus, Amanita, Armillariella, Cantharellus, Clitocybe, Cortinarius, Laccaria, Lactarius, Lepiota, Lepista, Pleurotus, Russula* und *Tricholoma.*

Boletales — Röhrenpilze besitzen einen fleischigen, gewölbten Hut und mittig ansitzenden Stiel. Die Hutunterseite sieht porös-schwammig aus. Je nach Spezies sind die Poren unterschiedlich dicht und verschieden gefärbt. Häufig sind sie jung cremeweiß und werden später gelblich bis grünlich, doch können sie ebenso eine rötliche Färbung aufweisen. Einen weiteren Anhaltspunkt für die Bestimmung liefert eine eventuelle Verfärbung der Poren bei Druck, insbesondere wenn die Farbe zu Blau oder Schwarz wechselt. Zur Gruppe der Röhrenpilze zählen die Gattungen *Boletus, Gyroporus, Leccinum, Suillus* und *Tylopilus.*

Daneben umfaßt die Klasse der Ständerpilze auch ungewöhnlichere Erscheinungen. Bei den Stachelpilzen ist das Hymenium in Form von Stacheln oder Stoppeln ausgebildet, die von der Hutunterseite herabhängen. (Der Semmelstoppelpilz — *Hydnum repandum* — könnte, nur von oben betrachtet, ohne weiteres mit einem blaßrosa Blätter- oder Röhrenpilz verwechselt werden.) Porlinge besitzen wie die Röhrenpilze ein poriges Hymenium, unterscheiden sich aber von letzteren durch ihre holz- bis lederartige Konsistenz, ihre meist fächer- oder muschelförmigen Fruchtkörper und die Tatsache, daß sie auf Holz wachsen. Zu den genießbaren Spezies zählen der Leberpilz (*Fistulina hepatica*) und der Schwefelporling (*Laetiporus sulphureus*). Die Krause Glucke (*Sparassis crispa*) bildet eine eigene Kategorie. Die Boviste schließlich gehören zu den Bauchpilzen, einer weiteren Gruppe der Ständerpilze, bei denen das Hymenium im Fruchtkörper eingeschlossen ist.

SCHEMA EINES RÖHRENPILZES

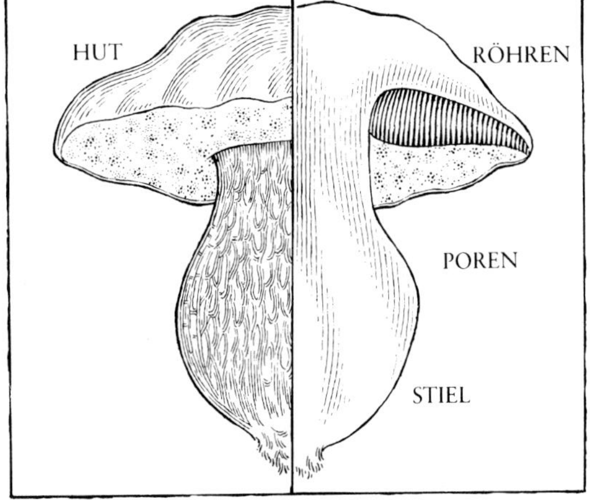

SPEISEPILZE

Agaricus Campester

(syn. PSALLIOTA CAMPESTRIS)

Wiesenchampignon

E: field mushroom (GB); meadow mushroom (USA)
F: rose des prés I: prataiolo P: pieczarka polna Sp: champiñon

Es freut mich, daß es zumindestens einen Wildpilz gibt, den viele kennen, gerne sammeln und den man ohne Bedenken genießen kann. Der Wiesenchampignon (*Agaricus campester*) und sein größerer Verwandter, der Schafegerling (*A. arvensis*), sind im Sommer, nach einer feucht-warmen Periode, in recht großer Zahl auf dungreichen Weiden, ihrem bevorzugten Standort, anzutreffen. Beide Pilze sind mit dem *Agaricus bisporus,* dem Zuchtchampignon, verwandt, dem man in allen Gemüseläden und Supermärkten begegnet.

Oft muß ich innerlich lächeln, wenn ich mich mit jemandem über meine Leidenschaft für Pilze unterhalte und dann höre: »O ja, ich kenne mich bei Pilzen aus ...«, womit der Wiesenchampignon gemeint ist und alle anderen zum Giftpilz abgestempelt werden. Was mich bei dieser arglosen Äußerung allerdings mit Sorge erfüllt, ist die Möglichkeit, daß ein unerfahrener Pilzsucher versehentlich den giftigen Karbolegerling (*Agaricus xanthoderma*) sammeln könnte, der ebenfalls auf Wiesen und Weiden sowie in Gärten und zwischen Buschwerk gedeiht. Wenn Sie also auf eine Kolonie von Pilzen stoßen, die wie Wiesenchampignons aussehen, meiden Sie solche Exemplare, deren Hüte sich bei Berührung sofort chromgelb färben und deren Fleisch, insbesondere an der Stielknolle, bei Druck lebhaft gelb wird. Vor allem aber meiden Sie alle Doppelgänger mit *weißen* Lamellen: Es könnte sich um den tödlich giftigen Kegelhütigen Knollenblätterpilz (*Amanita verna*) oder den Spitzhütigen Knollenblätterpilz (*A. virosa*) handeln.

MERKMALE

Agaricus campester

Hut: jung halbkugelig, fest am Stiel anliegend; später ausgebreitet bis flach, bis 10 cm breit. Farbe weiß, später gelegentlich graubraun.
Lamellen: am Stiel frei; anfangs blaßrosa, schließlich dunkelbraun. Sporenpulver purpurbraun.
Stiel: ziemlich kurz und kräftig (3—8 cm hoch, 1—2 cm im Durchmesser), mit membranartigem, manchmal vergänglichem Ring.
Fleisch: weiß, im Anschnitt leicht rosa. Geruch und Geschmack angenehm pilzig.
Vorkommen: auf Weiden, besonders an dungreichen Stellen; gelegentlich in Gärten und an Parkrändern. Wiesenchampignons wachsen meist verstreut oder scharenweise, gelegentlich im Hexenring.
Saison: Frühsommer bis Spätherbst, besonders in feucht-warmen Perioden.

Agaricus arvensis

Der Hauptunterschied liegt in der Größe: Der Schafegerling ist gewöhnlich höher und breiter, der Hut erreicht zuweilen einen Durchmesser von 20 cm, der Stiel eine Höhe von 10 cm, mit ausgeprägtem, zahnradähnlichem Ring. Die Hüte größerer Exemplare sind sehr fleischig und schwer, die Stiele im Alter häufig hohl. Das Fleisch riecht angenehm nach Anis. Während Wiesenchampignons meist madenfrei sind, neigen die größeren Schafegerlinge zu Befall.

VOR- UND ZUBEREITUNG

Da diese Spezies gemeinhin als *die* Speisepilze schlechthin angesehen sind, darf ihre weltweite Popularität nicht wundern. Sie können roh an Salate gegeben werden — insbesondere die kleinen, festen Exemplare —, sie bereichern Suppen und Eintöpfe und passen eigentlich zu allen Gerichten. Ganz ausgezeichnet schmecken sie fritiert oder in Duxelles verarbeitet. Eingelegt oder eingemacht sind sie eine beliebte Vorspeise. Zum Einfrieren und Trocknen eignen sie sich nicht unbedingt; das ist jedoch nicht weiter bedauerlich, da man die sehr ähnlichen Zuchtchampignons das ganze Jahr über kaufen kann. Allerdings sind die wilden Spezies etwas schmackhafter.

Säubern, sofern erforderlich, durch leichtes Abreiben — Häuten erübrigt sich. Der ganze Pilz läßt sich verarbeiten; bei älteren Exemplaren die zähen, nicht mehr fleischigen Stiele entfernen.

Amanita Caesarea

Kaiserling

E: caesar's mushroom F: amanite impériale; oronge
I: ovolo P: muchomor cesarski Sp: oronja

Seinen Namen verdankt der *Amanita caesarea*, so überliefert uns die Geschichte, der Tatsache, daß G. Julius Caesar diesen Pilz sehr schätzte. Dies klingt auch in der deutschen Bezeichnung »Kaiserling«, im englischen »caesar's mushroom«, dem französischen »impériale« und dem polnischen »cesarski« an. In Italien dagegen heißt der Pilz »ovolo«, in Anspielung auf die eiähnliche Form und Farbe junger Exemplare. Bislang wurde der Kaiserling in England noch niemals gefunden — vielleicht kann einer meiner sammelfreudigen Leser eines Tages mit der erfreulichen Nachricht aufwarten. Sogar in Südeuropa ist dieser Pilz eine große Seltenheit (vermehrt findet er sich in Norditalien), so daß Kilopreise von £ 50 für diese begehrte Delikatesse auf dem englischen Markt durchaus gang und gäbe sind.

In einem Mailänder Restaurant habe ich einmal königlich gespeist: einen Salat aus rohen »ovoli« und rohen »porcini« (Steinpilzen), gekrönt von frisch gehobelter Weißer Albatrüffel. Für einen Pilzliebhaber ein unvergeßlicher Genuß!

Bemerkenswert ist, daß die Gattung *Amanita* (= Wulstlinge) absolut tödliche Spezies ebenso umfaßt wie diesen köstlichsten aller Pilze. Glücklicherweise ist er leicht zu bestimmen, so daß eine Verwechslung zwischen der eßbaren Rarität und dem giftigen Grünen Knollenblätterpilz (*Amanita phalloides*) oder dem Fliegenpilz (*A. muscaria*) ausgeschlossen ist.

MERKMALE

Hut: bricht aus einer eierschalenartigen Hülle hervor; zuerst halbkugelig, später konvex (bis 20 cm breit). Farbe anfangs tiefrot, allmählich zu rotorange verblassend, zuletzt hellorange. Der leicht eingerissene Rand läßt die gelben Lamellen erkennen; zuweilen Hüllenreste auf dem voll ausgebildeten Hut.
Lamellen: dicht stehend, am Stiel nicht angewachsen, leuchtend gelb (ein unverwechselbares Kennzeichen, über das kein anderer europäischer *Amanita* verfügt). Sporenpulver weiß bis blaßgelb.
Stiel: bis 3 cm dick und 15 cm hoch; gelb, meist noch mit gelbem Ring. Knolle von schalenartiger Hülle umschlossen.
Fleisch: unter dem Hut orange-gelb; zur Mitte hin und im Stiel zu Weiß verlaufend. Fest, angenehm im Geruch, süß-pilziger Geschmack.
Vorkommen: in lichten Laubwäldern warmer Regionen, vor allem bei Eichen und Kastanien. Gelegentlich — besonders in Mexiko — unter Kiefern (die Identität der in der Neuen Welt wachsenden Spezies mit der europäischen ist nicht erwiesen).
Saison: in Italien und Frankreich ab Frühsommer bis Anfang Oktober.

VOR- UND ZUBEREITUNG

In manchen italienischen Kochbüchern wird der Kaiserling für Eintöpfe verwendet. Da er jedoch eine so seltene Delikatesse ist, empfehle ich, die kleinen Exemplare roh zu genießen. Größere schmekken gegrillt exzellent, werden aber auch gerne mit frischer Pasta zubereitet.

Die Hüte nicht häuten, sondern nur, falls nötig, abwischen; Fremdkörper aus den Lamellen herausbürsten. Besonders die Knollen können von Maden befallen sein und werden dann abgetrennt; der obere Stiel ist meist makellos.

Im Kühlschrank hält sich der Pilz bis zu einer Woche relativ gut.

ARMILLARIELLA MELLEA

Hallimasch

E: honey fungus; bootlace fungus F: armillaire couleur du miel
I: chiodino P: opienka midowa Sp: armilaria color de miel Sw: honungsskivling

An Hallimasche habe ich mich schon als Achtjähriger herangewagt. Ein Eisenbahner, der für meinen Vater arbeitete, zeigte mir damals, wo und wie man diesen Pilz sammelt. Er wächst in kleinen, dichten »Familienverbänden« und trägt daher auch die lokale Bezeichnung *famigliola.* trägt. Im Spätherbst durchstreifte ich die Felder in der Umgebung meines Heimatdorfes Borgofranco. Ob die Sonne schien oder die Landschaft im Dunst und Nebel verschwand, spielte für mich keine Rolle — so groß war meine Begeisterung.

Die Bauern hatten nichts dagegen einzuwenden, daß ich dabei auf ihrem Land herumstapfte, denn schließlich sammelte ich Pilze, die an den Wurzeln junger Bäume wuchsen und diese sonst geschädigt hätten. Der Hallimasch ist als tödlicher Parasit vieler Bäume bekannt, besonders aber von Weiden, die damals die einzelnen Felder voneinander trennten und deren elastische junge Zweige ideal waren, um im Frühjahr die zurückgeschnittenen Weinreben hochzubinden.

Dem Jungen von damals machte es großen Spaß, von Baum zu Baum zu gehen, die Körbe mit Pilzen zu füllen und mit dem stolzen Gefühl heimzukehren, zur Ernährung der Familie beizutragen. Meine Mutter bereitete aus den Funden immer die köstlichsten Mahlzeiten.

Im Herbst werden die preiswerten »famigliole« in Frankreich und in Italien auf allen Gemüsemärkten angeboten — Seite an Seite mit den kostbaren Steinpilzen, Kaiserlingen und Trüffeln.

Mit seinen weißlichen Lamellen unterscheidet sich der Hallimasch eindeutig von dem ansonsten sehr ähnlichen Grünblättrigen Schwefelkopf (*Hypholoma fasciculare*), dessen Lamellen schwefelgelb und im Alter grünlich sind.

MERKMALE

Seine volkstümlichen Namen Honigringling oder Honigtrichterling spielen keineswegs auf den Geschmack oder Geruch, sondern auf die Farbe dieses Pilzes an. Er wächst in kleinen dichten Büscheln und bildet ein auffälliges schwarzes Pilzgeflecht — daher auch die Bezeichnung Hallimasch (zu Mittelhochdeutsch *Masche* = Geknüpftes).

Hut: 3—20 cm breit; kugelig gewölbt, später flach und in der Mitte leicht eingesunken. Blaß-honiggelb bis braun oder ocker bis dunkelbraun, in der Mitte dunkler. Jung in der Mitte meist mit einigen faserigen Schuppen besetzt.

Lamellen: weiß, allmählich gelblich und gefleckt. Am Stiel angewachsen, leicht herablaufend. Sporenpulver cremig-weiß.

Stiel: im Verhältnis zum Hut schlank und hoch (1,5 cm dick, bis 20 cm lang). Jung weiß, später der Farbe des Huts angeglichen; im Alter holzig. Flockige Manschette dicht unter dem Hut.

Fleisch: weiß; mit pilzigem, aber nicht sonderlich an-

genehmem Geruch. Geschmack leicht bitter und adstringierend. (Deutliche Verbesserung von Geruch und Geschmack nach dem Kochen.)
Vorkommen: als Parasit in großen Büscheln auf Stämmen lebender Laub- und Nadelbäume, meist Buche, Weide, Pappel, Maulbeerbaum usw., selbst am Olivenbaum; auch auf Stümpfen und verdeckten Wurzeln.
Saison: Mitte des Sommers bis Spätherbst.

VOR- UND ZUBEREITUNG

Der Hallimasch ist einer meiner bevorzugten Pilze zu Spaghetti. Vorzüglich schmeckt er in Butter mit Knoblauch gebraten, ausgezeichnet auch in Eintöpfen und Suppen oder zusammen mit anderen Pilzen. Gut geeignet zum Einlegen oder zum Einmachen »au naturel«, nicht aber zum Einfrieren.

Dieser Pilz ist ein erfolgversprechendes Ziel für Sammler: Er ist ziemlich verbreitet und meist gleich in größeren Mengen anzutreffen. Essen Sie ihn nicht roh, denn er ist leicht giftig, nach dem Kochen aber absolut unbedenklich. Mindestens 5 Minuten auf hoher Flamme kochen, das Wasser weggießen.

Die holzigen Stiele älterer Exemplare entfernen.

Boletus Badius

Maronenröhrling

E: bay bolete F: cèpe bai
I: boleto baio Sp: boleto bajo

Dieser Verwandte des bekannten Steinpilzes (*Boletus edulis*), keineswegs ein »armer Verwandter«, ist ein äußerst lohnendes Jagdobjekt. Er kommt nicht nur sehr zahlreich vor und ist hübsch anzusehen, sondern läßt sich darüber hinaus in der Küche auf vielfältigste Weise zubereiten. Er zählt zu den in den gemäßigten Regionen Europas weitest verbreiteten Speisepilzen. Wenn ich meine Familie in Italien besuche, habe ich ihn (selbstverständlich getrocknet) grundsätzlich im Reisegepäck. Die italienischen *»porcini«* haben freilich ein viel intensiveres Aroma, und dennoch findet meine Mutter stets viele Verwendungsmöglichkeiten für diesen Pilz.

Meine Verwandten können jedesmal nur ungläubig staunen, wenn ich ihnen von den Unmengen von Maronenröhrlingen in England erzähle. Ich selbst kann es manchmal noch immer nicht fassen: Einmal sogar mußten meine Frau und ich sie nach einer erfolgreichen Suche am Wegrand aufhäufen und später holen: Wir luden den ganzen Kofferraum voll und ließen immer noch mehr als genug für andere Pilzsammler zurück.

Natürlich ist nicht jedes Jahr so ergiebig, doch findet man eigentlich immer ein paar dieser Röhrenpilze, besonders im Hochwald unter Kiefern. Manchmal sind sie schwer auszumachen, wenn sie von Nadeln, Zapfen und toten Ästen bedeckt sind; bisweilen sind sie auch unter Farnwedeln verborgen. Oft schon haben mir die Hüte, von den Eichhörnchen verschmäht, die lieber die Stiele fressen, den Weg zu einem Platz mit Maronenröhrlingen gewiesen. Am besten machen Sie sich drei bis vier Tage nach einem Regen, dem eine warme Periode vorausging, auf die Suche.

Einmal organisierten Paul Levy und Roger Philips über den *Observer* eine Art Exkursion in den Wäldern des Blenheim Palace mit anschließender Kostprobe. Es war mir klar, daß die Ausbeute einer solchen Suche niemals für Dutzende von Teilnehmern reichen würde. Also machte ich mich am Tag vorher zu einem meiner Geheimplätze auf und sammelte einen großen Korb prachtvoller Maronenröhrlinge. Nach der Exkursion gingen wir zu Paul nach Hause, wo ich die Pilze mit Knoblauch und Petersilie in Butter schwenkte — sehr zur Freude aller Anwesenden, einschließlich des professionellen Feinschmeckers Jane Grigson. Das war mein Beitrag zu einem köstlichen, von uns gemeinsam zubereiteten Essen. Es war ein herrlicher Tag im Oktober, und ich kann mich noch genau an die freundliche Atmosphäre in Pauls Haus, vor allem aber an den wunderbaren Apfelkuchen von Jane erinnern.

MERKMALE

Hut: anfangs nahezu halbkugelig, mit dem Stiel beinahe verschmelzend. Hutoberfläche bei jungen Exemplaren samtig-tiefbraun und bei feuchtem Wetter klebrig; später flach und ockerbraun, noch immer lederig. Bei sehr alten Pilzen Hut häufig leicht gebogen, besonders am Rand, so daß die Röhren besser sichtbar werden. Durchmesser 12—14 cm, gelegentlich größer.
Röhren: jung cremeweiß bis blaßgelb, zunehmend gelbgrünlich. Poren im Alter deutlich zu erkennen und bei Druck blaugrün anlaufend. Sporenpulver gelblich-braun.
Stiel: gewöhnlich heller als der Hut, mit gelben, feinfaserigen Längsstreifen. Zylindrisch, zuweilen auch gebogen und zur Basis hin verjüngt.
Fleisch: fest, cremeweiß bis blaßgelb. Bei reifen Exemplaren im Anschnitt oder unter Druck bläulich verfärbend. Delikates Aroma.
Vorkommen: auf Waldböden in Laub- und Nadelwäldern.
Saison: Sommermitte bis Spätherbst.

VOR- UND ZUBEREITUNG

Die Blaufärbung seines Fleisches ist einer der Gründe, weshalb viele diesen Pilz für giftig halten und vor seinem Verzehr zurückschrecken. Tatsächlich aber sind besonders die jungen Exemplare mit ihrem festen Fleisch und frischen Aroma sehr schmackhaft. Ältere Pilze müssen sorgfältiger auf Maden untersucht werden, doch ist der Maronen-

röhrling generell kaum befallen. Eventuellen Schmutz abwischen; Waschen vermeiden, da sich die Poren dabei voll Wasser saugen.

Der Maronenröhrling wird überall in Europa auf den Märkten angeboten und läßt sich ähnlich wie der Steinpilz verwenden. Kleine Exemplare sind im rohen Zustand sehr schmackhaft und ergeben, feinblättrig geschnitten, eine köstliche Zutat zu Salaten. Auch als Beilage zu allen Fleisch- und Fischgerichten sind sie wärmstens zu empfehlen. Und besonders exquisit schmecken sie mit Knoblauch und Petersilie in Butter geschwenkt. Sie lassen sich einfrieren und einlegen; getrocknet zeichnen sie sich durch einen zarten, feinen Geschmack aus und können an alle möglichen Suppen und Saucen gegeben werden.

Boletus Edulis

Steinpilz

E: cep; penny bun F: cèpe I: porcino Ö: Herrenpilz Sp: boleto comestible
P: borowik szlachetny R:prawdziwek; byelii greeb Sw: Karljohan

Der *Boletus edulis* verkörpert den Wildpilz schlechthin. Wenn ein Europäer von »Wildpilzen« spricht, ist meist der Steinpilz gemeint. In den vorinflationären Zeiten des Viktorianischen Englands war er so populär, daß man ihm, in Anspielung auf seine rundliche Form und sattbraune Farbe, den treffenden Spitznamen »penny bun« (Pfennig-Brötchen) verpaßte. Daß er bei den alten Römern »suillus« (lateinisch für Schwein) hieß und dieser Name in der italienischen Bezeichnung »porcino« (italienisch *porco* = Schwein) weiterlebt, erklären manche damit, daß Schweine gerne diesen Pilz fressen, während andere behaupten, die jungen Exemplare sähen aus wie kleine, pralle Ferkel.

Einige Pilzgourmets mögen wohl dem seltenen Kaiserling oder der Morchel den Vorzug geben, doch ist und bleibt der Steinpilz das sicherste Sammelgut unter allen Wildpilzen und zugleich die wohlschmeckendste und lohnendste Beute für den Kochtopf: Er ist einfach »das Höchste«. Von Profis gesammelt, kommt er frisch und getrocknet in den Handel und ist somit einer der gesuchtesten Wildpilze. Aufgrund seines feinen Geschmacks und seiner vielseitigen Verwendbarkeit spielt er in der gehobenen Küche weltweit eine führende Rolle und bildet die Grundlage für zahllose wundervolle Gerichte.

MERKMALE

Hut: in der Jugend halbkugelig, später flach gewölbt. Gewöhnlich 8—20 cm, zuweilen bis 30 cm breit. Oberhaut weich, von blaß- bis dunkelbraun variierend.
Röhren: beim jungen Pilz schmutzigweiß und englöcherig; mit zunehmendem Alter gelblich, schließlich grünlich mit deutlich erkennbaren Poren. Sporenpulver olivbraun.
Stiel: bei sehr jungen Exemplaren Stiel und Hut fast bauchig verschmolzen; Stiel später keulenförmig mit verbreiterter Basis; Durchmesser bis 12,5 cm. Kein Ring. Manchmal wird der Stiel größer als der Hut; unter Umständen starker Madenfraß. Farbe unterhalb des Hutes blaßbraun, zur Basis fast weiß werdend; im oberen Teil feine weißliche Netzzeichnung.
Fleisch: im Hut schmutzigweiß und fest, unter Druck nicht verfärbend. Im Stiel noch heller, mit zunehmendem Alter faserig und holzig. Aroma delikat und moderig, bei Exemplaren aus gemäßigten Zonen weniger intensiv als bei solchen des Mittelmeerraumes.
Vorkommen: im Gras oder in der Nähe gemischter Laubwälder (Kiefer, Fichte, Eiche, Buche, Birke und Kastanie); meist vereinzelt, manchmal in Zweier- oder Dreiergruppen. Vielversprechend ist die Suche am Rand eines Golfplatzes, besonders dort, wo die Spielbahnen von Heide begrenzt sind und unmittelbar dahinter der Wald beginnt. Ich habe Steinpilze schon auf reinem Sand und auf kargem Boden gefunden — stets aber in der Nähe der Wurzeln von mindestens einem der Bäume, deren Gesellschaft sie bekanntlich suchen.
Saison: vom Frühsommer bis zu den ersten Frösten.

VOR- UND ZUBEREITUNG

Kleinere Exemplare eignen sich zum Einlegen und Einfrieren, sie lassen sich frisch zubereiten oder roh, in dünne Scheiben geschnitten, in Salaten verarbeiten. In Italien werden die ganzen Hüte reifer Pilze gerne gegrillt. Ältere Exemplare werden am besten in Scheiben geschnitten und gebraten oder für Eintöpfe und Saucen verwendet. Durch Trocknen entwickeln Steinpilze ein charakteristisches Aroma, das Saucen und Eintöpfe verfeinert. In kleiner Menge weniger aromatischen Pilzen beigegeben, vollbringen sie ein geschmackliches Wunder — eine preiswerte Art, aus der teuren getrockneten Handelsware das meiste herauszuholen.

Beim Sammeln halten Sie den Stiel an der Basis und lösen den Pilz durch Drehen in beide Richtungen vom Myzel. Wenn Sie kräftige Stiele nämlich mit dem Messer abtrennen, verrottet der in der Erde verbliebene Teil und kann unter Umständen das Myzel zerstören, so daß dort keine Pilze mehr

wachsen. Benutzen Sie Ihr Messer nur, um die Knolle von Erde zu befreien, bevor Sie den Pilz in Ihren Korb legen.

Steinpilze nicht häuten und keinesfalls waschen — eventuellen Schmutz nur abwischen. Weich gewordene Röhren nach Belieben entfernen. Größere Pilze halbieren, um eventuelle Maden ausfindig zu machen. Wenn Sie die Pilze trocknen, lassen Sie sich von ein paar Maden nicht irritieren: Sie verschwinden von selbst, wenn die Pilze in Scheiben geschnitten sind. Trocknen Sie auch alle kleinen Stückchen, sie ergeben ein würziges Pilzpulver.

Cantharellus Cibarius

Pfifferling

E: chanterelle F: chanterelle comestible; girolle I: gallinaccio; cantarello; finiferlo
Ö: Eierschwamm Sp: rebuzuelo P: pieprznik jadalny Sw: kantarell

Ein zartes Aprikosenaroma und eine herrliche goldgelbe Farbe zeichnen den schönen, anmutigen Pfifferling aus. Gemeinsam mit Maronenröhrling und Steinpilz zählt er zu den bekanntesten eßbaren Wildpilzen, und wie letzterer steht er bei den international renommierten Köchen in hohem Ansehen. Farbe, Form und Beschaffenheit des Pfifferlings sind unvergleichlich. In den USA ist eine tiefblaue Spielart bekannt: Können Sie sich vorstellen, wie zauberhaft und exotisch eine Kombination aus beiden wirken würde?

Meine Frau Priscilla liebt diesen Pilz und scheint einen eingebauten Detektor dafür zu besitzen: Wenn wir gemeinsam auf Suche gehen, erspäht sie ihn selbst im Herbst, inmitten all der gelben und braunen Blätter, meist viel früher als ich. Die Pilze mit den Händen aus ihrem Moospolster zu lösen, bereitet ihr, wie sie sagt, großes Vergnügen.

Pfifferlinge sind sehr verbreitet, besonders in Schottland, wo sie an manchen Stellen ganze Teppiche bilden sollen. Ich habe von einem geschäftstüchtigen Jungen gehört, der sein Taschengeld ganz erheblich aufbessert, indem er große Mengen Pfifferlinge sammelt und sie nach Frankreich schickt, wo man für diesen Genuß gerne stolze Preise zahlt.

Eines Tages mußte ich traurig mitansehen, wie meine ergiebigste Fundstelle den gnadenlosen Klauen eines Baggers zum Opfer fiel. Sie mußte einer Autobahn weichen. Jedesmal, wenn ich jetzt an dieser Stelle vorbeifahre, muß ich daran denken, wie schön die Pilze im üppigen Moos aussahen. — Das ist Fortschritt.

MERKMALE

Hut: jung winzig und konvex, bald trichterförmig mit lappigem, unregelmäßig verbogenem Rand; bis 8 cm breit. Satt dottergelb bis hellgelb, im Alter verblassend.
Leisten: weit am Stiel herablaufend, wie unregelmäßige Falten oder Adern aussehend. Relativ weit auseinanderstehend und gabelig verzweigt. Von gleicher Farbe wie der Hut. Sporenpulver blaßgelb.
Stiel: untersetzt, zur Basis hin kreiselförmig verjüngend. An der Basis 2—3 cm breit, bei größeren Exemplaren 6 cm hoch.
Fleisch: blaßgelb und fest, pfeffriger Geschmack. Frischer Geruch, der leicht an Aprikosen erinnert.

Bei Druck keine Verfärbung, meist madenfrei.
Vorkommen: im Mischwald, häufig unter Blättern oder im Moos verborgen, einzeln oder in Gruppen.
Saison: Sommer bis Spätherbst.

VOR- UND ZUBEREITUNG

Ein sehr vielseitiger und farblich äußerst dekorativer Pilz. Vorzüglich ist er frisch genossen, doch hält er sich in einem Korb, mit einem feuchten Tuch abgedeckt, im Kühlschrank bis zu vier oder fünf Tagen. Er ist roh genießbar, sein pfeffriger Geschmack verliert sich beim Kochen. Am besten schmeckt er zu Rührei, in Suppen und Eintöpfen, ausgezeichnet auch in Saucen. Zum Einlegen eignet er sich gut, weniger dagegen zum Einfrieren oder Trocknen.

Da er beim Waschen seinen Geschmack weitgehend einbüßt, sollte er schon am Fundort sorgfältig abgebürstet werden, damit Sand und Erde sich gar nicht erst festsetzen.

Coprinus Comatus

Schopftintling

E: shaggy ink cap; lawyer's wig; shaggy mane; inky cap
I: agarico chiomato F: coprin chevelu; goutte d'encre Sp: barbuda Sw: fjalig blaksvamp
P: czernidłak kołpakowaty R: navoznik byelii

Jedesmal, wenn ich diesen Pilz sehe, muß ich unweigerlich an die Wachen des Buckingham Palace mit ihren berühmten Bärenfellmützen denken. Der Schopftintling steht in Gruppen an Straßen- und Wegrändern, in Parks und auf Wiesen. Einmal sah ich eine besonders prachtvolle Truppe inmitten von üppigem Gras, direkt vor dem Haupttor einer Kaserne — sie standen dort wie Wachtposten. Unverzüglich hielt ich meinen Wagen an, winkte den fassungslosen Fahrern der nachfolgenden Autos beschwichtigend zu und machte mich, sehr zum Erstaunen der anwesenden Soldaten, ans Einsammeln.

Die deutsche Bezeichnung und auch die fremdsprachigen Namen dieses Pilzes beschreiben treffend seine wesentlichen Merkmale: Seine flockigen Schuppen erinnern an einen Lockenschopf, und der Hut zerfließt bei der Reife zu einem blauschwärzlichen Brei, der früher als Tinte Verwendung fand.

Diese sehr delikaten Mitglieder der großen Gruppe der Blätterpilze erinnern mich geschmacklich an Wiesenchampignons. Und meines Erachtens werden sie nicht gebührend beachtet: Meine Experimente mit diesem sehr vielseitigen Pilz fielen ausgezeichnet aus. Allerdings kann man nur die jungen Exemplare mit weißen Lamellen verarbeiten; sobald Hut und Lamellen dunkel werden, sind sie unbrauchbar.

MERKMALE

Hut: jung länglich-eiförmig, 3—15 cm hoch und 1—6 cm stark, zum Stiel hin geschlossen. Oberhaut weiß und am Scheitel hellbraun; mit großen weißen, bräunlich auslaufenden, aufgerollten Schuppen bedeckt. Im Verlauf der Reifung öffnet sich der Hut glockenförmig, mit leicht hochgebogenem Rand, die gebrochen weiße Haut färbt sich zunächst grau und schließlich, vom Rand ausgehend, schwarz. Zuletzt zerfließt der Hut zu einer tintenartigen schwärzlichen Masse.
Lamellen: in der ersten Entwicklungsphase nur durch Aufschneiden des Hutes in Längsrichtung sichtbar. Sehr dicht und gedrängt; anfangs weiß, bald rosa, allmählich grau und schließlich schwarz. Sporenpulver braunschwarz.
Stiel: lang, dünn und hohl; 1—3 cm dick und bis 25 cm hoch; weiß. Die Haut, die anfangs die Lamellen schützt, verbleibt in Form eines unregelmäßigen Ringes am Stiel oder löst sich und rutscht herunter.
Fleisch: im ganz jungen Stadium bilden Stiel und Hut eine robuste Einheit mit sehr festem, zartem, weißem Fleisch. Sehr frischer, pilziger Geruch, der an den Wiesenchampignon erinnert. Erfreulicherweise scheinen Insekten den Pilz zu meiden, da der Hut sich zu schnell auflöst.
Vorkommen: gelegentlich vereinzelt, meist in Gruppen, zuweilen sehr zahlreich. Fast überall anzutreffen: auf hartem Grund entlang schmaler Landstraßen und an Feldrainen, auf aufgeworfenem Boden, in Gärten, auf Wiesen und Weiden.
Saison: Spätsommer bis Spätherbst, besonders bei warmem und nicht *zu* feuchtem Klima. Innerhalb

von zwei Tagen, bei größerer Wärme auch schneller, durchläuft der Jungpilz die Entwicklung bis zur Zersetzung.

VOR- UND ZUBEREITUNG

Ich verwende nur kleine, feste Exemplare mit noch fest geschlossenen Hüten, denn ausgereifte Pilze wären zu weich, und ihre Tinte würde alles, womit sie in Berührung kommt, schwarz färben. Die Hüte geernteter Pilze reifen sehr schnell, weshalb sie nicht lange aufbewahrt werden können. Blanchiert halten Schopftintlinge sich einige Tage. Geschlossene Hüte können Sie waschen.

In jeder Zubereitungsart schmeckt der Schopftintling einfach deliziös. Junge Pilze in verquirltes Ei tauchen, in Semmelbröseln wälzen und fritieren. Auch als Zutat für Eintöpfe, Suppen und Saucen sowie in Butter geschwenkt und mit Schnittlauch und Petersilie bestreut, sind sie ausgezeichnet. Da sie keinen ausgeprägten Geschmack/Geruch besitzen, eignen sie sich nur bedingt zum Einfrieren oder Trocknen.

Craterellus Cornucopioides

Totentrompete

E: horn of plenty (GB); black trumpet (USA) F: trompette des morts
I: trombetta dei morti P: lejkowies dęty Sp: trompeta de los muertos

Von allen europäischen Bezeichnungen gefällt mir das englische »horn of plenty« (Füllhorn) am besten. Denn genauso — vielleicht noch wie eine schwarze Trompete — sieht dieser zierliche Fruchtkörper aus. Die meisten anderen Namen klingen zu düster und werden dem Pilz nicht gerecht, der trotz seiner dunkelgrauen bis schwärzlichen Färbung in nichts an den Tod erinnert.

Die Totentrompete ist ein sehr wohlschmeckender Pilz mit vielseitigen Zubereitungsmöglichkeiten. Nachdem ich ihn in die Speisekarte meines Restaurants aufgenommen hatte, ließen sich meine Gäste zunächst durch die schwarze Farbe schrecken. Inzwischen rangiert der Pilz unter den meistbestellten. Vom Spätsommer bis in den späten Herbst bereitete ich daraus, zusammen mit zartem, weißem Fisch wie Heilbutt, Seezunge oder Seeteufel, eine Reihe äußerst eleganter und exquisiter Gerichte.

MERKMALE

Hut: wie der Schallbecher einer Trompete: tief trichterförmig mit unregelmäßig gelapptem, welligem Rand. Anfangs von gedämpftem Braun, dann grau und schließlich schwarz. 8—10 cm breit.
Leisten: fast nicht vorhanden; die Sporenbildung erfolgt auf der Fruchtschicht, die die runzelige Außenwand des hohlen Stiels überzieht. Im Reifestadium erscheint der Stiel durch die Sporen weißsilbrig und samtig.
Stiel: unregelmäßig röhrenförmig, 1—2 cm dick und bis zu 12 cm hoch, sehr dünnwandig.
Fleisch: außen grau, bei Nässe schwarz verfärbend; innen grauschwarz. Wegen der dünnen, knorpelähnlichen Wände nicht besonders fleischig. Angenehmer, charakteristischer Duft; in Geschmack und Beschaffenheit ausgesprochen zart. In manchen Gegenden Italiens gilt die Totentrompete als die »Trüffel des armen Mannes«.
Vorkommen: dichtbüschelig zwischen altem Laub, besonders in dichten Laubwäldern, vorzugsweise in der Nähe von Buchen. Vergessen Sie nicht, den Fundort in Ihrer Karte einzuzeichnen, da dieser Pilz üblicherweise immer wieder an der gleichen Stelle auftaucht.
Saison: Spätsommer bis Spätherbst.

VOR- UND ZUBEREITUNG

Mit ihrer spektakulären Farbe und dem delikaten Geschmack ist die Totentrompete »das Tüpfelchen auf dem i« für raffinierte Gerichte. Köstlich ist sie in Butter geschwenkt und mit Schnittlauch und Petersilie bestreut; ausgezeichnet schmeckt sie in Saucen und ebensogut in Suppen und Eintöpfen. Einfrieren sollte man sie erst, nachdem sie

in Butter gebraten wurde. Sie läßt sich gut trocknen und zerreiben und so zum Abschmecken von Saucen verwenden. Zum Einlegen eignet sie sich nicht besonders. Frisch hält sie sich nicht lange, da sie schnell austrocknet und lederartig wird.
Größte Sorgfalt ist beim Säubern geboten, denn kleine Insekten können bis zum unteren Stielgrund eindringen. Wenn sie sich nicht herausschütteln lassen, ist es ratsam, den Pilz zum Säubern der Länge nach zu halbieren. Besonders schmutzige Exemplare können gewaschen werden.

Fistulina Hepatica

Leberpilz; Ochsenzunge

E: ox tongue; beefsteak fungus F: fistuline hépatique
Ö: Ochsenzunge I: lingua di bue

Laetiporus Sulphureus

(syn. POLYPORUS SULPHUREUS)

Schwefelporling

E: sulphur polypore; chicken of the woods
F: polypore soufre I: poliporo sulfureo

Porlinge (so genannt wegen der vielen, auf der Hutunterseite befindlichen Poren, aus denen die Sporen verstreut werden) wachsen als Parasiten auf lebenden Bäumen und bewirken oftmals deren Zerstörung. Nur ein paar der zahlreichen Spezies sind genießbar, so der Leberpilz und der Schwefelporling. Ganz typisch für die Porlinge ist ihre muschel- oder fächerähnliche Gestalt.

Wenn Sie Pilze suchen, sollten Sie Ihren Blick nicht immer nur fest auf den Boden heften. Zwar sitzen diese Arten meist an der Basis der Bäume, doch können sie im Prinzip *überall* auf der Wirtspflanze wachsen. Schauen Sie deshalb hin und wieder auch einmal nach oben. (Es läßt sich also nicht vermeiden, daß Sie, während Sie so durch den Wald streifen und Ihre Blicke von unten nach oben, von rechts nach links schweifen lassen, eine gewisse Ähnlichkeit mit einem jener gräßlichen nickenden Hunde entwickeln, die man in den Rückfenstern mancher Autos sieht.)

Mein Freund Gennaro entdeckte einen der schönsten Schwefelporlinge, die ich jemals gesehen habe, in etwa 5 Meter Höhe auf dem Stamm einer Weide. Erst nachdem er von zu Hause eine Leiter geholt hatte, konnte er den riesigen, sehr saftigen Pilz einsammeln, der dann etliche Suppen und Eintöpfe bereicherte. Ein anderes Mal mußte er, um an ein Prachtexemplar zu gelangen, ein nahezu akrobatisches Kunststück vollführen. Der Fund lockte auf einem dicken Weidenast, der auf einen See hinausragte. Gennaro lieh sich einen Kahn aus, um an die Stelle zu rudern — ein haarsträubender Anblick, denn das Boot war klein, und Gennaro ist riesig.

Ich behandele diese beiden Spezies nebeneinander, da sie sich in ihren gemeinsamen Merkmalen wesentlich von den anderen hier vorgestellten Pilzen unterscheiden.

MERKMALE

Fistulina hepatica

Hut: erreicht zuweilen einen Durchmesser von 35 cm und eine Dicke von 6—7 cm. Annähernd zungenförmig; jung sehr weich und saftig, mit ziegelroter Oberseite, die mit kleinen Wärzchen bedeckt ist. Im Gesamteindruck einer Ochsenzunge sehr ähnlich. Rand anfangs rundlich, später zunehmend dünner.
Poren: rötlich, englöcherig. Deutlich einzeln erkennbar (im Gegensatz zu den meisten anderen Porlingen, bei denen sie miteinander verschmelzen). Bei Druck dunkel verfärbend. Sporenpulver gelblich-rosa.
Stiel: entweder festgewachsen oder auf einem kurzen, dicken, kaum erkennbaren Stiel sitzend.
Fleisch: Unter der Oberhaut saftiges, blutrotes Fleisch, das im Alter nachdunkelt. Beim Aufschneiden wird eine faserige Struktur mit blaßrosa Äderung sichtbar, die an Steaks erinnert (daher die Bezeichnung »Fleisch des armen Mannes«). Das Fleisch ist schwer und auffallend saftig. Aroma gefällig, ausgeprägt und pilzig; Geschmack beim rohen Pilz leicht säuerlich.
Vorkommen: in Laubwäldern auf lebenden Stämmen oder auch Stümpfen, vorzugsweise auf Eichen, manchmal Edelkastanien.
Saison: Spätsommer bis Spätherbst.

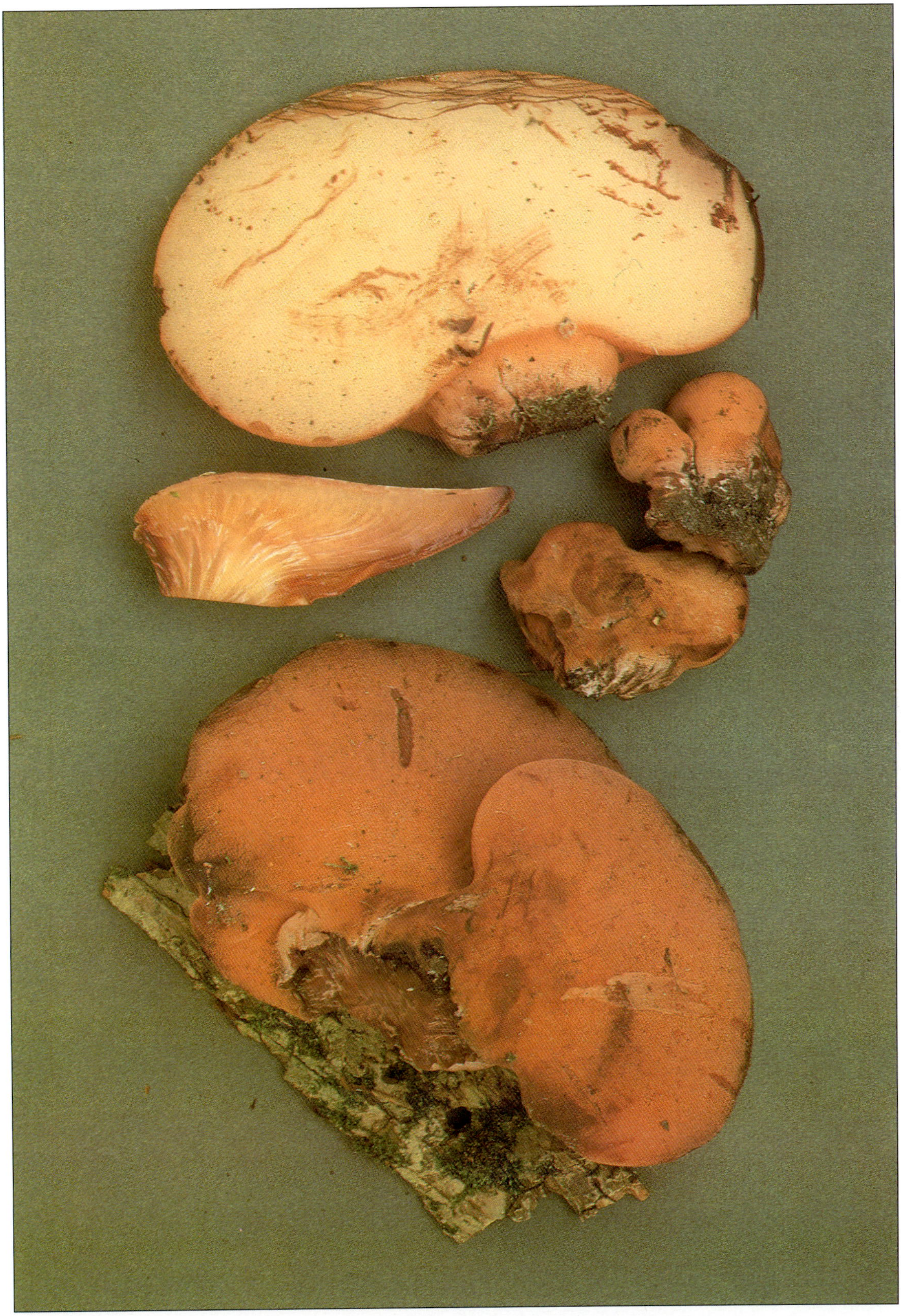

LEBERPILZ ODER OCHSENZUNGE, *FISTULINA HEPATICA*

SCHWEFELPORLING, *LAETIPORUS SULPHUREUS*

Laetiporus sulphureus

Hut: leuchtendschwefelgelb; jung mit sehr glatter, wildlederähnlicher Oberhaut, die später lederartig wird. An der Rinde des Wirtes angewachsen. Form anfangs knospig, später fächerartig; manchmal einzeln, meist aber dachziegelartig übereinander in gestaffelten Büscheln, die zuweilen groteske Formen und Ausmaße annehmen. Ausgereifte Exemplare können einen Durchmesser von 70 cm und ein Gewicht bis 22 kg erreichen (sind aber dann als Speisepilz zu zäh).
Poren: Nur mit der Lupe erkennbar; je nach Alter farblich der Oberhaut angeglichen oder blasser, unter Druck verfärbend. Sporenpulver weiß.
Fleisch: äußerst saftig, faserig und an Hühnerfleisch erinnernd. Junge Exemplare sondern bei Druck Saft ab (manchmal stehen auf der Oberfläche Tröpfchen, Guttation genannt, die dem Pilz ein sehr frisches Aussehen verleihen). Fleisch im Alter verblassend und bröckelig. Im Aroma sehr pilzig, manchmal beißend; im Geschmack ausgezeichnet, zuweilen aber sauer.
Vorkommen: in Laubwäldern; der Schwefelporling parasitiert vorzugsweise auf Eiche und Weide; häufig auf Wildkirsche und Eibe.
Saison: Spätsommer bis Herbst. Auch ohne Regen wächst dieser Pilz weiter und erscheint selbst in Trockenperioden frisch und saftig, da er vermutlich dem Wirt Feuchtigkeit entzieht.

VOR- UND ZUBEREITUNG

Beide Pilze schmecken zuweilen leicht säuerlich. Sie sollten daher grundsätzlich gekocht werden, um ihnen eventuell den bitteren Geschmack zu nehmen und ihre Bekömmlichkeit zu gewährleisten.

Sie erinnern stark an Fleisch und lassen sich auch entsprechend zubereiten: Dicke Scheiben eines zarten Schwefelporlings können gegrillt oder wie Koteletts verarbeitet werden. Bereits reifere Exemplare, die an ihrem orange-gelben Fleisch zu erkennen sind, eignen sich noch ausgezeichnet für Suppen und Eintöpfe sowie zum Einlegen. Trocknen oder einfrieren lassen sie sich nur, wenn man sie zuvor in Butter brät.

Der Leberpilz wird beim Garen schwarz. Er enthält mehr Säure, was bei der Zubereitung zu berücksichtigen ist. Sehr gut paßt er als Beilage zu fetten oder reichhaltigen Gerichten wie Bries oder Hirn.

Da beide Spezies auf Bäumen wachsen, sind sie meist relativ sauber und müssen lediglich abgebürstet werden. Entfernen Sie beim Schwefelporling die Anwuchsstelle, da dieser Teil des Fruchtkörpers gelegentlich Rindenstücke enthält.

EIN HERRLICHES EXEMPLAR DES SCHWEFELPORLINGS, *LAETIPORUS SULPHUREUS*

Hydnum Repandum

(syn. DENTINUM REPANDUM)

Semmelstoppelpilz

E: hedgehog fungus F: pied de mouton I: steccherino dorato
P: kolzcak obtączasty Sp: lengua de gato Sw: blek taggsvamp

Dieser wohlschmeckende Pilz, der auf den meisten europäischen Märkten angeboten wird, weist eine ganz typische Eigenheit auf: Im Gegensatz zu anderen Speisepilzen, die meist Lamellen oder Röhren besitzen, besteht in diesem Fall die sporenerzeugende Fruchtschicht (das Hymenophor) aus nach unten gerichteten Stacheln, denen der Pilz auch seinen Namen verdankt. In Geschmack und Beschaffenheit ist er dem Pfifferling sehr ähnlich. Er ist ziemlich verbreitet, relativ einfach zu finden und selbst zu Zeiten anzutreffen, in denen andere Spezies sich eher rar machen. Seine Stacheln stellen ein eindeutiges Bestimmungsmerkmal dar. Zwar gibt es ähnliche Stoppelpilze, doch sind sie dunkler gefärbt, so daß dieser Pilz insgesamt als sehr sicher gilt.

MERKMALE

Hut: unregelmäßig, dickfleischig, zerbrechlich, zunächst gewölbt, dann flach (bis 15 cm breit). Das Farbspektrum reicht, je nach Standort, von gedämpftem Weiß über Blaßgelb bis Orange. Sehr weiche, matte, samtige, nicht aber schmierige Hutoberfläche.

Stacheln: dicht angeordnet, senkrecht unter dem Hut sitzend und am Stiel herablaufend, ungleich lang, höchstens 6 mm. Schon bei leichtester Berührung sehr zerbrechlich. Farbe meist wie der Hut. Sporenpulver weiß.

Stiel: kräftig, am Grund verdickt, oft seitlich dem Hut ansitzend. Heller als der übrige Pilz, Oberfläche weich wie am Hut. Höhe bis 7 cm, Durchmesser bis 4 cm.

Fleisch: fleischig und fest, dabei brüchig. Weißlich-gelb. Leicht bitterer Geschmack, der beim Kochen vergeht. Angenehmes Aroma.

Vorkommen: in Gruppen, oft in Reihen oder Kreisen unter Laub- und Nadelbäumen.

Saison: Sommermitte bis Spätherbst bei mildem Klima.

VOR- UND ZUBEREITUNG

Besonders lohnend sind jüngere Exemplare, denn sie lassen sich ganz, d.h. samt Stacheln, verarbeiten. Bei älteren Exemplaren dagegen ist es angebracht, die Stacheln zu entfernen, da sie mitunter den bitteren Geschmack verstärken. Grundsätzlich sollte der Pilz, um dem Fleisch jede Bitterkeit zu nehmen, gekocht werden. Er schmeckt pur ebenso wie mit Zwiebeln in Butter gebraten oder geschmort oder auch mit anderen Pilzen kombiniert. Im Vergleich zum Pfifferling ist das Fleisch fester und eignet sich daher zum Trocknen und zur späteren Verwendung in Suppen und Saucen. Auch eingelegt schmeckt der Pilz vorzüglich und läßt sich in gekochtem Zustand gut einfrieren. Da er so gut wie nie Madenbefall aufweist, muß man ihn nur mit dem Messer leicht abkratzen oder behutsam bürsten. Im Kühlschrank hält er sich einige Tage.

Lactarius Deliciosus

Echter Reizker

E: saffron milk cap (GB); delicious milk cap (USA) F: lactaire délicieux
I: agarico delizioso P: mleczaj rydz Sp: nizcalo de abetal Sw: tallblodriska

Wie einige der Namen schon andeuten, sondern die Spezies der Gattung *Lactarius* — Milchling —, wenn sie verletzt oder angeschnitten werden, eine milchige Flüssigkeit ab. Je nach Art bleibt diese weiß oder verfärbt sich an der Luft orange bis weinrot. Der Echte Reizker weist zwei bezeichnende Merkmale auf: Die Milch wird sofort nach dem Austritt karottenrot, und das safrangelbe Fleisch verfärbt sich auf Druck allmählich grün.

Insbesondere in den USA sind viele weitere eßbare *Lactarius*-Spezies bekannt: in allen Schattierungen von Purpur bis Indigoblau. In Europa dagegen ist der Echte Reizker eine der wenigen, die als wohlschmeckend gelten und die zu suchen lohnt. In zahlreichen Ländern, darunter Frankreich, Deutschland, Polen, Schweden und der UdSSR, ist dieser Pilz äußerst beliebt. Ich schätze ihn wegen seines nussigen Geschmacks und seines festen Fleisches, nicht zuletzt aber wegen seiner intensiven Farbe, die in bestimmten Zubereitungen besonders hübsch zur Geltung kommt. Ein junger Pole, der in Wales lebt, schickt mir regelmäßig von dort einen Vorrat, damit ich meine Gäste stets mit exquisiten Gerichten erfreuen kann.

Denken Sie beim Sammeln daran, daß der Echte Reizker dem giftigen Birkenreizker (*Lactarius torminosus*) auf den ersten Blick recht ähnlich sieht. Die wichtigsten Unterscheidungsmerkmale sind der zottige Hutrand des Birkenreizkers, sein weißes Fleisch sowie seine Milch, die nach dem Austreten weiß bleibt. Darüber hinaus wächst dieser Pilz nur unter Birken, der Echte Reizker dagegen ausschließlich unter Kiefern.

MERKMALE

Hut: jung konvex, in der Mitte eine leichte Vertiefung, die immer ausgeprägter und zuletzt flach trichterförmig wird, während der anfangs eingerollte Rand sich ausbreitet. Die weiche Hutoberfläche ist anfangs lachsorange (oft in helleren und dunkleren Schattierungen kreisförmig gezont, was allerdings im Alter nachläßt); später blasser und eher dumpf, an Druckstellen grünlich verfärbt. Bis 15 cm breit.
Lamellen: farblich wie der Hut, unter Druck grün verfärbend. Dicht stehend, ein wenig am Stiel herablaufend, zerbrechlich. Sporenpulver blaßgelblich.
Stiel: hohl, relativ kurz und dick (bis 7 cm lang und 4 cm im Durchmesser). Heller als Hut und Lamellen; orangefarbig gefleckt, besonders gegen den Grund; ebenfalls grün anlaufend.
Fleisch: Am Anschnitt oder Bruch tritt Milch aus, die sich an der Luft sofort karottenrot färbt. Leicht bitterer Geschmack, der beim Kochen vergeht.
Vorkommen: in Nadelwäldern im flachen Gras, bevorzugt unter Kiefern (oft ist der Stiel zwischen Nadeln verborgen und nur der charakteristische Hut schaut heraus). Gelegentlich einzeln, meist in Gruppen.
Saison: Spätsommer bis Spätherbst.

VOR- UND ZUBEREITUNG

Dieser Pilz besitzt eine knackige Konsistenz bei nicht zu ausgeprägtem Geschmack. Mit etwas Sorgfalt zubereitet, schmeckt er ganz vorzüglich. Zuerst wird er auf Maden untersucht: Ältere Pilze, die häufiger befallen sind, der Länge nach halbieren und säubern; besonders schmutzige oder erdige Exemplare kann man auch waschen. Als nächstes die Pilze 2—3 Minuten brühen, um ihnen den bitteren Geschmack zu nehmen. Anschließend nach Belieben entweder nur blanchiert in Salaten verarbeiten oder aber schmoren, dämpfen oder braten, mit Pasta, Fleisch oder Fisch anrichten. Gut geeignet zum Einfrieren und, wie in Rußland üblich, zum Einsalzen (siehe Rezept Seite 119).

Langermannia Gigantea

(syn. LYCOPERDON GIGANTEUM; CALVATIA GIGANTEA)

Riesenbovist

E: giant puffball F: vesse de loup géante I: vescia maggiore

Als ich an einem Herbsttag in Begleitung meines Hundes Jan einen Spaziergang im Hyde Park machte, fiel mein Blick plötzlich auf einen weißen Fußball, der unweit des Weges halb versteckt im Gebüsch lag. Ich schaute mich nach Kindern um, die ihn vielleicht suchten, aber weit und breit war kein einziges zu sehen. Als mir dann neben dem großen ein zweiter, kleinerer Ball auffiel, fiel auch der Groschen: Riesenboviste! Und genau das war es: ein Prachtexemplar dieses Pilzes, der laut Lehrbuch auf freiem Feld anzutreffen ist.

In Hülle und Fülle fanden wir ihn auch an dem Tag, an dem wir die Außenaufnahmen für den Umschlag dieses Buches gemacht hatten. Auf unserem Rückweg kamen wir an einem Feld vorbei, das übersät war mit diesen weißen Bällen. Wir hielten sofort an. Und Andrew Whittuck, der Fotograf, der so etwas noch nie gesehen hatte, traute angesichts ihrer Größe und Zahl seinen Augen nicht. Worin aber sollten wir die Pilze nun sammeln? All unsere Körbe waren bereits mit Pilzen gefüllt. Da lag doch tatsächlich im Straßengraben ein metallener Einkaufskorb. — Fortuna war uns hold!

Diese riesige Spezies ist, wie sollte es anders sein, der lohnendste und auffälligste aller eßbaren Boviste. Schon ein größeres Exemplar ergibt eine komplette Mahlzeit für eine ganze Familie. Von den anderen Arten wie Flaschenstäublingen (*Lycoperdon perlatum*) oder Birnenstäubling (*L. pyriforme*) dagegen, die jeweils gerade ein, zwei Bissen ausmachen, benötigt man eine weit größere Zahl. Alle Boviste mit fester, weißer Fruchtmasse sind eßbar; allerdings muß man sich bei kleineren Exemplaren vor Verwechslungen mit dem ungenießbaren Kartoffelbovist (*Scleroderma citrinum*) und dem tödlich giftigen Grünen Knollenblätterpilz (*Amanita phalloides*) im eiförmigen Stadium hüten.

MERKMALE

Der Riesenbovist weist weder Hut, noch Lamellen oder Stiel auf. Er zählt zu den Bauchpilzen, bei denen die Sporen innerhalb des Fruchtkörpers reifen und schließlich herausstäuben. Sein Körper erreicht einen Durchmesser bis 80 cm. Durch einen dünnen, wurzelähnlichen Faden ist er mit dem Myzel verbunden. Dieser zerreißt schließlich, so daß der Pilz, vom Wind getrieben, frei über die Felder rollt und dabei seine Millionen von Sporen verstäubt. Anfangs von der Größe eines Tischtennisballs, ist er im Endstadium mindestens so dick wie ein Fußball.

Die Außenhülle — Exoperidie genannt — ist ziemlich fest und leicht lederartig, anfangs weiß und später dann allmählich braun.

Die Fruchtmasse oder Gleba ist ebenfalls zunächst weiß und fest, wird danach gelb und schließlich ganz braun und pulverig (Sporenstaub). Die frische Fruchtmasse verströmt einen wunderbar pilzigen Geruch; im Geschmack erinnert sie an einen stark aromatischen Wiesenchampignon.
Vorkommen: auf gut gedüngten Feldern, in Gärten und Parks; auf Wiesen, zwischen Büschen und oft zusammen mit Brennesseln.
Saison: Spätsommer bis Spätherbst.

VOR- UND ZUBEREITUNG

In Italien wird dieser äußerst leckere Pilz wie Kalbskotelett zubereitet, und erstaunlicherweise ist der Geschmack nicht unähnlich. In Scheiben geschnitten und fritiert oder gegrillt, ist das feste Fleisch ebenso köstlich wie in Suppen. Zwar eignet es sich nicht zum Trocknen, doch läßt es sich, in Scheiben oder Würfel geschnitten, gut einlegen. Wie gesagt, nur die jungen Exemplare mit fester, weißer Fruchtmasse sind genießbar.

Der Pilz ist schnell vorbereitet: Die Oberfläche abreiben, um eventuelle Gras- oder Erdreste zu entfernen, und den »Wurzelfaden« am Grund abschneiden.

Leccinum Versipelle

(syn. BOLETUS VERSIPELLIS; B. TESTACEO-SCABER; LECCINUM TESTACEO-SCABRUM)

Heiderotkappe

E: orange birch bolete F: bolet orangé I: porcinello rosso
P: koźlarz pomarán zowozołty Sw: tegelrod björksopp

Wenn überhaupt ein Pilz das Attribut »phallisch« verdient, dann dieser. Insbesondere die jungen Exemplare zeichnen sich durch entsprechende Merkmale aus und sind dabei zuweilen geradezu grotesk in ihren Proportionen. Meist erkennt man den orangefarbenen Hut dieses Röhrenpilzes schon aus weiter Entfernung. Steht man dann vor ihm, kann man über die langen, kräftigen Stiele oft nur staunen. In guten Jahren ist mein Korb oft in wenigen Minuten gefüllt, und ich habe Probleme, ihn zum Wagen zu tragen — so schwer sind diese Pilze.

An versteckten Stellen, die selten abgeerntet werden, trifft man auf ausgewachsene Exemplare mit Hüten bis 35 cm Durchmesser. Allerdings sind sie so weich und schwammig (und wimmeln von Maden), daß es einzig sinnvoll ist, die Pilze zu zerbrechen und die Stücke zu verstreuen, um so vielleicht die Sporen zu verteilen. Ich habe ein Fleckchen gefunden, an dem dieser Pilz, der bevorzugt unter Birken wächst, zwischen hohem, üppigem Gras und rosa blühender Erika prachtvoll gedeiht. Und ich kann Ihnen nur wünschen, auch eine solche Entdeckung zu machen. Natürlich muß ich »meinen« Platz geheimhalten, da er eigentlich jedem frei zugänglich ist, glücklicherweise aber nur von wenigen besucht wird. Er liegt in einer Senke, in der sich reichlich Regenwasser sammelt, so daß er auch bei warmem Wetter immer feucht bleibt und damit der Heiderotkappe die idealen Bedingungen bietet.

Wenn Sie einen dieser Pilze entdecken, sammeln Sie ihn behutsam ein. Denn oftmals wachsen noch jüngere Exemplare dicht an der Knolle. Suchen Sie auch die unmittelbare Umgebung gründlich ab, denn wo einer ist, finden sich meist noch mehr.

In Polen und Rußland ist dieser Pilz ganz besonders beliebt, oft mehr als der Steinpilz, und wird auf verschiedenste Weise zubereitet.

MERKMALE

Hut: in der Jugend halbkugelig, dann konvex, bis zu einem Durchmesser von 30 cm heranwachsend. Anfangs sehr fest und leuchtend rot-orange, später ziemlich weich und blaßorange.
Röhren: bei jungen Exemplaren winzig und weißgrau; später dunkler grau bis ocker und zugleich sehr schwammig. Sporenpulver gelbbraun.
Stiel: fast so auffällig wie der Hut: weißgräulich, dicht mit braunen oder schwarzen rauhen Schuppen besetzt. Maximal 5 × 25 cm im Durchmesser, zur Spitze hin verjüngt.
Fleisch: Hut und Stiel bei jungen Exemplaren fest bis hart, aber zart. Bei Reife wird das Hutfleisch weiß und leicht schwammig, der Stiel faseriger; im Anschnitt, besonders am Stiel, gräulich-blau verfärbend. Frisch-pilziger Geruch und gefälliger Geschmack.
Vorkommen: meist einzeln, zuweilen in Gruppen, zwischen üppigem Bodenbewuchs unter Birken.
Saison: bei feuchtem Wetter von Frühsommer bis Spätherbst.

Es gibt mehrere *Leccinum*-Spezies. Im Geschmack fast ebenbürtig ist die Espenrotkappe (*L. aurantiacum*), die in Aussehen und Hutfarbe der Heiderotkappe sehr ähnelt, aber rötliche Schuppen am Stiel aufweist und unter Espen wächst. Die Eichenrotkappe (*L. quercinum*) unterscheidet sich nur durch einen etwas dunkleren Hut im Vergleich zur Espenrotkappe und steht unter Eichen. Der minderwertigste von allen ist der Birkenpilz (*L. scabrum*): Sein Hut ist braun, er ist erheblich kleiner, zuweilen leicht wäßrig und ohne ausgeprägten Pilzgeruch und -geschmack. Ich sollte noch erwähnen, daß Espen- und Eichenrotkappe weit seltener als die Heiderotkappe zu finden sind.

VOR- UND ZUBEREITUNG

Da die Heiderotkappe recht feucht und im Aroma nicht sehr intensiv ist, würde ich sie nicht trocknen. Doch läßt sie sich ohne weiteres roh einfrieren und auch gut einlegen, wobei sie allerdings eine gräuliche Färbung bekommt. Äußerst empfehlenswert ist sie in Scheiben geschnitten und gebraten oder mit Knoblauch in Butter sautiert sowie geschmort; hervorragend auch für

Suppen und Saucen. Sie bietet sich besonders an, wenn es eher auf Quantität als auf Qualität ankommt.

Ich empfehle, die Huthaut abzuziehen; den Stiel mit einem scharfen Messer schälen und dabei die Schuppen entfernen. Auf Maden untersuchen; ältere Exemplare mit wäßrigen Röhren wegwerfen. Wundern Sie sich nicht, wenn dieser Pilz nach dem Kochen fast schwarz ist — das tut seinem Wohlgeschmack keinen Abbruch.

Lepiota Procera

Parasol; Riesenschirmling

E: parasol mushroom F: lepiote élevée; coulmelle I: mazza da tamburo
P: czubajka kania Sp: apagador Sw: stolt fjällskivling

Während die italienische Bezeichnung (übersetzt »Trommelschlegel«) auf die Ähnlichkeit der jungen Exemplare mit dem unverzichtbaren Utensil einer Blaskapelle anspielt, beziehen sich alle anderssprachigen Namen auf die erwachsenen Parasols, die verblüffend an Sonnenschirme erinnern. Wenn man bedenkt, wie beliebt die Blaskapellen bei den Briten und wie anders doch die klimatischen Verhältnisse in Italien sind, wäre es eigentlich angebracht, den italienischen und den englischen Namen auszutauschen.

Dieser Blätterpilz mit seinem unverkennbaren Äußeren ist ziemlich leicht zu finden. Er zählt zu den besten und schmackhaftesten aller Speisepilze und birgt, sofern man sich genau an der Beschreibung orientiert, keinerlei Risiko. Nicht verwechselt werden sollte er mit dem verwandten Safranschirmpilz (*Lepiota rhacodes*), der sich durch einen stärker mit Schuppen besetzten Hut, einen kürzeren Stiel und rot verfärbendes Fleisch unterscheidet. Da diese Spezies bei empfindlichem Magen Beschwerden verursachen soll, hält man sich am besten an den einfachen Parasol.

MERKMALE

Hut: jung eiförmig; der am Stiel anliegende Rand ist durch ein Velum geschützt, das beim Öffnen des Hutes aufreißt; Überreste davon als verschiebbarer, weißflockig-brauner Ring. Der ausgewachsene Hut hat die Form eines großen Schirmes und zeigt auf weißlichem Grund um das gebuckelte Zentrum konzentrisch angeordnete bräunliche Schuppen. Bis 25 cm breit.
Lamellen: weiß, dicht angeordnet, am Stiel nicht angewachsen, sehr breit (machen etwa zwei Drittel der Huthöhe aus), an ein aufgefächertes Buch erinnernd. Sporenpulver weiß.
Stiel: bis 30 cm hoch und 2 cm dick (4 cm an der knolligen Basis); lächerlich dünn im Vergleich zum Hut. Jedoch faserig-holzig und daher ungenießbar. Anfangs gräulich, später weiß mit bräunlichen Schuppen oder genattert. Doppelt gerandeter, auf dem hohlen Stiel verschiebbarer Ring.
Fleisch: dünne Fleischschicht des Hutes weiß, zunächst fest, im Alter weich. Keine Verfärbung bei Druck oder Schnitt. Geruch und Geschmack angenehm.
Vorkommen: einzeln, manchmal in Gruppen; auf trockenerem Boden oder am Rand von Laubwäldern (keine bevorzugte Baumart), auch auf freiem Feld, in Gärten und an Hecken.
Saison: periodisch ab Sommermitte bis Herbst.

VOR- UND ZUBEREITUNG

Im Gegensatz zum ungenießbaren Stiel läßt sich der Hut, je nach Reifegrad, auf vielerlei Art köstlich zubereiten. Wenn er noch geschlossen ist, durch Backteig ziehen und fritieren. Hat er sich schon zu einer Tasse geöffnet, kann man ihn gut füllen und schmoren. Ist er schon ausgebreitet wie ein aufgespannter Sonnenschirm,

wendet man ihn am besten in verquirltem Ei und Semmelbröseln und brät ihn — eine vollständige, leckere Mahlzeit.

Parasols eignen sich nicht besonders zum Einlegen oder Einmachen. Essen Sie sie am besten gleich frisch.

Gewöhnlich sind diese Pilze insektenfrei, es sei denn, man ist auf ein altes Exemplar gestoßen, das sowieso nicht mehr schmecken würde. Die Köpfe nur abbürsten, nicht waschen, da sie sich schnell voll Wasser saugen und ihren Geschmack einbüßen würden.

LEPISTA NUDA

(syn. TRICHOLOMA NUDUM)

Violetter Rötelritterling

E: wood blewit F: pied-bleu I: agarico nudo
P: gąsówka naga Sp: tricoloma violeta

Pilze besitzen kein Chlorophyll, also kein Blattgrün. Statt dessen aber präsentieren manche sich in anderen zauberhaften Farben. Zu diesen zählt der Violette Rötelritterling, einer der weitest verbreiteten und exquisitesten Speisepilze in ganz England. Sein Farbspektrum reicht von Flieder über Violett bis Blaß- und Gelbbraun. Er findet sich recht häufig, ist ziemlich einfach zu bestimmen und schmeckt ganz ausgezeichnet — *nach* dem Kochen wohlgemerkt: Denn er ist schwach giftig und verursacht, in größeren Mengen verzehrt, Magenbeschwerden. Widerstehen Sie also der Versuchung, den Violetten Rötelritterling wegen seiner dekorativen Wirkung roh in Salaten zu verarbeiten. Nach dem Kochen ist die giftige Substanz abgebaut, der Pilz absolut harmlos und einfach köstlich.

Der Violette Rötelritterling wächst oft in großen Gruppen über ein weites Gebiet verstreut, so daß man sehr schnell eine ansehnliche Menge gesammelt hat. Allerdings verbirgt er sich nicht selten im Laub und ist auf den ersten Blick nicht auszumachen. Er ist später als viele andere Pilze und bis in den Winter hinein anzutreffen.

MERKMALE

Violetter Rötelritterling (*Lepista nuda*)

Hut: jung gewölbt, dann unregelmäßig abgeflacht bis vertieft mit hochgezogenem Rand, der die Lamellen erkennen läßt. Bis 12 cm breit. Anfangs violett, später bräunlich. Sehr glatte, selbst bei trockenem Wetter feucht erscheinende Oberhaut.
Lamellen: dicht stehend, um den Stiel leicht ausgebuchtet. Dunkler als der Hut, bald zu Gelbbraun verblassend. Sporenpulver cremerosa.
Stiel: zunächst violett gesprenkelt oder gefasert, im Alter blaß. Anschnitt am Rand dunkler, zur Mitte hin aufgehellt. Bis 3 cm Durchmesser und 10 cm Höhe, nach oben verjüngt.
Fleisch: beim jungen Pilz dick und fest: vilolett, im Alter eher gräulich. Das Fleisch älterer Exemplare sieht an der Schnittstelle aus wie mit Wasser durchtränkt. Angenehm fruchtiges, fast parfumartiges Aroma; äußerst schmackhaft.
Vorkommen: in kleinen bis großen Gruppen, manchmal über ein weites Gebiet hinweg; in Laubwäldern, an Hecken, zuweilen in Gärten.
Saison: relativ spät, mitunter erst ab Ende September und, trotz Frost, bis in den Dezember oder sogar ins neue Jahr hinein.

Lilastielritterling (*Lepista personata*)

Dieser Verwandte unterscheidet sich durch einen sehr blassen Hut. Nur sein Stiel ist, wie der Name schon andeutet, kräftig violett. Im Geschmack sind beide Spezies sehr ähnlich. Der Lilastielritterling findet sich auf Feldern, Wiesen und dungreichem Weideland.

VOR- UND ZUBEREITUNG

Der Violette Rötelritterling ist ein ausgezeichneter Speisepilz. Das Fleisch ist so dick und saftig, daß schon ein paar Exemplare eine sättigende Mahlzeit ergeben. Wundervoll schmeckt dieser Pilz, in altbewährter Manier mit etwas Knoblauch und

Petersilie in Butter gebraten. Er läßt sich ebenso für Eintöpfe verwenden oder zusammen mit anderen Pilzen sautieren und ergibt eine vorzügliche Sauce zu Fleisch und Fisch. Gekocht kann man ihn gut einfrieren, ideal ist er auch zum Einlegen in Essig oder Öl. Trocknen läßt er sich ebenso. Ein Pilz also, den Sie auf jede beliebige Art verwerten können, der zuvor aber *unbedingt* gekocht werden muß.

Diese Spezies sind gewöhnlich madenfrei und sauber. Die Hüte, falls nötig, abwischen. Zähe Stiele älterer Exemplare entfernen. Da sie kaltes Wetter vertragen, halten sich diese Pilze auch gut einige Tage im Kühlschrank.

Morchella Elata & Morchella Esculenta

Morcheln

E: morels F: morille; éponge I: spugnola bruna; spugnola gialla
P: smardz stózkówaty Sp: colmenilla Sw: toppmurklor

Dieser äußerst begehrte, aber nicht immer erhältliche Pilz wird weltweit zu hohen Preisen gehandelt. Wie die Trüffel auch, zählt die Morchel zu den Schlauchpilzen. Anstelle von Lamellen oder Röhren weist sie am Hut wabenähnliche Vertiefungen auf, die mit der sporenerzeugenden Fruchtschicht ausgekleidet sind. Sie erscheint im Frühling, bei mildem Wetter bereits Ende März, als einer der ersten Pilze. Ideale klimatische Bedingungen, das heißt, einen ausgewogenen jahreszeitlichen Rhythmus von kalt-mild-heiß-mild, findet sie in Italien, Frankreich, der Schweiz und dem amerikanischen Mittelwesten. In Minnesota feiert man sogar ein Morchel-Festival, um diese Kostbarkeit der Pilzwelt gebührend willkommen zu heißen.

Von dem Wissen getrieben, daß die Morchel gerne auf Brandstellen wächst, lösen fanatische Morchelsucher in der Provence zuweilen absichtlich Waldbrände aus und hoffen darauf, die wertvollen Fruchtkörper im nächsten Frühjahr aus dem verkohlten Boden schießen zu sehen.

Als kleiner Junge fand ich einmal in der Nähe von Castelnuovo Belbo im hohen Schilf einige Morcheln. Ich kam mir vor wie in einem Märchendschungel. Als ich nach Hause kam, holte mich die Realität aber bald wieder ein: Meine Sammlung wurde von meiner Mutter und meinen Brüdern gründlichst untersucht, um sicherzugehen, daß es wirklich Morcheln waren. Mit etwas Erfahrung kann man die Morchel leicht von der ebenfalls im Frühjahr wachsenden giftigen Frühlorchel (*Gyromitra esculenta*) unterscheiden: Bei der Speisemorchel ist der Hut ziemlich symmetrisch, bei der Frühlorchel dagegen stark gelappt und unregelmäßig geformt.

Speisemorchel (*Morchella esculenta*) und Hohe Morchel (*M. elata*) gelten als die beiden besten Morchelarten. Sie unterscheiden sich geringfügig in Form, Farbe und Größe, doch stimmen die Grundmerkmale überein.

MERKMALE

Wenn man eine Morchel der Länge nach durchschneidet, erkennt man, daß Hut und Stiel eine Einheit bilden.

Hut: in zahlreiche Kammern geteilt, die dem Pilz das Aussehen eines sehr unregelmäßigen Schwammes verleihen. Die Kammern sind mit den Asci ausgekleidet, mikroskopischen sackartigen Zellen, in denen die Sporen erzeugt werden. Bei der Hohen Morchel ist der Hut stumpf-kegelig und von dunkelbrauner Farbe, die im Alter noch nachdunkelt; die Kammern sind ziemlich regelmäßig in Längsrichtung angeordnet. Er erreicht einen Durchmesser bis 5 cm, in der Höhe bis 10 cm. Der Hut der Speisemorchel ist rundlicher mit unregelmäßigen Kammern; Farbe zunächst cremig-gelb, später blaß- bis gelbbraun. Meist wird sie größer als die Hohe Morchel: bis 15 cm hoch. (Wie bei allen Pilzen schwanken die Maße je nach Standort. In den USA werden sie natürlich viel größer!) Hut und Stiel sind fest miteinander verbunden und bilden einen durchgehenden Hohlraum.

Stiel: cremeweiß, zylindrisch, bei beiden Spezies hohl, zum Grund hin leicht verdickt. Bei der Hohen Morchel Durchmesser bis 3 cm und Höhe bis 5 cm; bei der Speisemorchel Durchmesser bis 5 cm und Höhe bis 9 cm.

Fleisch: Hut und Stiel wirken beim Anschauen und Berühren knorpelig und zerbrechlich, das Fleisch aber ist knackig und fühlt sich feucht an. Bei der Hohen Morchel im Hut blaßbraun, im Stiel weiß. Das Fleisch der Speisemorchel sieht eher schwammig aus, ist aber ebenfalls knackig und fest; heller als die Außenfläche, im Hut cremig-weiß. Meiner Meinung nach beruht die Beliebtheit dieses Pilzes weniger auf seinem Aroma und Geschmack — beides angenehm und zart, aber kaum wahrnehmbar —, als vielmehr auf seiner Erscheinung, Beschaffenheit und der jeweiligen Zubereitung.

Vorkommen: bevorzugt auf sandigem Boden mit kalkigem Untergrund; in mit Strauchwerk aufgelockerten Wäldern, an Waldrändern und Böschungen, auf Weideland, in Obstgärten, auf Brachland und Brandstellen.

Saison: Ende März bis Mai, wetterabhängig.

VOR- UND ZUBEREITUNG

Nachdem ich diesen vielseitig kombinierbaren Pilz in den höchsten Tönen gelobt habe, sei jedoch einschränkend darauf hingewiesen, daß er grundsätzlich gekocht werden muß, da er roh genossen Magenbeschwerden auslösen kann.

SPEISEMORCHEL, *MORCHELLA ESCULENTA*

Morcheln sind kaum von Maden befallen. Da aber die innere Höhlung Madenbefall aufweisen könnte, schneiden Sie den Pilz lieber auf. Kappen Sie schon an Ort und Stelle die meist sandige Knolle, damit sich beim Transport keine Körnchen in den Hüten festsetzen. Falls die Hüte dennoch verschmutzt sind, machen Sie sich auf längeres, ausgiebiges Säubern gefaßt. Verwenden Sie dazu einen Pinsel. Waschen Sie die Pilze nur, wenn es gar nicht anders geht.

Morcheln gehören zu den wenigen Pilzen, die durch Trocknen und Wässern ihre Eigenschaften nicht einbüßen: Sie lassen sich danach ebenso wie die frischen Pilze verarbeiten. Geschmacklich erinnern sie mich irgendwie an Speck. Zwar sind getrocknete Morcheln nicht gerade billig, doch inzwischen leichter erhältlich, so daß man nicht mehr unbedingt darauf angewiesen ist, sie selbst zu finden und zu trocknen. Sie werden 20 Minuten in lauwarmem Wasser eingeweicht; unter Umständen muß der Stielgrund abgeschnitten werden, in jedem Fall aber filtern Sie das Einweichwasser. Morcheln halten sich auch gut eingelegt oder »au naturel« eingemacht; das Einfrieren dagegen empfiehlt sich nicht. Am besten sind sie natürlich immer noch frisch!

Pleurotus Ostreatus

Austernpilz; Austernseitling

E: oyster mushroom F: pleurote en huitre I: fungo ostrica
P: boczniak ostrygowaty Sw: ostronmissling

Seiner stahlgrauen Färbung und typischen Muschelform verdankt dieser Pilz seinen Namen. Er ist einer der wenigen, die sich für die Züchtung eignen, so daß man ihm inzwischen häufig auch im Supermarkt begegnet. Allerdings ziehe ich die wildwachsende Variante wegen ihres intensiveren Geschmacks vor.

Der verwandte Rillstielige Seitling trägt aufgrund seiner Ähnlichkeit mit einem Füllhorn oder einer Trompete die botanische Bezeichnung *P. cornucopiae.* Obwohl die beiden Spezies sich in Form und Farbe unterscheiden, habe ich sie hier ganz bewußt nebeneinandergestellt, da sie sehr ähnliche Merkmale aufweisen und in der Küche auf dieselbe Art verwendet werden. Als Schmarotzer durchbrechen sie die Rinde umgestürzter Stümpfe und Laubbäume und entziehen diesen ihre Nährstoffe, bis nur noch völlig ausgelaugtes Holz zurückbleibt. Gehen Sie bei der Bestimmung gewissenhaft vor, denn manche der auf Baumstümpfen wachsenden Pilze sind ungenießbar oder sogar giftig.

Daß ich den Rillstieligen Seitling überhaupt kennenlernte, verdanke ich Gennaro Contaldo. Zum ersten Mal begegnete ich Gennaro Anfang Mai, als er in mein Restaurant kam. Zu meinem Erstaunen hatte er einen Korb dabei, der gefüllt war mit diesen frisch gesammelten Pilzen. Im Frühjahr sind sie in England eine große Seltenheit, so daß es mich um so mehr wunderte, als er mir den Korb schenkte. Inzwischen bringt er mir einen Korb nach dem anderen, und uns verbindet eine enge »mykologische« Freundschaft.

MERKMALE

Austernpilz (*Pleurotus ostreatus*)

Hut: flach und rund; einseitig muschel- oder zungenförmig ausgebildet. Oberfläche zwischen blaugrau — beim jungen Pilz — und später blaßbraun variierend; auch von hell-cremefarben bis haselnußbraun. Haut leicht glänzend. Bis 16 cm breit.
Lamellen: hell-cremefarben, nicht sehr dicht, am Stiel herablaufend. Sporenpulver violett.
Stiel: exzentrisch bis randständig oder fast fehlend.
Fleisch: beim jungen Pilz weiß und sehr zart, später zäher. Vager Geruch/Geschmack.
Vorkommen: parasitär in dichten Büscheln auf umgestürzt lebenden oder abgestorbenen Laubbäumen, vorzugsweise Buche, in Parks und auf dem Land. Oft von Gras oder Brennesseln bedeckt — denken Sie also daran, einen Stock mitzunehmen.
Saison: bei warmem Wetter ab Frühsommer bis zum ersten Frost (ich habe ihn schon im Dezember gefunden).

Rillstieliger Seitling (*Pleurotus cornucopiae*)

Deutlich trichterförmig und mehr in die Höhe wachsend. Im Vergleich zum Austernpilz ausgeprägterer Stiel, der bei Büschelbildung bis 20 cm lang wird. Hut rund und zur Mitte hin trichterartig eingesunken. Hutoberfläche je nach Standort weiß bis blaßbraun. Fleisch weiß, Sporenpulver hellviolett. Vorkommen wie Austernpilz, wächst mit Vorliebe an Eichen und Ulmen.

VOR- UND ZUBEREITUNG

Diese Pilze zeichnen sich weniger durch hervorragende kulinarische Qualitäten aus — ihr Geschmack ist nicht gerade sensationell —, als vielmehr durch ihre vielseitigen Zubereitungsmöglichkeiten. So manchem Gericht verleihen sie erst den

PLEUROTUS CORNUCOPIAE

AUSTERNPILZ, *PLEUROTUS OSTREATUS*

letzten Pfiff, und besitzen als Zuchtpilze den Vorteil, jederzeit erhältlich zu sein. Lecker sind sie mit Knoblauch in Butter gebraten, paniert und fritiert sowie in Suppen. Das Einlegen in Öl (siehe Rezept Seite 123) gelingt nur zufriedenstellend, wenn Sie sie vorher in Essig beizen. Einfrieren sollten Sie nur ganz junge Exemplare, ältere werden zäh. Mangels ausgeprägtem Geschmack sind sie zum Trocknen nicht geeignet.

Inspizieren Sie größere Exemplare gründlich, denn manchmal enthalten die Stiele Maden. In diesem Fall genießen Sie die Pilze einfach ohne Stiel.

Beim Kauf wählen Sie kleinere Exemplare, da diese weniger wäßrig sind.

Sparassis Crispa

Krause Glucke

E: cauliflower fungus F: clavaire crêpue I: arricciata
P: szmaciak galezisty Sp: clavaria rizada

Wenn immer ich im Herbst durch einen Kiefernwald streife, behalte ich stets auch die unteren Baumstämme im Auge, denn genau dort wächst dieser sonderbare Pilz gewöhnlich. Falls Sie ein großes Exemplar finden (und die Krause Glucke kann beträchtliche Ausmaße erreichen), reicht es schon für eine komplette Mahlzeit. Der Name dieses Pilzes ist sehr treffend gewählt. Er ähnelt einem Blumenkohl und bietet gleichermaßen interessante Verwendungsmöglichkeiten. Halten Sie im Wald die Augen nach diesem Pilz offen, denn auf dem Markt werden sie ihn kaum finden — nur der wahre Connaisseur weiß ihn zu schätzen.

MERKMALE

Ein Hut im gewöhnlichen Sinne ist nicht vorhanden: der Pilz besteht aus zahlreichen knorpeligen, gewellten Lappen, die aus einem derben, kräftigen, sich mehrfach verzweigenden Strunk hervorgehen. Der Fruchtkörper entwickelt sich innerhalb kurzer Zeit und umschließt dabei alles, was ihm im Wege ist. Schon oft habe ich beim Aufschneiden Kiefernnadeln und sogar kleine Zapfen darin gefunden.

Fruchtkörper: meist rundlich und von sehr unterschiedlicher Größe: Durchmesser 20—50 cm. Unregelmäßig gewellte Lappen. Cremefarben bis hell-haselnußbraun, im Alter dunkler. Sporenpulver weiß oder blaßgelb. Fleisch brüchig und zur Mitte hin fester. Geruch angenehm; Geschmack süß, nussig.

Vorkommen: in Kiefernwäldern, am Fuß alter Kiefern oder auf Stümpfen.

Saison: Spätsommer bis Spätherbst.

VOR- UND ZUBEREITUNG

Sammeln Sie nur Exemplare von cremig-weißer (blumenkohlähnlicher) Farbe. Sobald sie schon gelblich sind, ist das Fleisch zäh und unverdaulich. Aufschneiden und auf Schmutz, Insekten und Fremdkörper untersuchen. Vor der Zubereitung gründlich waschen.

Die Krause Glucke läßt sich auf jede erdenkliche Weise verarbeiten: Ich habe sie schon gebraten, in Öl eingelegt, eingefroren und getrocknet (sie zählt zu den wenigen Pilzen, die das Trocknen ohne Qualitätseinbußen überstehen). Frisch oder getrocknet eignet sie sich ausgezeichnet für Suppen; sie paßt zu allen möglichen Eintöpfen und schmeckt auch allein zubereitet hervorragend. Gerichten aus Mischpilzen verleiht sie dank ihres Aussehens, ihrer Beschaffenheit und ihres Geschmacks ein gewisses Etwas.

Suillus Grevillei

(syn. BOLETUS ELEGANS)

Goldröhrling

E: larch bolete; tamarack jack
F: bolet élégant I: boleto elegante; laricino
P: maślak zólty Sp: boleto amarillo
Sw: lärksopp

Suillus Luteus

(syn. BOLETUS LUTEUS)

Butterpilz

E: slippery jack F: bolet couleur de terre
I: boleto giallo P: maślak zwyczajny
Sp: boleto anillado
Sw: smörsopp

GOLDRÖHRLING, *SUILLUS GREVILLEI*

Obwohl von ganz unterschiedlichem Äußeren, sind sich diese beiden Spezies in ihren Merkmalen und kulinarischen Eigenschaften so ähnlich, daß ich sie hier gemeinsam behandeln kann. Beide wachsen unter (allerdings verschiedenen) Nadelbäumen, und beide besitzen einen stark schmierigen Hut. Passen Sie also auf, wohin Sie treten! Keiner von beiden wäre als kulinarischer Hochgenuß zu rühmen, doch sind sie häufig zu finden und, mit anderen Pilzen zusammen in Suppen und Eintöpfen verarbeitet, recht lecker.

Seit neuestem werden sie der Gattung der Schmierröhrlinge (*Suillus*) zugeordnet, doch sind sie oft noch unter den Dickröhrlingen (*Boletus*) aufgeführt.

MERKMALE

Hut: jung halbkugelig, unten von einer Hülle umschlossen; später ausgebreitet bis flach (10—12 cm breit). Im Laufe der Entwicklung löst sich die Hülle vom Hut und verbleibt als Ring oder Manschette am Stiel. Huthaut schmierig, bei feuchter Witterung klebrig, bei trockenem Wetter glänzend. Beim Goldröhrling anfangs gelborange, später gelblich verblassend. Beim Butterpilz zunächst schokoladenbraun, im Alter braunviolett.
Röhren: schwammig und sehr saugfähig. Beim Goldröhrling zitronengelb und leicht am Stiel herablaufend. Beim Butterpilz blaßgelblich und am Stiel gerade angewachsen.
Stiel: beim Goldröhrling oberhalb des blaßgelben Ringes goldgelb, unterhalb dunkler gelb mit bräunlicher Musterung; bis 3 cm im Durchmesser und 10 cm hoch. Beim Butterpilz oberhalb des (weißlichen, von unten blaß purpurfarbenen) Ringes farblich den Röhren angeglichen, unterhalb gelbbraun bis braun.
Fleisch: weich und zart; beim Goldröhrling zitronen- bis chromgelb; beim Butterpilz blaßgelb bis weiß. Kein ausgeprägtes Aroma.

BUTTERPILZ, *SUILLUS LUTEUS*

Vorkommen: Goldröhrling ausschließlich unter Lärchen; Butterpilz gewöhnlich unter Kiefern, besonders in der Nähe von Wegen und Böschungen. **Saison:** Sommer bis Spätherbst.

VOR- UND ZUBEREITUNG

Die Hüte beider Spezies sind so klebrig, daß alles, was mit ihnen in Berührung kommt — Erde, Blätter, Tannennadeln usw. — sofort daran haften bleibt. Entfernen Sie daher am besten Huthaut und Ring, noch ehe Sie die Pilze in den Korb legen. Beide Arten sind relativ madenfrei.

Ihr nicht sehr charakteristischer Geschmack und das eher wäßrige Fleisch machen sie weniger zu einer Delikatesse als zu einer »nützlichen« Zutat. Zum Konservieren sind sie nicht besonders geeignet: Sie können nur gekocht eingefroren werden, zum Trocknen sind sie zu feucht und geschmacksarm, und zum Einlegen ist das Fleisch zu schwammig. Genießen Sie die Pilze also dann, wenn sie in Hülle und Fülle zu finden sind. Frisch an Suppen oder Eintöpfe gegeben oder auch in Kombination mit anderen Mischpilzen sind sie einfach am besten.

Tuber Magnatum	Tuber Melanosporum	Tuber Aestivum
Weiße Trüffel	Schwarze Trüffel	Sommertrüffel
E: white truffle F: truffe d'Alba I: tartufo d'Alba	E: Perigord truffle F: truffe du Périgord I: tartufo nero	E: summer truffle F: truffe d'été I: scorzone

SOMMERTRÜFFEL, *TUBER AESTIVUM*

Ein professioneller Trüffelsammler wird nur dann jemanden mit auf die Suche nehmen, wenn er sicher sein kann, daß sein Platz geheim bleibt. Als ich erst sieben oder acht Jahre alt war und den Weg ohnehin niemandem hätte beschreiben können, bot Giovanin, ein Freund meines Vaters, mir an, mich auf Trüffelsuche mitzunehmen. Am verabredeten Tag erschien er mit mächtigen Gummistiefeln und einer großen Jagdtasche auf dem Rücken. Mitgenommen hatte er außerdem einen Stock, ein merkwürdig geformtes Werkzeug zum Graben und einen kleinen Mischling namens Fido.

Ich erinnere mich noch ganz deutlich an die Stimmung im spätherbstlichen Wald — es war November —, an die kahlen Zweige, die in den Nebel ragten, als ob sie sich selbst aus dieser Trostlosigkeit herausreißen wollten. Es war etwas in dieser geheimnisvollen Stimmung, das einen starken Reiz auf mich ausübte. Und seither bin ich ein leidenschaftlicher Pilzsammler. Auf einmal wurde Fido ganz aufgeregt, er lief, die Nase fest am Boden, hin und her und sog den Geruch der Trüffeln ein wie ein zum Leben erweckter Staubsauger. Als er plötzlich wie angewurzelt stehenblieb und zu scharren begann, wußte Giovanin Bescheid: Fido war fündig geworden. Giovanin schob den Hund sanft beiseite, grub mit seinem Spezialwerkzeug ein kleines Loch und holte ein herrliches Exemplar einer Weißen Trüffel aus der Erde. Er bürstete die Trüffel ab und legte sie behutsam in seine Jagdtasche. Und erst jetzt erhielt Fido seine magere Belohnung in Form eines kleinen Kekses.

Bei einer anderen Gelegenheit gab Giovanin mir eine Trüffel mit nach Hause. Ich war völlig außer mir. Es hatte mich gepackt, und das ist bis heute so geblieben. Ich bezeichne Trüffeln als »Speise der Götter, Könige und Schweine«. Manche Trüffeln enthalten eine Substanz, die dem Sexualhormon der Eber ähnelt. Und je reifer die Trüffel, desto stärker und anziehender der Geruch (für die Sau). Die alten Römer setzten zur Trüffelsuche Schweine ein, die dann aber kaum davon abgehalten werden konnten, das Objekt ihrer Begierde selbst zu verspeisen. Dagegen zeigen sich die abgerichteten Hunde von heute umgänglicher und sind eher bereit, von ihrem Fund abzulassen.

Nach wie vor haftet der Trüffel etwas Rätselhaftes an. Zwar glückten in Frankreich und Italien Versuche, die Wurzeln junger Eichen mit Trüffelsporen zu präparieren und damit Produktion und Angebot zu erhöhen, trotzdem bleibt die eigentliche Entwicklung dessen, was unter Gourmets seit jeher als der begehrteste Pilz angesehen wird, noch immer der Natur überlassen. Ich wurde einmal gebeten, in einer Fernsehsendung, die sich mit den neuesten naturwissenschaftlichen Errungenschaften befaßt, mein fachmännisches Urteil über eine synthetische Trüffel aus der Schweiz abzugeben. Nachdem ich das Produkt untersucht und gekostet hatte, blieb mir nur die Feststellung, daß der Mensch in seinem Versuch, der Natur nachzueifern, kläglich versagt hatte: Die weiche lakritzähnliche Masse war ohne jeden Geschmack und Aroma und eignete sich bestenfalls zum Garnieren von pâtés.

Brillat-Savarin bezeichnete die Schwarze Trüffel als den »Schwarzen Diamanten«, der »Frauen zärtlicher und Männer liebenswürdiger stimmt«. Seit jeher wird diesem Pilz eine aphrodisische Wirkung zugeschrieben. Ich persönlich glaube, daß die Schwierigkeiten, die damit verbunden sind, etwas so Seltenes und Exquisites zu finden, eine Nachfrage auslösen, die den Preis in schwindelerregende Höhen treibt, was wiederum eine Stimulierung beinahe sinnlicher Qualität bewirkt. Daß diese Delikatesse hin und wieder, den sprichwörtlichen Perlen gleich, vor die Säue geworfen wird, ist altbekannt und gilt eigentlich für alle exotischen Leckerbissen.

Drei der zahlreichen, weltweit vorkommenden Varietäten sind die bei weitem begehrtesten und kostbarsten: die Weiße Trüffel (*Tuber magnatum*), die Schwarze Trüffel (*Tuber melanosporum*) und die Sommertrüffel (*Tuber aestivum*). Erstere besitzt ein ausgesprochen beißendes Aroma. Einmal erhielt ich einen Anruf der Zollbehörde des Heathrow Airport mit dem warnenden Hinweis, eine an mich adressierte Sendung verderblicher Lebensmittel aus Turin enthielte vermutlich »verdorbene Ware«. Daß Weiße Trüffeln einen derart penetranten Geruch entfalten können, überstieg wohl das Vorstellungsvermögen der bedauernswerten Zollbeamten. Selbst die Polizeihunde schauten leicht irritiert, als ich das Paket abholte.

Eine Kollegin meiner Frau, die von meiner Pilzleidenschaft gehört hatte, versprach mir, ein paar Trüffeln aus Saudi-Arabien mitzubringen, wo sie offenbar üppigst in der Wüste gedeihen. Als sie ankam, blieb mir bei dem Anblick einer großen Plastiktüte voll dicker Weißer Trüffeln beinahe die Luft weg. Bei näherer Untersuchung geschah das gleiche — diesmal allerdings aus Enttäuschung. Kein Geruch, kein Geschmack! Es ist eben nicht alles Gold, was glänzt.

MERKMALE

Trüffeln sind Schlauchpilze mit rundlichen Fruchtkörpern, die unterirdisch wachsen und dabei eine Lebensgemeinschaft mit den Wurzeln bestimmter Bäume bilden. Das gefaltete Hymenium ist als feine Äderung im Fleisch zu erkennen. Der intensive Duft der reifen Sporen zieht Tiere an, die den Fruchtkörper freischarren und fressen und mit ihrem Kot zur Verbreitung der Sporen beitragen.

Weiße Trüffel (*Tuber magnatum*)
Sie wächt ausschließlich in der Langhe, einem Gebiet im Piemont mit dem Zentrum Alba (daher auch

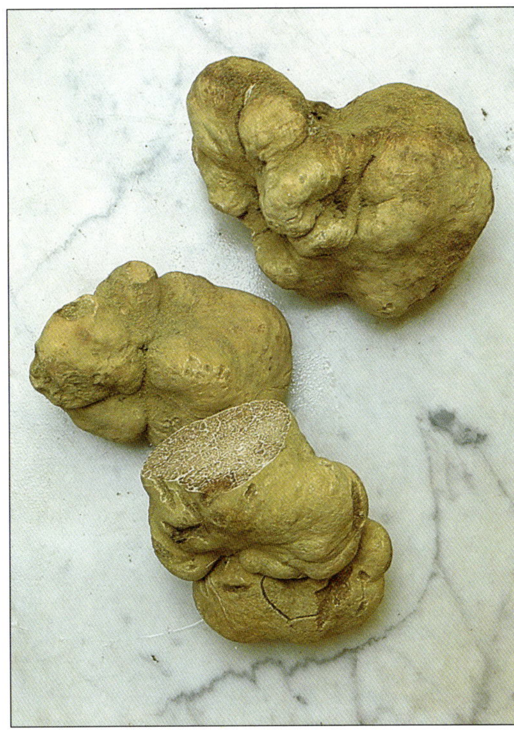

WEISSE TRÜFFEL, *TUBER MAGNATUM*

die Bezeichnung Albatrüffel), und zwar in Symbiose mit Eiche, Haselstrauch, Pappel und Buche. Unregelmäßig geformte, kartoffelähnliche Knolle mit glatter Haut, deren Farbe zwischen Gelblich und hellem Haselnußbraun variiert. Fleisch gelblichweiß bis hellbraun und von Äderchen durchzogen; insbesondere bei Symbiose mit Haselstrauch oder Pappel weist es hellrote Flecken auf. Es ist fest, hart und bröckelig — auf einen harten Untergrund geworfen, bricht es in Stücke. Manche Exemplare erreichen einen Durchmesser von 12 cm und ein Gewicht von 500 g, der Durchschnitt liegt jedoch bei 30—50 g. Sammelzeit ab Ende September mit Höhepunkt im November; sofern kein Bodenfrost auftritt, findet man diese Trüffel bis Ende Januar. Ein abgerichteter Hund riecht eine reife Weiße Trüffel aus 50 m Entfernung, selbst wenn diese 50 cm tief im Boden

SCHWARZE TRÜFFEL, *TUBER MELANOSPORUM*

SOMMERTRÜFFEL, *TUBER AESTIVUM*

liegt. Versuche, die Weiße Trüffel gewerblich zu züchten, sind bisher fehlgeschlagen.

Schwarze Trüffel (*T. melanosporum*)

Sehr berühmt ist die Périgordtrüffel aus der gleichnamigen südfranzösischen Grafschaft, doch findet sich die Schwarze Trüffel auch in der Provence sowie in der Umgebung von Spoleto (Umbrien) und Norcia (Marken). Sie wächst von Mitte November bis März in Symbiose mit der Eiche. In den genannten Gegenden Frankreichs und Italiens präpariert man die Wurzeln junger Bäume vor dem Einpflanzen mit Sporen, um die Ernte zu verbessern. Der unterirdisch wachsende Fruchtkörper ist unregelmäßig rund und von einer rauhen schwarzen Haut überzogen, die mit zahllosen vieleckigen Wärzchen besetzt ist. Fleisch sehr hart, brüchig, mit sehr angenehmem Geruch; meist braun mit weißer Äderung, die beim Kochen verschwindet, da das Fleisch schwarz wird. Erreicht bis zu 7 cm Durchmesser, Gewicht 40—50 g (selten auch 100 g).

Sommertrüffel (*T. aestivum*)

Die Sommertrüffel wächst gewöhnlich zwischen Juni und November, wurde jedoch auch schon im Winter und bis in den März hinein gefunden. Im Aussehen der Schwarzen Trüffel ähnlich, jedoch mit pyramidenförmigen schwarzen Warzen überzogen. Fleisch bräunlich mit weißer Äderung, die beim Kochen vergeht; sehr zartes Aroma. Rundlich, Durchmesser 3—4 cm, etwa 20—30 g schwer. In England auf Kalkböden vorkommend, bevorzugt bei Buchen. Meist sind es nicht Hunde, sondern die Argusaugen von Pilzsuchern, die die zuweilen leicht aus der Erde herausragende warzige Haut ausmachen. Zweifellos den größten Fund konnte Jenny Hall aus Dover melden, die etwa 150 Exemplare dieses wohlschmeckenden Pilzes unter einer Eiche in ihrem Garten entdeckte.

VOR- UND ZUBEREITUNG

Während der Trüffelsaison können Sie mich häufig in meinem Restaurant beim Säubern dieser Pilze antreffen. Um nur nichts zu verschwenden, geschieht dies bei mir mit großem Bedacht. Niemals würde ich eine Weiße Trüffel waschen, da sie dabei etwas von ihrem Aroma einbüßen könnte. Statt dessen reinige ich sie mit einer dieser kleinen, drahtigen Wildlederbürsten. Man könnte sie kochen, doch — nicht zuletzt in Anbetracht ihres hohen Preises — ziehe ich es vor, sie roh über die Speisen zu hobeln. Achten Sie beim Kauf darauf, daß die Trüffel fest und schwer ist und daß eventuelle Madenlöcher nicht, um den Gewichtsverlust auszugleichen, mit Erde ausgefüllt wurden. Bei einem Preis von 4,— bis 6,— DM pro Gramm würde das erheblich zu Buche schlagen.

Weiße Trüffeln sind empfindlich und halten sich nach dem Einsammeln höchstens 7 Tage im Kühlschrank. Kaufen Sie lieber nur die Menge, die Sie sofort benötigen. Im Restaurant, wo ich größere Mengen verbrauche, bewahre ich sie, einzeln in Küchenkrepp eingewickelt, in einer absolut dichten Plastikdose im Kühlschrank auf. Stellen Sie niemals eine Trüffel — egal, welche — in einem offenen Behälter in den Kühlschrank; es sei denn, Sie *möchten*, daß hinterher *alles* nach Trüffeln schmeckt.

Schwarze Trüffeln sind weit haltbarer — im Kühlschrank bis zu 14 Tagen. Die rauhe Schale muß gewaschen und durch gründliches Bürsten von Erdresten befreit werden. Sie sind roh genießbar, am besten aber zusammen mit gekochten Zubereitungen kombiniert.

Wenn Sie eine Trüffel transportieren müssen, geben Sie sie zusammen mit etwas ungekochtem Reis, der die Feuchtigkeit aufsaugt, in einen luftdichten Behälter. Nehmen Sie sie baldmöglichst heraus, denn sobald sie feucht und matschig wird, muß man sie wegwerfen.

Zum Konservieren sind Trüffeln nicht geeignet. Durch Einfrieren und Trocknen verlieren sie ihr Aroma. Beim Einmachen behalten sie zwar ihre äußere Beschaffenheit, doch schwindet auch hier das Aroma weitgehend. Neuerdings ist eine weiße Trüffelpaste, mit der man Saucen abschmecken und Schnittchen bestreichen kann, in Tuben und Gläschen erhältlich. Ein italienisches Unternehmen bietet eine natürliche Trüffelessenz an, die ich für Saucen und Dressings verwende. Und es gibt ein sehr teures Öl mit Trüffeln, das sich ebenfalls gut für Salate eignet, aber hauptsächlich beim Grillen zum Einsatz kommt.

GIFTPILZE

Jahr für Jahr sterben überall auf der Welt Menschen an den Folgen des Verzehrs von giftigen Pilzen — Opfer ihrer Unkenntnis oder eines Irrtums. Eine Faustregel zum Erkennen der gefährlichen Spezies gibt es nicht. Allein die zweifelsfreie Bestimmung der einzelnen Pilzarten kann Ihnen Antwort auf die Frage geben, ob sie harmlos bzw. unbedenklich und wie sie gegebenenfalls zuzubereiten sind.

Ein weitverbreiteter Trugschluß ist, daß, was den Tieren bekommt, auch dem Menschen nicht schaden kann. Falsch! Kaninchen zum Beispiel, die ungestraft Giftpilze fressen können, verfügen über ein völlig anderes Verdauungssystem als der Mensch. Das Pilzaroma liefert keinerlei Anhaltspunkte. So verströmt der Hallimasch einen eher beißenden Geruch, ist aber (gekocht) eßbar; andererseits riecht der Grüne Knollenblätterpilz recht angenehm und ist dabei tödlich giftig. Manche glauben, ein Pilz, der am Anschnitt bläut, sei giftig (und auch die gegenteilige Ansicht ist zu hören); allerdings weist sowohl der giftige Satanspilz wie auch die eßbare Heiderotkappe eben dieses Merkmal auf. Daß Giftpilze Petersilie oder Knoblauch schwarz werden, Silber anlaufen oder Milch gerinnen lassen, sind ebenso wahnwitzige Annahmen wie die, daß Speisepilze, die in der Nähe von rostigem Eisen oder von Giftpilzen stehen, selbst giftig sind. So einfach ist das alles nicht.

Ein weiterer Irrglaube ist der, daß alle Pilze durch Trocknen oder Kochen ihre Giftigkeit verlieren: Das Gift des Grünen Knollenblätterpilzes ist koch- und hitzebeständig. Demgegenüber sind manche Pilze, die in rohem Zustand gesundheitsschädlich sind, nach dem Kochen absolut harmlos. Andere wieder, so einige der Tintlingsarten, werden erst bei gleichzeitigem Genuß von Alkohol unbekömmlich. Man muß also die Eigenheiten der einzelnen Spezies gut kennen. Und auch dann kann es, selbst bei den gängigen Speisepilzen, immer noch zu individuellen empfindlichen oder allergischen Reaktionen kommen.

Zwischen den »eßbaren und guten« Pilzen einerseits und den tödlich giftigen andererseits gibt es ein breites Spektrum mehr oder weniger ungenießbarer Arten. Unter die Kategorie »Giftpilze« fallen einige tödlich giftige und eine weit größere Zahl unbekömmlicher Spezies, die Magen- und Darmbeschwerden unterschiedlicher Heftigkeit auslösen. In der vorliegenden »Verbrecherkartei« finden Sie beides: Die tödlich giftigen Arten, die Sie unbedingt kennen müssen, um Ihnen aus dem Weg zu gehen und einige Doppelgänger mit den wichtigsten Merkmalen, die sie von ihrem eßbaren Pendant unterscheiden.

Sollten Sie nach dem Genuß eines verdächtigen

Pilzes Unwohlsein verspüren, konsultieren Sie unverzüglich einen Arzt und nehmen Sie (falls möglich) eine Probe des Pilzes mit, damit das Toxin bestimmt werden kann.

FLIEGENPILZ, *AMANITA MUSCARIA*

KARBOLEGERLING, *AGARICUS XANTHODERMA*

FLIEGENPILZ, *AMANITA MUSCARIA*

Agaricus Xanthoderma

(syn. PSALLIOTA XANTHODERMA)

Karbolegerling

Auf den ersten Blick dem Schafegerling (*Agaricus arvensis*) und dem Wiesenchampignon (*A. campester*) sehr ähnlich, unterscheidet sich der Karbolegerling dadurch, daß er auf Druck oder Verletzung sofort mit gelben Verfärbungen reagiert und außerdem ziemlich tintig riecht. Der Wiesenchampignon verfärbt sich nicht und verströmt einen angenehmen, pilzigen Geruch; der Schafegerling mag einen Stich ins Gelbe zeigen, riecht aber nach Anis.

Zwar ist er nicht tödlich giftig, wie der Grüne Knollenblätterpilz (*Amanita phalloides*), doch kann sein Genuß unangenehme und schmerzhafte Folgen in Form von erheblichen Atem- und Verdauungsbeschwerden haben. Schon bald nach dem Verzehr der Pilze äußert sich die Vergiftung in kalten Schweißausbrüchen und Magenschmerzen; sie kann jedoch durch eine rasche Diagnose mit ärztlicher Hilfe kuriert werden. Seltsamerweise zeigen nicht alle Menschen derartige Reaktionen.

MERKMALE

Hut jung kugelig, später konvex, maximal 15—16 cm breit; schmutzigweiß, bei Druck oder Verletzung gelb verfärbend. **Lamellen** anfangs blaßrosa, im Alter braun. **Stiel** weiß, mit knolliger Basis, die sich bei Verletzung chromgelb verfärbt; 1—2 cm breit, 15—16 cm hoch; ausgeprägter weißer Ring unmittelbar unter dem Hut; oft starker Madenbefall.

Amanita Muscaria

Fliegenpilz

Vielleicht der bekannteste aller Giftpilze. Auf der ganzen Welt kursieren die verschiedensten Gerüchte über diesen Pilz. Tatsache aber ist, daß seine Gifte das Zentralnervensystem angreifen und Rauschzustände, Halluzinationen, Euphorie, Hyperaktivität, Koma und im schlimmsten Fall schließlich den Exitus herbeiführen.

Der einzige Speisepilz, mit dem er verwechselt werden könnte, ist der Kaiserling (*Amanita caesarea*). Bei reifen Exemplaren bestehen eindeutige Abweichungen; kritisch aber wird es bei der Unterscheidung junger Pilze, deren Hüte gerade erst aus der eierschalenähnlichen Hülle hervorbrechen, die für alle Wulstlinge typisch ist. Die einzige Möglichkeit: den Pilz der Länge nach halbieren und die Farbe von Lamellen und Fleisch untersuchen. Ist beides weiß, handelt es sich um einen Fliegenpilz, sind Fleisch und Lamellen gelb, haben Sie einen Kaiserling vor sich.

MERKMALE

Erreicht eine maximale Höhe von 25 cm einschließlich Hut, der bis 20 cm breit wird. **Stiel** rein-

GRÜNER KNOLLENBLÄTTERPILZ, *AMANITA PHALLOIDES*

weiß, mit schuppig besetzter Knolle und Hüllresten als Ring. **Hut** leuchtendrot mit weißen Flokken (Hüllresten), die jedoch vom Regen abgewaschen werden können; bei älteren Exemplaren zuweilen zu hellem Orange verblaßt; in den USA ist eine blaß-orangefarbene Variante bekannt. Wächst von Sommer bis Herbst in Mischwäldern, vorzugsweise unter Birke und Kiefer; sehr verbreitet. Sollten Sie den Fliegenpilz irgendwo entdecken, dann schauen Sie sich gründlich um, denn so mancher köstliche Dickröhrling liebt dieselbe Umgebung.

A. Phalloides

Grüner Knollenblätterpilz

Für die meisten der tödlich endenden Pilzvergiftungen, die Jahr für Jahr weltweit registriert werden, ist dieser Pilz verantwortlich. Er weist zwar Gemeinsamkeiten mit dem unter europäischen Sammlern sehr beliebten Gefelderten Grüntäubling (*Russula virescens*) auf, ähnelt aber keinem der in diesem Buch vorgestellten Speisepilze. Trotzdem soll er hier beschrieben werden, denn Sie könnten ihm ohne weiteres eines Tages begegnen. Schon seine Sporen reichen aus, um eine möglicherweise ernsthafte Erkrankung zu verursachen, sogar dann, wenn Sie nichts vom Pilz selbst essen. Sollten Sie ihn also einmal in Ihrem Korb finden — hineingelegt vielleicht von einem übereifrigen Kind oder aber von einem unwissenden Erwachsenen — dann werfen Sie *alles* weg, auch die eßbaren Funde, die aber vielleicht von den Sporen verseucht sind. Waschen Sie sich nach einer Berührung mit dem Pilz gründlich die Hände. Er ist so gefährlich, daß Sie keinerlei Risiko eingehen dürfen.

Trotz jahrelanger Forschung konnte bislang kein Gegenmittel gefunden werden. Vereinfacht dargestellt, gelangt das Gift dieses Pilzes durch den Verdauungstrakt in Leber und Nieren, die dadurch stark angegriffen werden. Das Gift wird aber nun nicht aus dem Körper ausgeschieden, sondern gelangt wieder in den Kreislauf und damit erneut in diese Organe. Die Symptome (schwerer Durchfall, Erbrechen und Leibschmerzen) setzen 6—24 Stunden nach dem Verzehr ein. Dann aber ist es schon zu spät: Trotz augenscheinlicher Besserung stirbt das Opfer binnen kurzem an Nieren- und Leberversagen.

Tröstlich ist einzig, daß man diesem Pilz im Mischwald, wo er vom Spätsommer bis Spätherbst erscheint, nur sehr selten begegnet. Sofern Sie nicht in Begleitung eines absoluten Experten sind und ein Exemplar für Studienzwecke benötigen, *lassen Sie die Finger weg!*

MERKMALE

Geht aus einer eierschalenartigen Hülle hervor, deren Reste an der Knolle verbleiben. **Stiel** relativ hoch (bis 14 cm) und dick (1—2 cm), mit weit oben angesetztem, häutigem Ring, der anfangs weiß und im Alter grün ist. **Hut** bis 12 cm breit, zunächst halbkugelig und später flach gewölbt; silbrig-blaßgrün bis olivgrün. **Lamellen** weiß, mitunter leicht cremig bis blaßgrün. *A. phalloides* var. *alba* ist völlig weiß und ebenso gefährlich.

A. Virosa

Spitzhütiger Knollenblätterpilz

Ich persönlich halte diesen wunderschönen Pilz für noch gefährlicher als den Grünen Knollenblätterpilz: Nicht, weil er noch giftiger wäre, sondern weil er mit seiner weißen Farbe von einem Anfänger mit einem weißen Speisepilz verwechselt werden könnte. Das Gift ist dem des Grünen Knollenblätterpilzes ähnlich und verdient denselben Respekt.

MERKMALE

Hut weiß, bis 12 cm breit. **Lamellen** gedrängt und weiß (im Unterschied zu den Champignon-Arten, deren Lamellen erst rosa und später braun sind). **Stiel** weiß und faserig, mit leicht zerreißendem, flüchtigem Ring; bis 12 cm hoch, Durchmesser 1—1,5 cm. In Misch- oder Laubwäldern von Spätsommer bis Herbst. Nicht verbreitet.

SPITZHÜTIGER KNOLLENBLÄTTERPILZ,
AMANITA VIROSA

Boletus Calopus

Schönfußröhrling

Dieser Röhrenpilz ist nicht tödlich giftig, aber — wie der Gallenröhrling (*Tylopilus felleus*) — wegen seiner Bitterkeit selbst nach dem Kochen nicht genießbar. Er kann mit dem Netzstieligen Hexenröhrling (*B. luridus*) und dem Flockenstieligen Hexenröhrling (*B. erythropus*) verwechselt werden. Letzte Zweifel beseitigt ein zuverlässiger Pilzführer.

MERKMALE

Hut anfangs halbkugelig, reif abgeflacht; bis 15 cm breit. **Röhren** gelblich, im Alter nachdunkelnd; bei Druck bläulich-grün verfärbend. **Stiel** charakteristisch: bis 10 cm hoch bei einem Durchmesser von 5 cm; zylindrisch bis leicht keulenförmig; besonders im unteren Teil rötlich bis scharlachrot mit weißem Netz. Von Spätsommer bis Spätherbst, gewöhnlich einzeln, in Nadel- und Laubwäldern.

SCHÖNFUSSRÖHRLING, *BOLETUS CALOPUS*

SATANSPILZ, *BOLETUS SATANAS*

Boletus Satanas

Satanspilz

Glücklicherweise ist dieser unerfreuliche Vertreter der großen Familie — meist leckerer — Röhrenpilze äußerst selten. Zudem sind seine charakteristischen Merkmale so unverkennbar, daß das Risiko einer Verwechslung so gut wie ausgeschlossen ist. Besonders der junge, noch sehr feste und birnenförmige Pilz erinnert an *Boletus barrowsii,* eine Steinpilzvarietät, die in den USA unter Eichen wächst.

Manche behaupten, die giftigen Substanzen des Satanspilzes könnten durch langes Kochen unschädlich gemacht werden. Doch warum soll man schwere Magen- und Darmstörungen wie Krämpfe, Erbrechen und Durchfall riskieren, wenn es genügend andere, unbedenkliche Pilze gibt? Generell möchte ich Sie vor allen rotporigen Röhrenpilzen warnen, die sich blau verfärben.

MERKMALE

Hut jung cremig-weiß, später grau oder grünlichgrau; anfangs kugelig, dann abgeflacht und im Alter manchmal eingerissen; bis 30 cm breit. **Röhren** sehr engstehend; anfangs tiefrot, später besonders am Rand orange; bei Druck bläulichgrün anlaufend. **Stiel** unten verdickt, zwiebelförmig; Durchmesser manchmal schon beim jungen Pilz 7—8 cm, zuweilen dicker als der Hut; Farbe oben safran- bis hell zitronengelb, zur Basis zu Rot übergehend; besonders in der oberen Hälfte rot genetzt. **Fleisch** strohgelb im Hut, heller bis weißlich oder zitronengelb im Stiel, bei Anschnitt blauend. Gedeiht unter großblättrigen Bäumen wie Buche und Eiche, auf kalkigen Böden; vom Spätsommer bis Herbstende; einzeln oder in Dreier- bis Vierergruppen.

Coprinus Atramentarius

Faltentintling

Obwohl jung genießbar, habe ich diesen Pilz hier aufgenommen, da er in Verbindung mit Alkohol heftige Reaktionen auslöst: Übelkeit, Herzklopfen, Hitzewallungen. Diese treten nicht nur auf, wenn Bier, Wein oder Schnaps zusammen mit den Pilzen genossen werden, sondern selbst dann, wenn der Alkohol erst einige Stunden später getrunken wird. Eine chemische Substanz mit ähnlicher Wirkung (wie der durch den Faltentintling ausgelösten) wird zur Behandlung Alkoholkranker eingesetzt.

Der Faltentintling ist ein naher Verwandter des Schopftintlings (*Coprinus comatus*), man kann sie jedoch eindeutig voneinander unterscheiden.

FALTENTINTLING, *COPRINUS ATRAMENTARIUS*

MERKMALE

Hut anfangs eiförmig, später breit glockig; Farbe gräulich, zum Scheitel hin bräunlich, im Alter zunehmend dunkler und bei beginnender Zersetzung (wie beim Schopftintling) am Rand schwarz. **Lamellen** jung weiß, dann grau, bei Auflösung tintig-schwarz. **Stiel** bis 15 cm hoch, nur 1—2 cm im Durchmesser; hohl. Gesellig in dichten Gruppen, auf Baumstümpfen in der Nähe von bewirtschaftetem Land, auf Rasenflächen, in Gärten und an Straßenrändern, vom späten Frühjahr bis in den Spätherbst.

GYROMITRA ESCULENTA

Frühlorchel

Sie unterscheidet sich von der Speisemorchel durch die Form des Hutes, der bei diesem Pilz unregelmäßig gelappt bis hirnartig gewunden ist, bei der Speisemorchel dagegen zahlreiche, meist symmetrische Klammern oder Gruben aufweist. Wie der Beiname »*esculenta*« schon andeutet, gilt dieser Pilz in manchen Kreisen als eßbar, sofern er vorher ausgiebig gekocht oder getrocknet wurde. Trotzdem treten gelegentlich, sogar unter offenbar erfahrenen Pilzkennern, Vergiftungen auf. Roh genossen ist dieser Pilz unbestritten sehr giftig. Machen Sie also keine Experimente.

FRÜHLORCHEL, *GYROMITRA ESCULENTA*

MERKMALE

Bis 12 cm hoch, manchmal unregelmäßig geformt. **Hut** aus hirnartig gewundenen Falten und Lappen bestehend, hohl; Farbe hell- bis tiefbraun. **Stiel** hohl; meist weiß; bis 7 cm hoch, Durchmesser 2,5 cm. Einzeln oder in kleinen Gruppen, gewöhnlich unter Kiefern, gelegentlich auch unter Laubbäumen. Im Frühjahr.

HYGROPHOROPSIS AURANTIACA

Falscher Pfifferling

Ursprünglich als giftig angesehen, später als eßbar deklariert, wurde dieser Pilz nach neuesten Erkenntnissen nun der Gruppe zugeordnet, die, in größeren Mengen genossen, Magen-Darm-Beschwerden verursachen. Anfänger verwechseln diesen weit verbreiteten Pilz oft mit dem Echten Pfifferling (*Cantharellus cibarius*).

MERKMALE

Hut bis 6 cm breit; orangegelb, zur Mitte hin dunkler orange. Rand jung eingerollt, später ausgebreitet. **Lamellen** farblich wie der Hut; am Stiel herablaufend, jedoch nicht so weit wie beim Echten Pfifferling, und feiner. **Stiel** nicht so trichter-

FALSCHER PFIFFERLING, *HYGROPHOROPSIS AURANTIACA*

förmig wie beim Echten Pfifferling; farblich wie der Hut oder etwas dunkler; bis 5 cm hoch. **Fleisch** nicht so kräftig wie beim Echten Pfifferling. Im Spätsommer und Herbst in Mischwäldern, vorzugsweise unter Nadelhölzern.

Hypholoma Fasciculare

Grünblättriger Schwefelkopf

Dieser giftige Pilz kann ernsthafte Magen-Darm-Beschwerden hervorrufen. Glücklicherweise aber vergällt einem allein schon sein bitterer Geschmack den Genuß.

Es gibt natürlich mehrere Unterscheidungsmerkmale. Doch der einfachste und sicherste Weg, um zu bestimmen, ob es sich bei einem Pilzbüschel auf einem alten Baumstumpf um den ausgezeichneten Hallimasch (*Armillariella mellea*) oder um diesen giftigen Pilz handelt, ist die Untersuchung der Lamellen. Beim Hallimasch sind sie weiß, bei diesem Pilz dagegen matt schwefelgelb und im Alter grün. Neben den beiden hier gegenübergestellten Arten wachsen noch zahlreiche andere in ähnlichem Habitat, büschelbildend auf Stümpfen. Sie werden in jedem guten Pilzbestimmungsbuch ausführlich behandelt.

GRÜNBLÄTTRIGER SCHWEFELKOPF, *HYPHOLOMA FASCICULARE*

MERKMALE

Hut ausgewachsen bis 8 cm breit; gelb mit eher orangefarbenem Zentrum; zuweilen Hüllreste am Rand. **Lamellen** jung gelb, dann grün und zuletzt dunkel-purpurbraun (Farbe des Sporenpulvers). **Stiel** dünn (4—10 mm); anfangs schwefelgelb, bei Reife rostbraun; leicht angedeutete Ringzone im oberen Bereich. Wächst in Büscheln vorzugsweise auf Stümpfen abgestorbener Laubbäume, zuweilen auch von Kiefern. Gelegentlich scheinbar am Boden wachsend, tatsächlich aber auf einem unterirdischen Strunk sitzend. Sehr verbreitet. Ganzjährig, jedoch im Herbst am häufigsten.

Lactarius Torminosus

Birkenreizker

Die große Gruppe der Milchlinge umfaßt einige eßbare Spezies, viele, die wegen ihres Geschmacks ungenießbar sind, und manche, die eindeutig als giftig erkannt wurden. Zu Verwechslungen kommt es zwischen dem Echten Reizker (*Lactarius deliciosus*) und seinem giftigen Doppelgänger, dem Birkenreizker. Dieser wird in Teilen Nord- und Osteuropas durch bestimmte Verfahren genießbar gemacht, doch rate ich Ihnen,

BIRKENREIZKER, *LACTARIUS TORMINOSUS*

ÖLBAUMTRICHTERLING, *OMPHALOTUS OLEARIUS*

lieber auf Nummer sicher zu gehen und sich anderen Pilzen zuzuwenden.

MERKMALE

Beide Spezies sind sich in Form und Größe sehr ähnlich und erscheinen zur selben Zeit. Das deutlichste Unterscheidungsmerkmal bildet der fransig-zottige Hutrand des Birkenreizkers. Sein Hut kann bis zu 12 cm breit werden; er ist rötlich, während Lamellen und Stiel fleischfarben sind. Der Echte Reizker dagegen ist überall mehr oder weniger orange. Als weiterer Anhaltspunkt zur Bestimmung dient die bei Verletzung austretende Milch, die beim Birkenreizker weiß, beim Echten Reizker karottenrot ist. Der Birkenreizker wächst hauptsächlich unter Birken, der Echte Reizker bevorzugt unter Kiefern.

Omphalotus Olearius

(syn. CLITOCYBE OLEARIA)

Ölbaumtrichterling

Dieser giftige Doppelgänger des Pfifferlings (*Cantharellus cibarius*) kommt glücklicherweise in Mittel- und Südeuropa nur gelegentlich vor. Im Mittelmeerraum ist er meist auf Olivenbäumen zu finden — daher der Name *»olearius«* — während er in den USA und Großbritannien vorrangig auf Laubholzstrünken gedeiht. Sollten Sie im Frühjahr zufällig irgendwo durch einen Olivenhain spazieren und einen dem Pfifferling ähnlichen Pilz erspähen, geraten Sie nicht gleich aus dem Häuschen, sondern halten Sie sich zurück: Es handelt sich nicht um den begehrten Pilz, wie die nähere Betrachtung bestätigen wird.

MERKMALE

Die Größe (bis 15 cm breit) übersteigt bei weitem die des Echten Pfifferlings. Die Hutfarbe schwankt zwischen dunkelorange und hellgelb — wie auch beim Pfifferling. Da *O. olearius* aber auf Bäumen wächst, kann es sich auf keinen Fall um die begehrte Delikatesse handeln. Einen letzten Beweis erbringt die Nacht: Reife Exemplare des Ölbaumtrichterlings besitzen phosphoreszierende Lamellen.

Scleroderma Citrinum

(syn. S. VULGARE)

Kartoffelbovist

Diesen Pilz stelle ich vor, damit Sie sich nicht eines Tages der falschen Hoffnung hingeben, Sie hätten eine Trüffel oder einen der eßbaren Boviste gefunden. Zwar ist diese Spezies nicht tödlich gif-

KARTOFFELBOVIST, *SCLERODERMA CITRINUM*

GALLENRÖHRLING, *TYLOPILUS FELLEUS*

tig, doch kann sie zu Magenbeschwerden führen und sollte daher als ungenießbar angesehen werden.

Boviste scheinen, ob einzeln oder in kleinen Gruppen, überall präsent zu sein. Die jungen, kompakten und fleischigen Exemplare sehen recht ansprechend aus. Bei Reife färbt sich die Fruchtmasse schwarz — damit ist das Stadium erreicht, in dem die Hülle aufreißt und die Sporen austreten. Es ist unmöglich, den Kartoffelbovist mit dem Riesenbovist (*Langermannia gigantea*) zu verwechseln, da dieser reinweiß ist und die maximale Größe des Kartoffelbovists (bis 10 cm) weit übersteigt. Die Stäublingsarten haben zwar annähernd die gleiche Größe, sind aber eher birnen- als kugelförmig. Zu einer Verwechslung mit Trüffeln kann es ebenso wenig kommen, da diese stets in der Erde wachsen.

Tylopilus Felleus

(syn. BOLETUS FELLEUS)

Gallenröhrling

Dieser Röhrenpilz ist zwar nicht eigentlich giftig, doch ist er — wie auch der Schönfußröhrling (*Boletus calopus*) — extrem bitter, so daß schon ein einzelnes Exemplar ein ganzes Gericht ungenießbar macht. Verwechslungsmöglichkeiten mit dem Steinpilz (*Boletus edulis*) sind bei jüngeren Exemplaren eher gegeben. Im etwas reiferen Stadium liefern die Röhren (rosa beim Gallenröhrling und creme-weiß beim Steinpilz) verläßliche Anhaltspunkte. Beide Pilze lieben dieselbe Umgebung und kommen vom Sommer bis in den Spätherbst vor.

MERKMALE

Hut anfangs halbkugelig gewölbt, später abgeflacht; hellbräun; bis 12 cm breit. **Röhren** sehr jung grauweiß, im Alter rosa, bräunlich verfärbend. **Stiel** kräftig fleischig; Durchmesser oben bis 3 cm, am Grund bis 6 cm, Höhe bis 12 cm. Ein wichtiges Bestimmungsmerkmal, besonders bei Gegenüberstellung mit dem Steinpilz, ist auch das grobmaschige Netz: Beim Gallenröhrling hebt es sich braunschwarz vom helleren Untergrund ab, beim Steinpilz ist es als weißes Netz auf etwas dunklerem Hintergrund erkennbar.

Eine letzte Bestätigung liefert die Kostprobe eines winzigen Hutstückchens (das Sie anschließend ausspucken): Ist es extrem bitter, haben Sie einen Gallenröhrling gefunden — und werden sich notgedrungen von ihm trennen müssen.

Glossar

Agaricales — Blätterpilze; Pilze, die an der Hutunterseite Lamellen aufweisen.

Ascomyceten — Schlauchpilze; Klasse der höheren Pilze, bei denen die Sporen in schlauchförmigen Zellen reifen und aktiv ausgestoßen werden.

Ascus (Asci) — Schlauch, sackförmige Zelle, in der Sporen entstehen.

Basidien — die keulenförmigen sporentragenden Zellen der Ständerpilze.

Basidiomyceten — Ständerpilze; größte Klasse der höheren Pilze, bei der die Sporen außen an keulen- oder ständerförmigen Zellen (*Basidien*) sitzen.

Boletales — Röhrenpilze; Pilze, die auf der Hutunterseite Röhren/Poren aufweisen.

Gastromyceten — Bauchpilze, eine Untergruppe der *Basidiomyceten*; die Sporen reifen innerhalb des Fruchtkörpers, der sich öffnet bzw. platzt und die Sporen ausstäubt (Beispiel: Bovist).

Gleba — Fruchtmasse der Bauchpilze, in der sich die *Basidien* mit den Sporen bilden.

Hymenium — sporenbildende Fruchtschicht mit *Basidien* oder *Asci*.

Hymenophor — Teil des Fruchtkörpers, der die Fruchtschicht (*Hymenium*) trägt.

Hyphe — Pilzfaden aus aneinandergereihten Zellen; Grundbaustein von *Myzel* und Fruchtkörper.

Lamellen — strahlenförmig stehende Blättchen an der Hutunterseite von Blätterpilzen; sie tragen die Fruchtschicht (*Hymenium*).

Mykorrhiza — Lebensgemeinschaft (Symbiose) von Pilz*hyphen* mit den Wurzeln von Grünpflanzen.

Myzel — Pilzgeflecht; vegetativer Teil des Pilzkörpers, der den Nährboden durchwächst und daraus Nährstoffe entzieht.

Poren — Öffnung der Röhren bei Röhrenpilzen und Porlingen.

Porlinge (Polyporales) — eine Ordnung der Ständerpilze; an der Hutunterseite vom Hutfleisch kaum ablösbare, porige Fruchtschicht; an Holz wachsend; Stiel oft randständig (Beispiel Leberpilz).

Ring — an den Stielen mancher Ständerpilze verbliebene Reste der Hülle (*Velum*).

Röhren — schwammartige Fruchtschicht der Röhrenpilze.

Spore — ein- oder mehrzelliges Vermehrungskörperchen.

Velum — Hülle; man unterscheidet das *Velum universale* oder *generale*, das den jungen Fruchtkörper völlig umschließt und beim reifen Pilz Flokken auf dem Hut und an der Stielbasis hinterläßt, und das *Velum partiale*, das anfangs als Schleier die Hutunterseite bedeckt und am Stiel zuweilen in Form eines Ringes verbleibt.

Volva — Scheide; Reste des *Velum universale* an der Stielbasis.

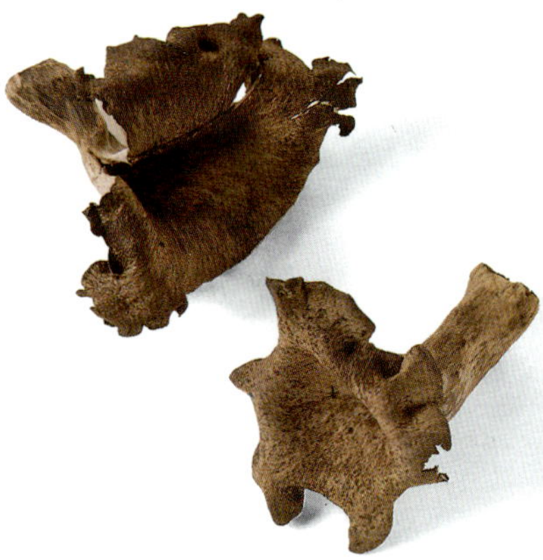

VERZEICHNIS DER REZEPTE

Kursive Seitenzahlen verweisen auf Abbildungen

VERZEICHNIS DER PILZE

Fett gedruckte Zahlen verweisen auf eine ausführliche Beschreibung im Pilz-Brevier. Hinter R: finden Sie die Seitenangaben für die Rezepte mit dem jeweiligen Pilz. Ein * kennzeichnet giftige oder ungenießbare Pilze.

Danksagung

Mein besonderer Dank gilt all denen, die meine Liebe zur Natur und insbesondere zu den Pilzen geweckt und gefördert haben:

Servilia Alzetta, Bobby Baker, Albino Barberis, Flo Bayley, Peter Bazalgette, den Familien Bolzoni und Carluccio, Christina Borkowska, David Brittain, Piero Cerruti, Gennaro Contaldo, Santiago Cortes, Phil Cutler, Penny David, Clive Frost/British ELLE/Transworld für die Fotos, Irina Holt, Julio Gallo, Giovanni Gizzi, Judith Hahn, Jenny und John Hall, Bernard Higton, Christina Ivel, Stan Jaworsky, Elsbeth Juda, Dr. Kaversky, Raymond Lawince, Angelo Letini, Jay Madow, Stanley Marcus, Sandro Maldini, Dr. Carlo Meluccio, Sarah Metzner, Sarah Miller, Jeremy Mills, Susan Mitchell, Paola Navone, Sir Sidney Nolan, Eduardo Paolozzi, Lucy und Granby Patrick, Raul aus Portugal, Dr. Derek Reed, Ruggero Ruggeri, Dora Santarlasci, Zimmie Sasson, Frank Spolnik, Vicky Stangroom, Barbara Swiderska, Paul Tapelor, David Thomas, Colin Webb, Ann Willitts, Andrew Whittuck, John Woodcock für die Zeichnungen, Gillian Young, Inge Zerunian, allen Journalisten, die Artikel über Pilze verfaßt haben, und The Conran Shop für die Bereitstellung der Accessoires für die Studio-Fotos.